위험한 백과사전

DK | Penguin Random House

글쓴이 로라 불러, 리처드 워커, 수전 케네디, 짐 파이프

로라 불러는 과학, 역사, 문화 등 다양한 분야의 어린이 교양 도서를 썼다.

리처드 워커는 대학교에서 동물학을 전공하고 생리학과 생화학 박사 학위를 받았다.

지금은 인간 생물학과 자연사 책을 쓰는 과학 전문 작가로 활동하고 있다.

수전 케네디는 어린이 책을 만드는 편집자이자 어린이 책 전문 작가로 활동하고 있다.

짐 파이프는 옥스퍼드 대학교에서 고대 역사와 현대 역사를 공부했다.

지금은 어린이를 위한 역사책 전문 작가로 활동하고 있다.

내용 자문 데이비드 휴스, 리사 버크, 킴 브라이언, 필립 파커

옮긴이 이한음

서울대학교 생물학과를 졸업한 후 과학 전문 번역가이자 저술가로 활동하고 있다.

2007년에는 『만들어진 신』으로 한국출판문화상 번역 부문을 수상했다.

지은 책으로 『호모 엑스페르투스』, 『생명의 마법사 유전자』 등이 있고,

옮긴 책으로 『자연사 박물관: 생명 관찰 실험실』, 『세상을 알려 주는 $13\frac{1}{2}$가지 놀라운 사실들』 등이 있다.

위험한 백과사전

1판 1쇄 펴냄—2011년 7월 15일, 1판 4쇄 펴냄—2020년 12월 15일

지은이 로라 불러, 리처드 워커, 수전 케네디, 짐 파이프 옮긴이 이한음

펴낸이 박상희 **편집주간** 박지은 **편집** 김지호 **디자인** 강미서 **펴낸곳** (주)비룡소 출판등록 1994. 3. 17.(제16-849호)

주소 06027 서울시 강남구 도산대로1길 62 강남출판문화센터 4층

전화 영업 02)515-2000 팩스 02)515-2007 **편집** 02)3443-4318,9

홈페이지 www.bir.co.kr

제품명 DANGER **제조자명** RR Donnelley Asia Printing Solutions Limited **제조국명** 중국 **수입자명** (주)비룡소 **사용연령** 3세 이상

ISBN 978-89-491-5282-0 74400/ 978-89-491-5280-6 (세트)

For the curious

위험한 백과사전

지진 해일, 방사능, 외계인, 은하 충돌 등 세상의 모든 위험을 알아봐요

로라 불러, 리처드 워커, 수전 케네디, 짐 파이프 글/ 이한음 옮김

비룡소

차례

끔찍한 자연

위험한 지구

겁나는 우주

섬뜩한 과학

인체의 공포

무서운 장소와 죽음의 문화

역사 속의 위험

끔찍한 자연

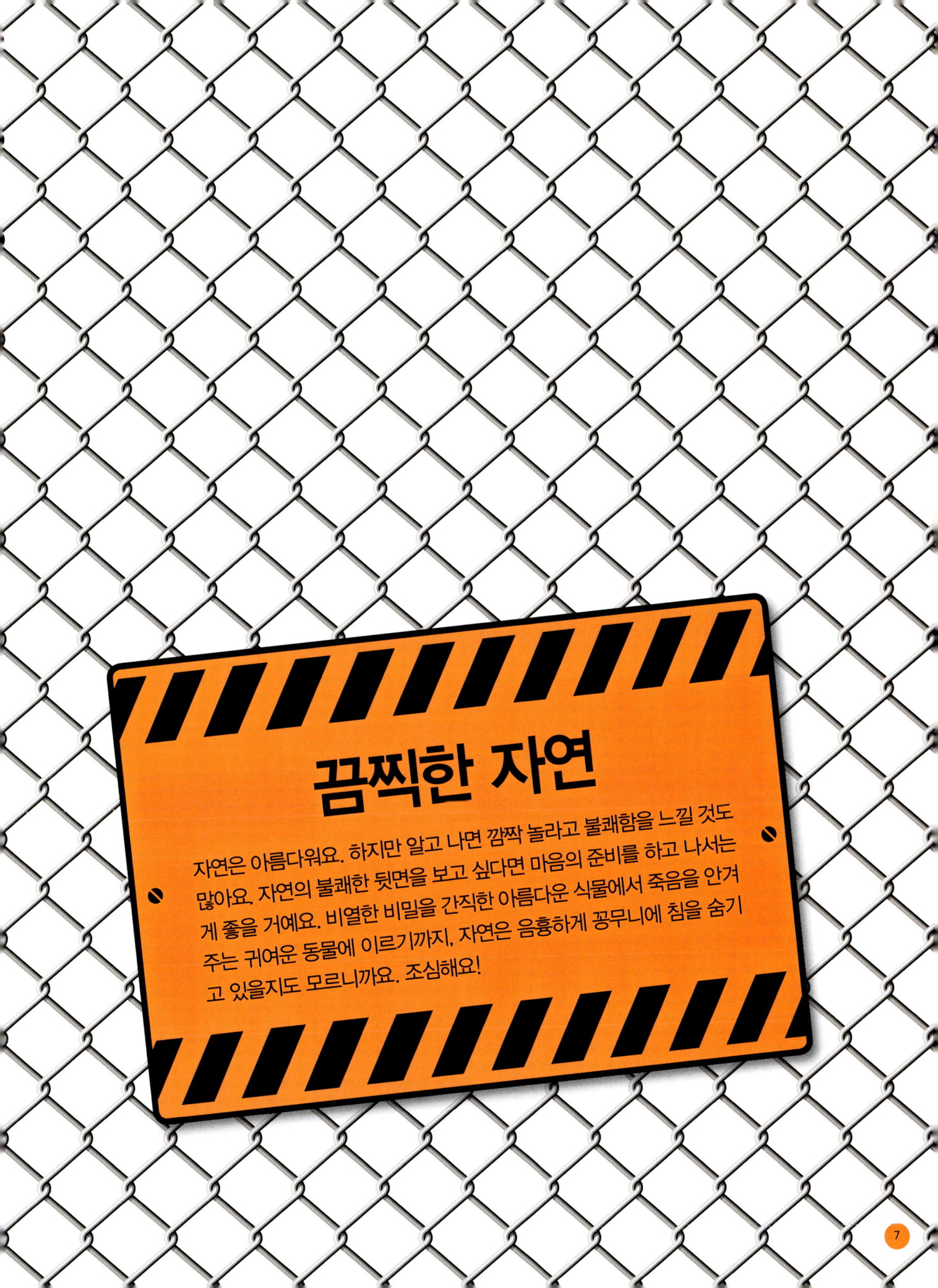

자연은 아름다워요. 하지만 알고 나면 깜짝 놀라고 불쾌함을 느낄 것도 많아요. 자연의 불쾌한 뒷면을 보고 싶다면 마음의 준비를 하고 나서는 게 좋을 거예요. 비열한 비밀을 간직한 아름다운 식물에서 죽음을 안겨 주는 귀여운 동물에 이르기까지, 자연은 음흉하게 꽁무니에 침을 숨기고 있을지도 모르니까요. 조심해요!

흉악한 야생 동물들

지명 수배 명단

시끄러운 '앵앵이' 모기

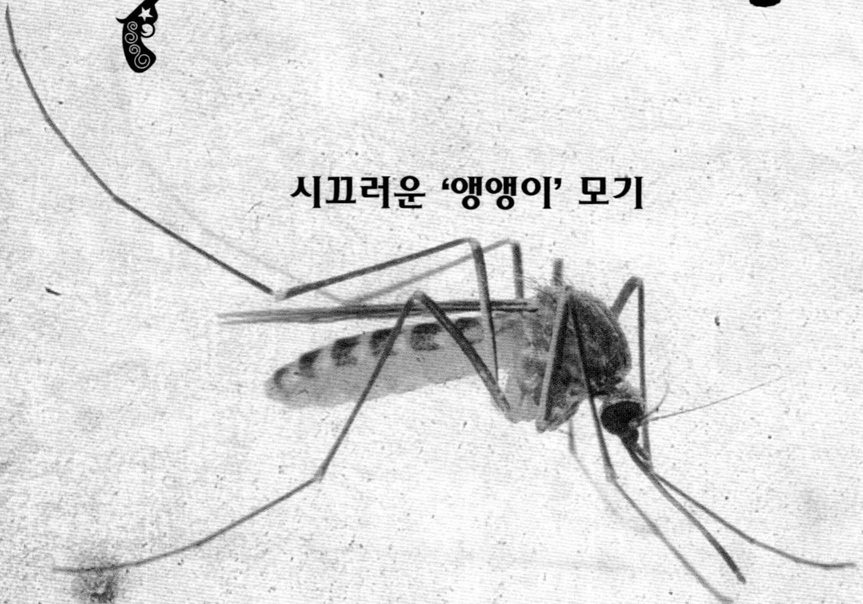

그리고

절대로 물러서지 않는 '쉿쉿이' 뱀

가까이 가지 말 것!

모기가 옮긴 말라리아로 한 해에 약 100만 명이 사망함

믿거나 말거나, 이 작은 녀석은 지구에서 가장 위험한 동물이에요. 날카로운 이빨이나 섬뜩한 발톱이 없다고 속지 말아요. 모기는 기생충처럼 사람의 피를 빨아먹고, 말라리아 같은 치명적인 전염병을 퍼뜨려요. 무자비한 모기는 전 세계의 열대 지역에 가장 많이 우글거리고 있어요.

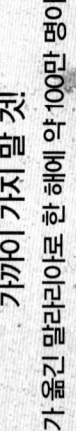

발밑을 조심할 것!

한 해에 거의 9만 명이 치명적인 뱀에 물려 사망함

쉿쉿 하는 소리로 눈치챌 수 있을지도 몰라요. 그러나 이 교활한 녀석은 몸을 숨기는 데 뛰어나서 모른 채 당할 수 있어요. 모든 뱀이 위험한 것은 아니지만 킹코브라와는 얽히지 말아요. 한 번 물리면 어른 코끼리도 죽을 수 있거든요. 킹코브라가 많은 동남아시아에 있다면, 발을 내딛을 때 특히 조심해요.

그 밖에 지명 수배된 동물들

‘싹둑이’ 상어

한 해에 많으면 100명까지도 상어의 공격을 받음

상어는 머리가 좋지는 않아도 감각이 뛰어나요. 동물이 움직일 때 나오는 가장 약한 전기 신호까지 느낄 수 있는 특수한 감각 세포를 갖고 있거든요. 그러니 상어가 옆에 있다면, 근육 하나도 움직이지 말아요! 상어 중에서 가장 무시무시한 백상아리는 엄청난 포식자예요. 물에 피가 100만 분의 1만 섞여 있어도 그 냄새를 맡을 수 있지요.

‘독쟁이’ 해파리

해마다 100명이 넘는 사람이 수영 중에 해파리의 독침에 쏘여 죽음

해파리의 매력적인 겉모습에 속지 말아요. 상자해파리의 독소는 아주 빠르게 작용해서 해양 동물 중에서 가장 많은 사람을 죽게 해요. 상자해파리의 촉수는 많으면 16개나 되는데, 길이가 약 3미터에 이르고 침이 빽빽하게 박혀 있어요. 투명해서 잘 보이지 않는 상자해파리는 주로 호주 바다에 살아요.

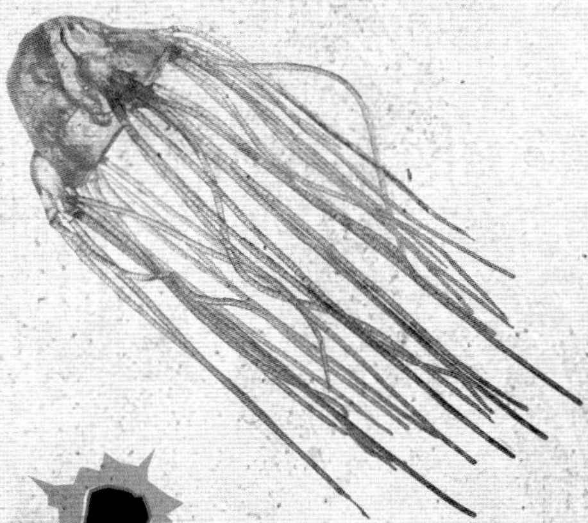

‘납작이’ 코끼리

해마다 600명이 넘는 사람이 코끼리 발에 짓밟혀 죽음

코끼리는 육지에서 가장 큰 포유동물로, 몸무게가 6톤이나 나가요. 아무리 강한 상대도 엄청난 몸무게로 짓누를 수 있지요. 코끼리는 점잖은 거인처럼 보이지만 아프리카와 아시아에서 가장 위험한 동물에 속해요. 코끼리가 경고도 없이 공격하면 가까운 나무 위로 올라가요. 목숨을 구할 수 있을지도 모르니까요.

‘덥석이’ 악어

해마다 약 2,000명이 악어에 덥석 물려 죽음

악어는 통나무처럼 꼼짝하지 않은 채 엎드려 있다가 먹이가 나타나면 단숨에 달려들어요. 그러고는 강한 턱으로 덥석 문 뒤 물속으로 끌고 들어가지요. 굶주린 악어는 원숭이, 뱀, 소, 사람 등을 닥치는 대로 먹어 치워요. 악어는 주로 강과 호수에 숨어 있으니까 헤엄칠 때 조심해요. 가장 공격적인 악어는 동남아시아, 아프리카, 오스트레일리아에 살아요.

‘발톱이’ 대형 고양잇과 동물

해마다 약 250명이 대형 고양잇과 동물의 발톱에 죽음

커다란 몸집, 무시무시한 송곳니, 날카로운 발톱, 번개 같은 속도. 사자, 호랑이, 표범, 재규어 같은 대형 고양잇과 동물은 완벽한 사냥꾼이에요. 아프리카나 인도에서 사자와 마주치면, 그저 사자가 굶주려 있지 않기를 바라는 수밖에 없어요. 달아나기가 거의 불가능하거든요. 혹시 마주치면 몸집을 키워 무섭게 보이도록 하고 두려워하지 않는다는 것을 보여 줘요.

‘침박이’ 전갈

해마다 약 5,000명이 전갈의 치명적인 침에 죽음

대개 전갈의 독침의 독성은 벌침의 독 정도로 강하지 않아요. 하지만 북아프리카의 데스스토커 전갈은 조심해야 해요. 데스스토커전갈에 쏘이면 심한 통증과 함께 열이 나고 마비가 일어나는데, 심하면 죽을 수도 있기 때문이에요. 데스스토커전갈에 찔리고 싶지 않다면 신발을 신기 전에 안을 꼭 살펴봐요!

상어의 공격

사람이 상어로부터 공격을 당했다는 소식이 가끔 들려와요. 과연 상어는 바다의 연쇄 살인마일까요? 아니면 우리가 그저 잘못 알고서 오해한 것일까요? 상어는 철저히 계획을 세워서 사람을 공격하는 무시무시한 살인자일까요? 아니면 그냥 입을 쩍 벌린 채 헤엄치다가 우연히 사람과 부딪히면 "읍, 뭔가 입에 닿았군." 하고 덥석 무는 것일까요?

용의자들

사실을 알려 줄게요! 상어는 375종이 있는데, 그중 해안이나 얕은 물에서 사람과 마주칠 만한 종류는 약 15퍼센트밖에 안 돼요. 이만해도 위험은 크게 줄어드는 셈이지요. 게다가 상어 중에서 사람을 공격하는 종류는 백상아리, 뱀상어, 흉상어, 장완흉상어 정도예요. 상어가 사람을 공격한 사고 중 약 85퍼센트를 고작 네 종류가 저질렀지요. 다른 상어들은 사람을 죽일 수 있을 만큼 크거나 세지 않아요. 물론 우리를 물어뜯을 수는 있지요!

상어 학교
어떻게 하는지 가르쳐 줄게요. 그냥 보고 배우면 돼요.
이 악당들아! 힘없는 관광객들 씹어 먹는 짓 당장 그만두지 못해!
으악!
평소에 먹던 물고기 맛이 아닌걸. 닭고기 맛이야.
도와줘요!
자네는 참 운도 없구먼. 이 넓은 바다에서 하필 내 앞으로 오냐!
공기 매트리스 밑으로 슬그머니 다가가서 공격할 거예요. 쿵!
한 번 따져 보자! 인간은 해마다 어업과 낚시로 우리를 2,000만~3,000만 마리나 잡잖아.

상어의 세 가지 공격 방법

첫째, 들이받아 물어뜯기. 희생자(추락한 비행기나 난파선의 생존자) 주위를 맴돌다가 사포처럼 거친 피부로 쿵 들이받은 뒤 한 입 크게 물어뜯는 방식이에요. 사람이 죽을 때까지 계속 들이받아 물어뜯기도 해요.

둘째, 치고 달아나기. 해안의 얕은 물에서 흔히 쓰는 방법이에요. 다른 동물을 사냥하러 나섰다가 사람의 다리나 발이 눈에 들어오면 한 입 크게 물어뜯어요. 이때 사람이 맛이 없다고 생각하면 그냥 자리를 뜨기도 해요.

셋째, 갑자기 달려들기. 깊은 물에서는 몰래 다가와서 와락 달려들 수도 있어요!

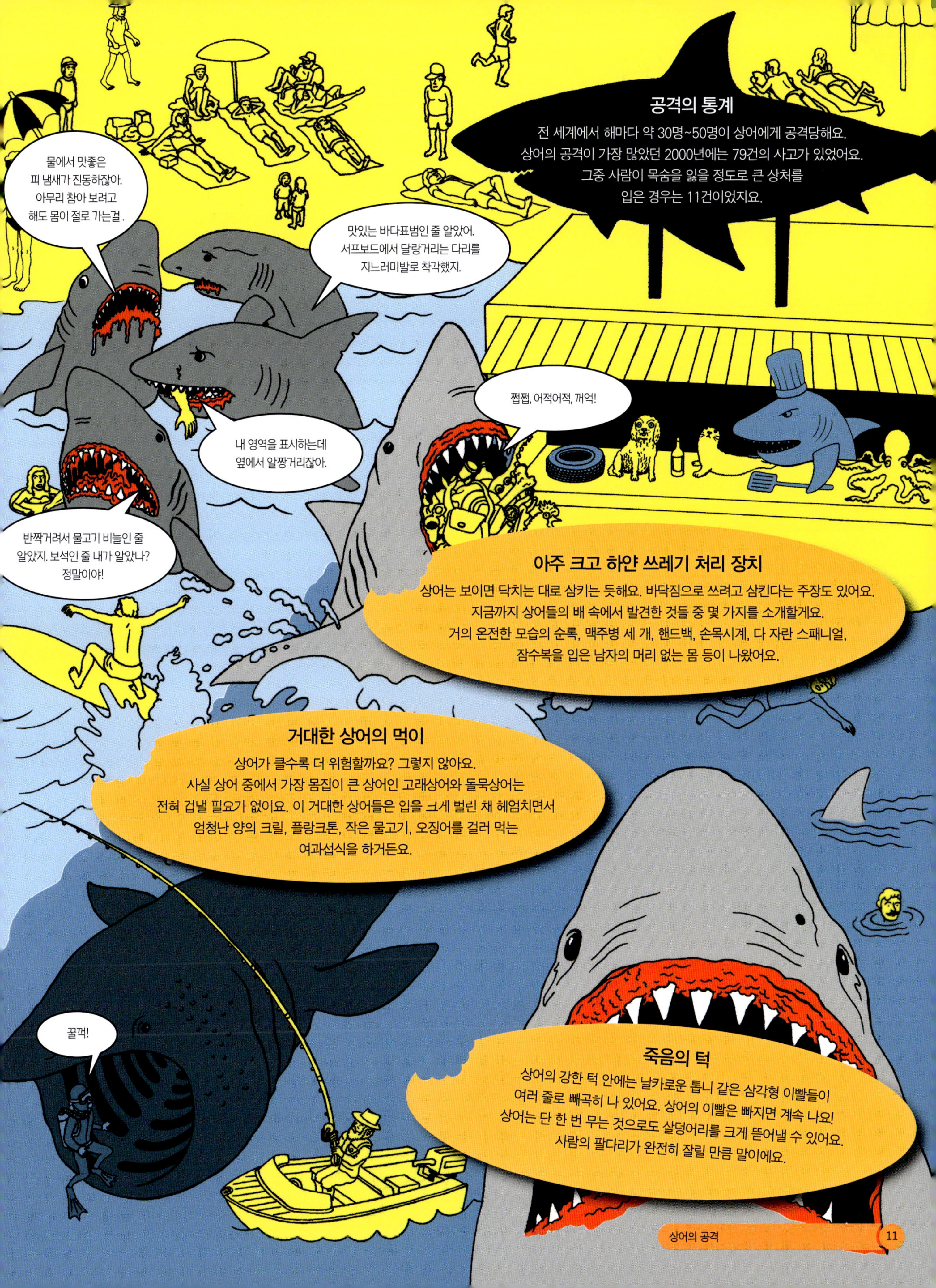
물에서 맛좋은
피 냄새가 진동하잖아.
아무리 참아 보려고
해도 몸이 절로 가는걸.
맛있는 바다표범인 줄 알았어.
서프보드에서 달랑거리는 다리를
지느러미발로 착각했지.
내 영역을 표시하는데
옆에서 알짱거리잖아.
반짝거려서 물고기 비늘인 줄
알았지. 보석인 줄 내가 알았나?
정말이야!
쩝쩝, 어적어적, 꺼억!
꿀꺽!

공격의 통계

전 세계에서 해마다 약 30명~50명이 상어에게 공격당해요.
상어의 공격이 가장 많았던 2000년에는 79건의 사고가 있었어요.
그중 사람이 목숨을 잃을 정도로 큰 상처를
입은 경우는 11건이었지요.

아주 크고 하얀 쓰레기 처리 장치

상어는 보이면 닥치는 대로 삼키는 듯해요. 바닥짐으로 쓰려고 삼킨다는 주장도 있어요.
지금까지 상어들의 배 속에서 발견한 것들 중 몇 가지를 소개할게요.
거의 온전한 모습의 순록, 맥주병 세 개, 핸드백, 손목시계, 다 자란 스패니얼,
잠수복을 입은 남자의 머리 없는 몸 등이 나왔어요.

거대한 상어의 먹이

상어가 클수록 더 위험할까요? 그렇지 않아요.
사실 상어 중에서 가장 몸집이 큰 상어인 고래상어와 돌묵상어는
전혀 겁낼 필요가 없어요. 이 거대한 상어들은 입을 크게 벌린 채 헤엄치면서
엄청난 양의 크릴, 플랑크톤, 작은 물고기, 오징어를 걸러 먹는
여과섭식을 하거든요.

죽음의 턱

상어의 강한 턱 안에는 날카로운 톱니 같은 삼각형 이빨들이
여러 줄로 빼곡히 나 있어요. 상어의 이빨은 빠지면 계속 나요!
상어는 단 한 번 무는 것으로도 살덩어리를 크게 뜯어낼 수 있어요.
사람의 팔다리가 완전히 잘릴 만큼 말이에요.

상어 대 인간

백상아리와 싸운
로드니 폭스 이야기

1963년 12월 8일, 사우스오스트레일리아 애들레이드에서 올해의 작살 낚시 대회가 열렸어요. 지난해 대회 우승자인 로드니 폭스와 경쟁자들이 모두 해변으로 모였지요.
이봐, 챔피언. 올해도 운이 좋을 거라고 생각해?
기대해. 대어를 잡을 테니.
잠수부들은 허리띠에 달린 끈에 잡은 물고기를 매달았어요. 시간이 흐를수록 끈은 점점 무거워졌고, 맑던 물은 핏빛으로 물들었어요.

로드니는 물속에서 무언가 반짝이는 것을 봤어요. 약 1킬로미터 떨어진 곳에 아주 큰 동가리가 있었지요. 그걸 잡으면 우승이 확실했어요. 아래로 내려가 작살을 겨냥했지요.
방아쇠를 당기려는 찰나, 무언가가 왼쪽 옆구리에 쿵 부딪혔어요. 작살을 놓치고 잠수 마스크가 벗겨질 정도로 엄청난 충격이었어요.
거대한 백상아리였어요. 백상아리도 사냥하는 중이었지요.
빠져나가야 해. 하지만 어떻게? 생각하자, 생각해!
옳지, 눈이나 한 방 맞아라!
믿기지 않게도……, 백상아리는 로드니를 놓아주었어요.
아우! 아우!
너무 아파!

이제 한시라도 빨리 백상아리에게서 벗어나야 했어요. 그때 쭉 뻗은 로드니의 팔이 하필이면 백상아리의 입으로 들어가고 말았어요. 면도날처럼 날카로운 이빨들이 로드니의 손과 팔을 찢어 놓았어요.
저리 가!
난 아직 안 끝났는데?
이제 끝장인가 봐.
상어는 로드니의 허리띠에 매달려 있던 물고기들을 꿴 끈을 덥석 물었어요. 상어가 더 깊이 잠수하자, 로드니도 끌려 내려갔어요. 몸이 빙글빙글 돌아가는 동안에도 로드니는 손으로 끈을 떼어 내려 애썼어요.
이쯤에서 그만 끝내기로 하지!
툭! 갑자기 끈이 끊어졌어요. 로드니는 필사적으로 수면을 향해 헤엄쳤어요. 상처가 심해서 머리가 어질어질했지요. 백상아리는 다른 먹이를 찾아 떠났어요.
근처에 있던 친구들이 기진맥진한 로드니를 뱃전으로 끌어 올렸어요. 로드니는 갈비뼈가 짓눌려 부서졌고, 폐는 찢겨서 열려 있었어요. 배 속의 창자, 지라, 심장의 대동맥도 드러나 있었지요. 그나마 잠수복 덕분에 몸 형태가 유지됐어요.
당장 병원에 데려가야 해!
로드니! 죽지 마!
여기 봉합실이 더 필요해, 빨리!
힘내요, 로드니. 우리가 지켜 줄게요.
저 괜찮을까요?
로드니는 서둘러 가장 가까운 병원으로 옮겨졌어요. 의사들이 로드니의 몸을 이어 붙였지요. 네 시간에 걸쳐 462바늘을 꿰맨 끝에, 로드니는 목숨을 구했어요.
로드니는 무시무시한 상어의 공격에서 살아남았어요. 상어가 물어뜯은 자국과 손목뼈에 박혀 있는 상어 이빨을 볼 때마다 로드니는 그 일을 떠올렸어요.
그런데 누가 우승했어?
이 친구야, 네가 가장 큰 물고기를 잡았잖아. 팔로 말이야!
몇 달 뒤 로드니는 다시 잠수에 나섰어요. 목숨을 앗아 갈 뻔한 적을 더 잘 알고 싶었거든요. 로드니는 잠수부가 안전하게 상어를 가까이에서 연구할 수 있는 수중 관찰 우리를 세계 최초로 고안했어요.
상어를 구하자!
상어에게 물려 죽을 뻔한 로드니 폭스는 백상아리 전문가가 되어서 상어의 멸종을 막는 일에 앞장서고 있어요.

맞설까 달아날까?

안녕, 여러분! 제 이름은 빨간 모자예요. 전 할머니께 드릴 선물 바구니를 갖고 숲을 지나 할머니 댁으로 가려는 참이에요. 뭐라고요? 그냥 택배로 부치는 것이 좋지 않느냐고요? 걱정 마세요! 그동안 이 마법의 숲을 셀 수 없이 많이 다녔지만 위험한 적은 없었어요. 사람을 해치는 동물이 있다는 어리석은 경고는 그만두세요. 저도 제 머핀도 잘못될 일은 전혀 없으니까요. 그럼 출발해 볼까요.

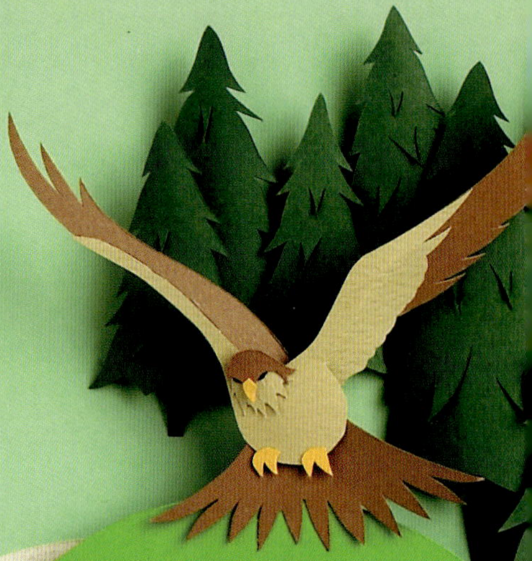

야생 동물을 조심해요!

매

매는 절 덮쳐서 제 빨간 망토를 갈고리발톱으로 움켜쥐거나 날카로운 부리로 찌를 수 있어요. 자기 영역을 지키려는 것이죠. 매를 만나면 전 숲으로 들어갈 거예요. 찾아내기 힘들 테니까요. 겁을 먹거나 뛰어 달아나지는 않아요. 그저 구슬 같은 매의 눈을 똑바로 바라보면서 천천히 걸음을 옮길 거예요.

북극곰

북극곰이 너무 멀리까지 나왔네요. 저는 북극곰을 똑바로 쳐다보면서 안전한 곳까지 천천히 뒤로 물러날 거예요. 망토를 펼쳐서 몸을 더 커 보이게 하면 좋아요. 뒤로 물러나다가 머핀 두 개를 떨어뜨려도 할머니는 나무라지 않으실 거예요. 북극곰이 머핀 냄새를 맡느라 멈춰 서면, 시간을 벌 수 있을 테니까요.

퓨마

퓨마를 만난다면 가만가만 꾸준히 뒷걸음질해야 해요. 그러고는 제가 퓨마에게 위협하지 않다는 것을 알려 주기 위해 평소 목소리로 말을 걸면서 허리를 쭉 펴고 당당히 걸을 거예요. 빨간 망토를 머리 위로 추켜올려서 키가 더 커보이게 할 수도 있어요. 고양잇과 동물이 공격할 때는 달아나기보다는 맞서 싸우는 편이 더 나아요.

치타

치타는 무서운 고양잇과 동물이지만, 새끼를 지키고 있지 않을 때는 사람을 공격하지 않아요. 지금은 새끼가 안 보이네요. 무시무시한 발톱과 턱을 드러내지도 않았고요. 저라면 가만히 서서 치타의 눈을 똑바로 바라보면서 천천히 뒤로 물러나거나 치타가 어슬렁거리며 떠나기를 기다릴 거예요. 치타가 갔어요. 착한 고양이예요.

곰

저기 곰이 있어요! 곰을 만나면 곰의 눈을 똑바로 쳐다보면서 뒷걸음질할 거예요. 달아나거나 나무 위로 기어오르는 짓은 절대로 하지 말아야 해요. 몸을 웅크려서 배, 목, 머리를 보호하면서 죽은 척해도 돼요. 곰이 떠나면, 할머니 집까지 마구 달려갈 거예요.

사향소

사향소는 한데 모여 사는데, 날카롭고 뾰족한 뿔을 내밀어 자기 무리를 지켜요. 본래 사향소는 사람을 공격하지 않아요. 너무 가까이 다가가지만 않는다면 괜찮아요. 그러니까 사향소를 만나면 좀 돌아가면 돼요. 사향소의 뿔에 꼬치처럼 꿰이고 싶지는 않으니까요.

대왕오징어

이런! 이것 보세요. 이상하게도 대왕오징어가 여기 있네요. 이빨이 무척 날카롭지만 걱정할 필요 없어요. 대왕오징어는 자신을 지킬 때만 사람을 무니까요.대왕오징어를 만나면 그냥 천천히 걸어가면 돼요. 제 망토에 먹물을 뿜지만 않았으면 좋겠어요. 새로 빨아 입은 거란 말이에요.

겉모습은 귀엽지만 하는 짓은 무서운 동물들

꺅! 이 동물들 좀 봐요, 너무 귀여워요! 집에 데려가서 함께 살고 싶다고요? 다시 생각해 보세요. 이 매력적인 동물들은 자그마한 비밀을 갖고 있거든요. 사람을 공격해서 큰 상처를 입히고 죽게 할 수 있어요. 애교를 부리면서 꼭 안아 달라고 한다고 홀랑 넘어가면 안 돼요! 실은 아주 위험한 동물들이니까요.

코알라

부드럽고 동그란 몸에 털이 수북한 귀. 나무 위에 사는 코알라는 정말 귀엽지요. 하지만 코알라가 빳빳한 나뭇잎을 떼어 내고 나뭇가지를 기어오를 때 쓰는 발톱은 귀엽지만은 않아요. 성난 코알라는 발톱으로 우리 살을 찢을지도 몰라요. 차마 상상도 못할 정도로 꽉 물 수도 있고요.

돌고래

돌고래는 다정한 얼굴에 늘 웃음을 머금은 채, 서로 의사소통하며 파도를 타고 놀아요. 하지만 다른 모습을 지닌 돌고래도 있어요. 병코돌고래는 자기 새끼를 죽이거나, 다른 돌고래를 사냥해서는 시체를 갖고 놀아요. 이유는 알려지지 않았어요. 너무 흥분해서 그랬을까요?

늘보원숭이

저 커다란 눈 좀 봐요. 털도 복슬복슬해서 너무 귀여워요. 하지만 속지 말아요. 늘보원숭이에게 물리면 배가 아파 떼굴떼굴 구르게 될 테니까요. 늘보원숭이는 팔꿈치 안쪽에서 스며 나오는 독을 침에 섞어 공격하거든요.

판다

눈가의 검은 테두리, 크고 둥근 얼굴, 통통하고 복슬복슬한 몸. 판다는 인형 못지않게 귀여워요. 하지만 판다를 화나게 하면 난장판이 벌어져요. 판다도 다른 곰들처럼 뼈에서 살이 떨어지도록 사람을 사납게 찢어발길 수 있거든요.

킨카주너구리

이 귀염둥이는 별명이 '꿀곰'이에요. 털이 꿀색이기도 하고 혀를 날름거리며 꿀을 먹거든요. 잠잘 때는 긴 꼬리로 몸을 감싸요. 솜털 이불을 덮은 것 같지요. 하지만 킨카주너구리를 놀라게 하면 상황이 달라져요. 무시무시한 비명을 지르면서 마구 할퀴고 물어뜯을 수 있어요. 결코 귀엽지 않지요.

스컹크

환한 눈에 털이 수북한 꼬리, 몸에 난 줄무늬. 스컹크는 정말 귀여워요. 하지만 꽁무니를 들이대면 재빨리 피해야 해요. 스컹크의 항문 근처에는 심한 냄새가 나는 유독한 화학 물질들을 뿜어내는 샘이 한 쌍 있거든요. 그 화학 물질에 닿으면 잠시 눈을 뜰 수가 없고, 악취 때문에 속이 뒤집힐 수도 있지요.

고니

아름다운 새 고니는 짝에게 다가갈 때, 목을 구부려 하트 모양을 만들어요. 하지만 고니도 순식간에 난장판을 벌일 때가 있어요. 사람들이 고니의 새끼를 건드리면 고니는 커다란 날개로 사람을 마구 때리면서 날카로운 부리로 마구 물어뜯을 수 있지요.

오리너구리

부리는 오리 같고, 발은 수달 같고, 꼬리는 비버 같이 생긴 오리너구리도 때로 몹시 못된 짓을 해요. 수컷 오리너구리는 적을 공격할 때면 다리에 난 가시로 찔러서 독을 집어넣거든요. 오리너구리의 독은 아주 세서 작은 동물은 그냥 죽어 버려요. 사람도 찔리면 몇 달 동안 근육에 경련이 일어날 수 있지요.

수달

날렵한 수달은 강물을 쏜살같이 헤쳐 나가며 온종일 장난치고 놀아요. 하지만 짝짓기 계절에는 성질이 나빠져요. 괄괄한 수컷 수달은 개를 이빨로 마구 갉아대면서 죽일 수도 있어요. 그러니 귀여운 강아지가 수달 가까이 가지 못하게 해요.

밤에 돌아다니는 동물들

밤에 활동하는 동물이 얼마나 많은지 알아요? 더운 곳에 사는 많은 동물들은 시원한 밤이 되면 사냥을 나서요. 어떤 동물들은 경쟁을 피해 낮에 활동하는 동물들이 잠자리에 든 후에 먹이를 찾지요. 야행성 동물은 대개 청각과 후각이 뛰어나요. 눈도 가장 희미한 빛에서도 볼 수 있도록 적응해 있지요. 그러니 밤에는 무서운 야행성 동물들과 마주치지 않는 편이 좋아요.

2
1

1. 타란툴라

몸집이 어린이 손바닥만 한 타란툴라 거미는 다른 거미와 달리 거미집으로 먹이를 잡지 않아요. 밤에 슬금슬금 돌아다니면서 무시무시한 털투성이 다리로 개구리, 두꺼비, 생쥐, 심지어 새까지도 와락 움켜쥐지요. 독을 쏘아 마비시킨 다음 송곳니로 물어서 목숨을 끊는 거예요.

2. 재규어

무시무시하고 사나운 대형 고양잇과 동물 재규어는 나무 사이로 소리 없이 다니면서 예민한 귀로 사슴, 캐피바라, 맥 같은 먹잇감을 찾아내요. 재규어는 턱이 아주 강해서 먹이의 머리뼈를 부수고 뇌까지 이빨을 꽂아 넣을 수 있어요.

3. 아나콘다

남아메리카에 사는 아나콘다는 세계에서 가장 큰 뱀이에요. 길이 8.8미터, 지름 30센티미터까지 자라지요. 아나콘다는 멧돼지, 사슴, 새, 거북, 재규어 등을 잡아먹어요. 거대한 몸으로 먹이를 칭칭 감아 꽉 조여서 질식시키지요.

4. 부엉이

소리 없는 사냥꾼 부엉이는 생쥐, 땃쥐 같은 작은 포유동물을 잡아먹어요. 아주 뛰어난 시력으로 먹이를 찾아낸 다음 소리를 죽이는 특수한 날개 깃털 덕분에 들키지 않고 먹이를 덮치지요. 칠흑 같은 어둠 속에서 먹이가 내는 소리만 듣고 사냥하는 종류도 있어요.

5. 흰배윗수염박쥐

야간 사냥의 달인인 흰배윗수염박쥐는 반향정위로 먹이를 찾아내요. 반향정위는 날면서 입이나 코로 높은 음의 소리를 낸 뒤에, 부딪혀 돌아오는 메아리로 먹이의 위치, 크기, 움직이는 방향을 알아내는 거예요.

6. 붉은눈청개구리

중앙아메리카 우림에 사는 붉은눈청개구리는 낮에는 초록빛 잎들 사이에 숨어서 자고, 밤이 되면 곤충을 사냥해요. 포식자가 다가오면 피처럼 붉은 눈을 크게 뜨고 커다란 귤색 발을 쫙 펼쳐요. 적이 놀라 멈칫하면 재빨리 달아나지요.

3
4
5
6
7
8
9
10

7. 주머니여우

고양이만 한 주머니 여우는 밤에 곤충, 과일, 거미, 꿀, 씨를 찾아 먹어요. 대개는 조용하지만 때로 쉿쉿 하고 불쾌한 소리를 내기도 해요. 소에게 소결핵을 옮겨서 죽게 할 수 있으니까 조심해야 해요.

8. 나무천산갑

사람 손톱처럼 생긴 비늘들이 몸 전체를 뒤덮고 있는 나무천산갑은 밤에 킁킁거리며 흰개미집과 개미집을 찾아다녀요. 먼저 날카로운 발톱으로 헤집은 뒤, 끈적거리는 혀로 핥아서 통째로 삼키지요. 공격당하면 몸을 공처럼 말아요.

9. 스컹크

스컹크는 어둠이 깔릴 무렵에 굴에서 나와 숲에서 먹이를 찾아다녀요. 냄새로 먹이가 남긴 흔적을 따라가서 쥐, 떨어진 새알, 곤충, 과일, 견과를 먹어요. 몸에 털이 있는 벌레, 즉 모충은 땅에 대고 문질러서 털을 떼어낸 뒤 먹지요.

10. 안경곰

남아메리카에 사는 안경곰은 눈가에 크림색 테두리가 있어서 안경을 쓴 것 같아요. 낮에는 나무 꼭대기에 나뭇가지들을 펼쳐서 만든 '나무 집'에서 자고 밤에 나무집을 발판 삼아 발을 뻗어 열매와 잎을 따먹지요.

피를 빨아 먹는 동물들

으, 너무 무서워요. 이 동물들은 다른 동물의 피로 목을 축여요. 흉측한 입으로 다른 동물들의 피부와 정맥을 뚫어서 피를 빨거나 핥아 먹지요. 전부 다 빨아 먹지는 않아요. 다음에 또 먹어야 하니까요. 조심해요, 당신이 다음 희생자가 될지도 몰라요!

모기

암컷 모기는 당신이 내뿜는 화학 물질과 열기를 감지하고는 피부에 내려앉아 날카롭고 가느다란 주둥이를 꽂아 넣어요. 모기의 침은 피를 빨 때 피가 엉기지 않도록 막아 줘요. 모기의 배가 당신의 피로 불룩해질 때쯤이면 참을 수 없는 가려움을 느낄 거예요.

벼룩

날개 없는 곤충, 벼룩은 자기 몸길이보다 200배나 먼 거리를 뛰어서 다음 먹잇감의 몸에 달라붙어요. 털이나 머리카락 사이에 몸을 숨긴 뒤, 피부를 뚫고 피를 빨아 먹지요. 벼룩에게 물리면 너무너무 가려워요.

빈대

편안한 잠자리에 살아 있는 악몽이 기다리고 있다면 어떨까요? 빈대는 이불 속이나 좁은 틈새에 숨어 있다가 밤에 공격을 시작해요. 부리처럼 생긴 입으로 피를 양껏 빨아 먹지요. 잘 먹고 자라면 사과 씨만큼 커지기도 해요.

진드기

진드기는 높이 자란 풀 위에서 기다리다가 먹잇감이 지나가면 집게 같은 턱으로 움켜쥐고 톱니가 난 관을 푹 찔러 넣어요. 진드기의 이빨은 꽉 달라붙을 수 있도록 뒤로 굽어 있어요. 관을 한 번 꽂으면 며칠 동안 먹기도 하지만, 먹잇감을 여러 군데 물어 가렵게 만든 뒤 떠나기도 해요. 진드기는 라임병 같은 위험한 질병을 옮기기 때문에 조심해야 해요.

거머리

거머리는 지렁이처럼 생긴 환형동물로, 빨판을 이용해 먹잇감에 달라붙어 피를 빨아 먹어요. 피를 빨 때면 효소를 집어넣어 먹잇감이 아무것도 못 느끼도록 만들지요. 20분 정도 피를 빨면 거머리는 원래보다 몸집이 다섯 배나 커지기도 해요. 거머리는 식성이 까다롭지 않아서 동물 사체나 벌어진 상처도 가리지 않아요.

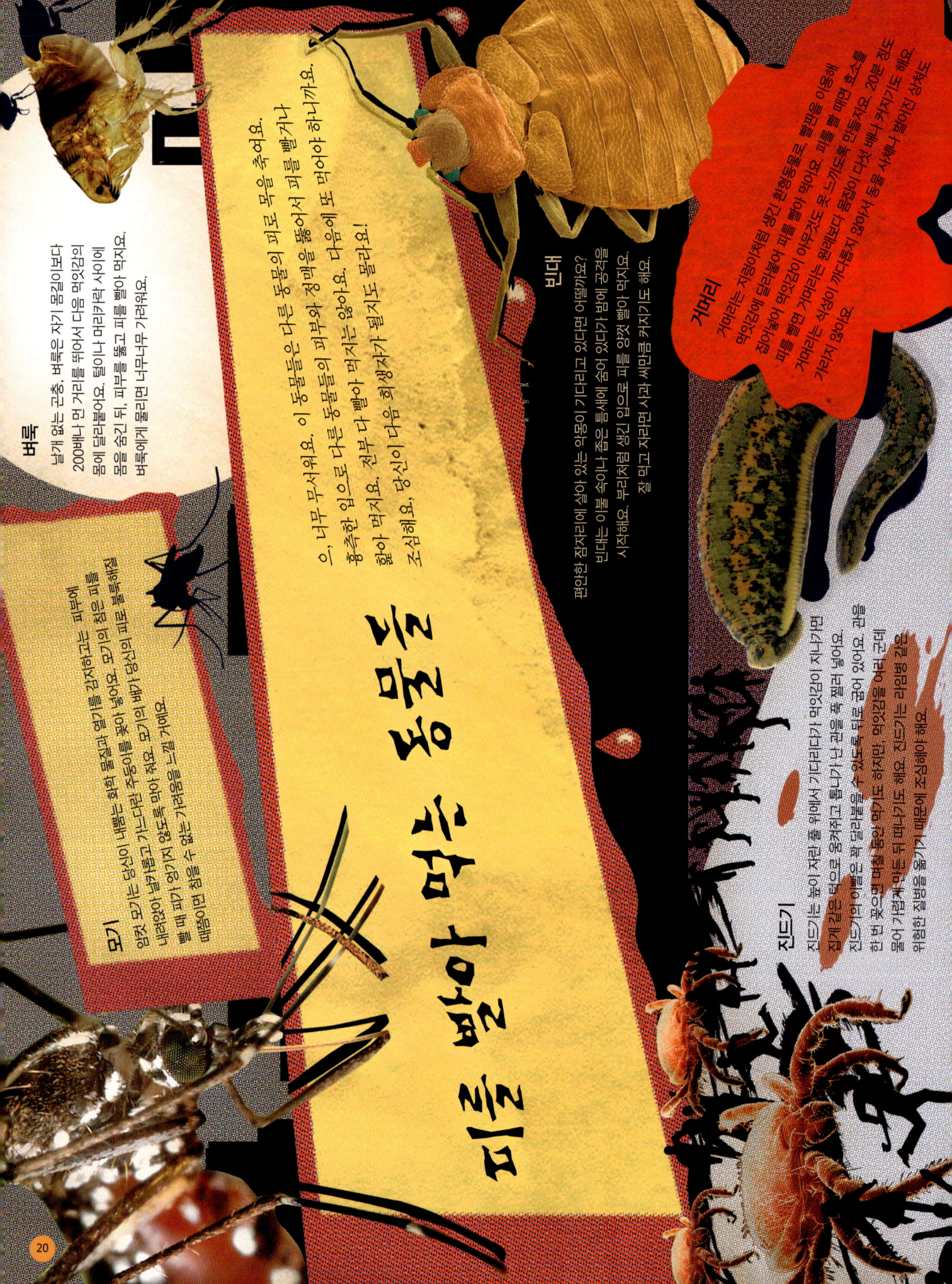

매복노린재

밝은 색깔을 띤 위장의 달인인 매복노린재는 꽃 위에서 꼼짝하지 않고 먹잇감이 다가오기를 기다려요. 벌 같은 먹잇감이 오면 굵은 앞다리로 확 잡은 다음 짧은 부리로 독소를 집어넣어 마비시켜요. 그리고 나서 먹이의 피와 체액을 빨아 먹어요.

흡혈박쥐

흡혈박쥐는 어둠 속에서 기거나 날아서 먹이에게 다가가요. 피부 바로 밑의 피가 흐르는 지점을 찾으면, 날카로운 송곳니로 살을 짼 다음 피가 엉기지 않도록 막는 침을 상처에 발라요. 그리고는 약 20분 동안 마음껏 피를 맛보지요.

흡혈핀치

피에 굶주린 흡혈핀치는 갈라파고스 제도에 살아요. 건기가 되어 꽃의 꿀 같은 먹이가 줄어들면, 흡혈핀치는 다른 바닷새를 마구 쪼아요. 바닷새가 흘리는 피를 찔끔찔끔 들이마시려는 거예요. 한 마리가 다 먹고 떠나면 차례로 피를 마시기 위해서지요. 그 뒤에는 다른 흡혈핀치들이 기다리고 있어요.

독을 쏘는 동물들

몹시 날카롭고 위험한 침으로 무장한 침입자들도 조심해야 해요! 침은 동물의 피부를 뚫고 독액을 집어넣을 수 있는 치명적인 무기예요. 독액에는 신경에 영향을 주는 독과 세포를 파괴하는 물질이 섞여 있어요. 잠시 얼얼하게 만들 뿐인 침도 있지만 몸부림치게 할 만큼 아프고, 심지어 죽음까지 불러오는 강력한 침도 있지요.

고깔해파리

무척추동물인 고깔해파리는 공기가 들어 있는 파란색과 분홍색의 젤리 같은 몸에 분홍색 고깔을 쓰고 있어요. 길이가 무려 15미터나 되는 촉수를 밑으로 늘어뜨리고 바다를 둥둥 떠다니지요. 고깔해파리의 촉수는 절대로 건드리면 안 돼요. 촉수에 강한 독이 있어서 닿으면 피부가 불에 타는 듯하고 물집이 생기거든요.

청자고둥

달팽이처럼 느릿느릿 움직일 것 같다고요? 하지만 산호초에 사는 청자고둥은 몸을 빨리 움직일 수 있어요. 길게 늘어나는 주둥이에는 작살 같은 이빨이 붙어 있어요. 청자고둥은 주둥이를 물고기 같은 먹이에 쏘아서 이빨로 수백 가지의 독소를 집어넣어 마비시켜요. 청자고둥의 침은 해독제도 없어요. 그러니 가까이 가지 마요!

꿀벌

벌이 침을 쏘면 벌침 끝에 달린 미늘이 피부에 단단히 박혀요. 벌침에 붙어서 벌의 창자도 따라 나가는데, 이 창자에서 40가지 성분으로 이루어진 독액이 10분 동안 계속 공급돼요. 그래서 그냥 따끔한 것으로 끝나지 않지요. 게다가 근처의 벌들에게 공격하라고 전하는 페로몬도 내뿜어요. 그러니 벌에 쏘이기 전에 몸을 피해요!

총알 개미

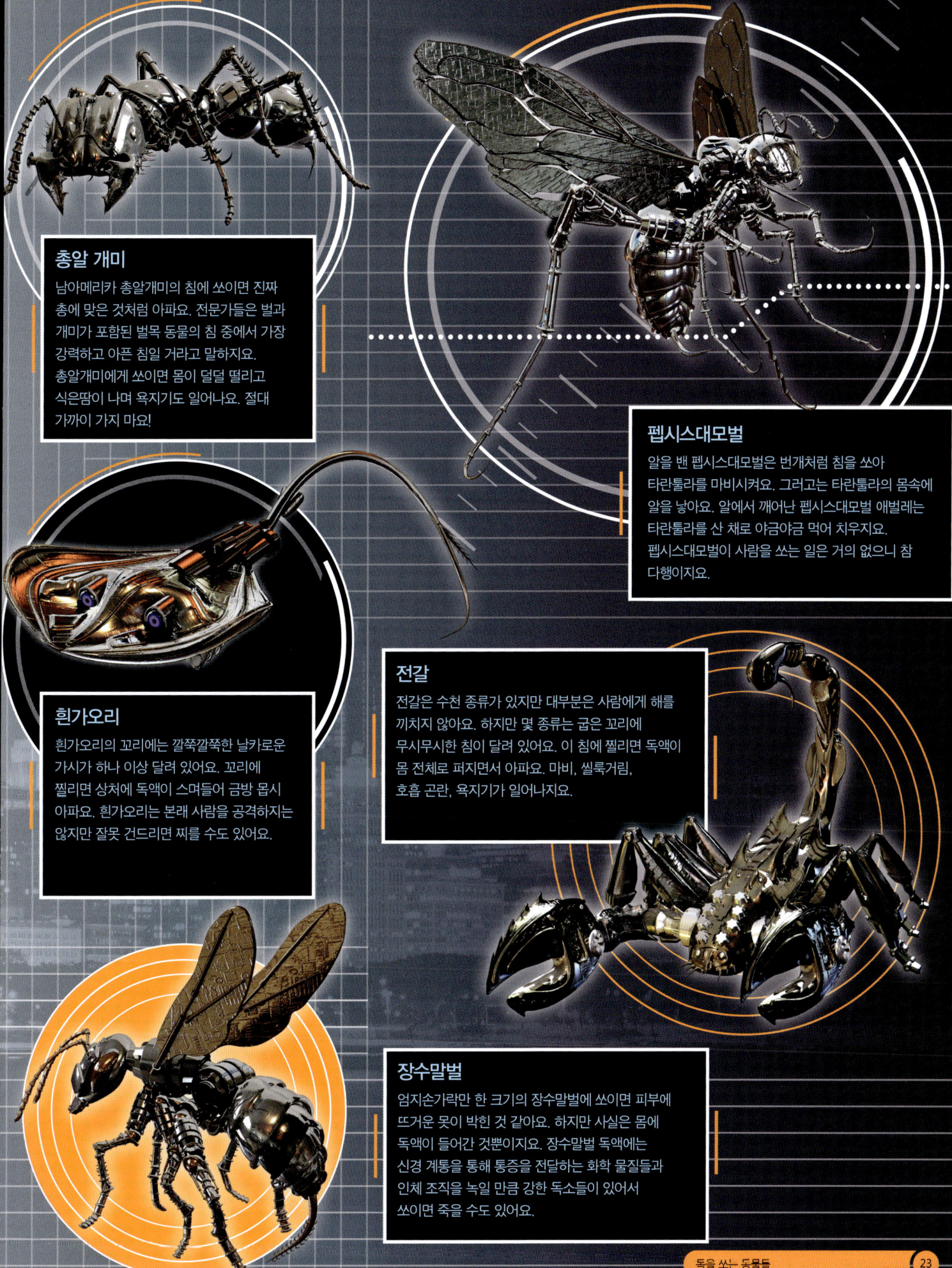

남아메리카 총알개미의 침에 쏘이면 진짜 총에 맞은 것처럼 아파요. 전문가들은 벌과 개미가 포함된 벌목 동물의 침 중에서 가장 강력하고 아픈 침일 거라고 말하지요. 총알개미에게 쏘이면 몸이 덜덜 떨리고 식은땀이 나며 욕지기도 일어나요. 절대 가까이 가지 마요!

펩시스대모벌

알을 밴 펩시스대모벌은 번개처럼 침을 쏘아 타란툴라를 마비시켜요. 그러고는 타란툴라의 몸속에 알을 낳아요. 알에서 깨어난 펩시스대모벌 애벌레는 타란툴라를 산 채로 야금야금 먹어 치우지요. 펩시스대모벌이 사람을 쏘는 일은 거의 없으니 참 다행이지요.

흰가오리

흰가오리의 꼬리에는 깔쭉깔쭉한 날카로운 가시가 하나 이상 달려 있어요. 꼬리에 찔리면 상처에 독액이 스며들어 금방 몹시 아파요. 흰가오리는 본래 사람을 공격하지는 않지만 잘못 건드리면 찌를 수도 있어요.

전갈

전갈은 수천 종류가 있지만 대부분은 사람에게 해를 끼치지 않아요. 하지만 몇 종류는 굽은 꼬리에 무시무시한 침이 달려 있어요. 이 침에 찔리면 독액이 몸 전체로 퍼지면서 아파요. 마비, 씰룩거림, 호흡 곤란, 욕지기가 일어나지요.

장수말벌

엄지손가락만 한 크기의 장수말벌에 쏘이면 피부에 뜨거운 못이 박힌 것 같아요. 하지만 사실은 몸에 독액이 들어간 것뿐이지요. 장수말벌 독액에는 신경 계통을 통해 통증을 전달하는 화학 물질들과 인체 조직을 녹일 만큼 강한 독소들이 있어서 쏘이면 죽을 수도 있어요.

독을 지닌 동물들

세상에는 독을 지닌 동물이 수천 종류나 있어요. 찜찜하지요? 이 동물들은 분비샘이나 피부에 있는 독을 이용해서 자신을 건드리는 다른 동물을 앓게 만들거나 죽일 수 있어요. 독이 신경 계통을 공격하거나 심장과 폐를 멈추게 하거든요. 독이 있는 동물은 몸 색깔이 선명해요. 그러니까 독이 있는 동물을 만나면 얼른 물러나요.

두건 피토후이

뉴기니에 사는 두건 피토후이는 독이 있는 딱정벌레를 먹어요. 그래서 피부와 깃털에 신경 독소가 쌓여요. 뱀이나 맹금류 같은 천적이 두건 피토후이를 덮쳤다가는 독소가 든 깃털에 마비되고 따끔따끔해질 거예요.

위장 오징어

기이하게 생긴 위장 오징어는 오스트레일리아와 인도네시아의 바다에 살아요. 먹이를 찾아 팔로 바닥을 훑으며 다니지요. 위장 오징어는 먹이에게 다가갈 때 몸 색깔을 바꾸어 위장해요. 위장 오징어의 근육 조직에는 강한 독이 있어서 포식자를 물리칠 수 있지요.

쑤기미

쑤기미는 바다 밑에 엎드려 지내요. 상어나 가오리 같은 포식자가 다가오면 등에 있는 삐죽한 가시로 독을 쏘아서 얼얼하게 만들어요. "나를 가만 놔둬요!" 하고 외치는 것 같지요.

파나마왕두꺼비

파나마왕두꺼비는 위험을 알아채면 눈가와 등에 있는 분비샘에서 하얀 독액을 흘리며 울어요. 파나마왕두꺼비의 우윳빛 독에 닿으면, 팔다리가 오그라들고 숨을 제대로 못 쉬다가 심장마비가 일어나요. 그러니 가엾다고 쓰다듬거나 위로하겠다고 입맞춤하지도 마요.

왕나비

아름다운 왕나비는 애벌레 때 유액이 있는 식물을 먹어요. 그러면 다른 동물의 심장을 멈추게 할 수 있는 글리코사이드라는 독이 몸에 쌓여요. 왕나비를 꿀꺽 삼킨 새는 독 때문에 토하게 돼요. 그래도 왕나비를 잡아먹는 새가 있어요. 검은부리뻐꾸기 같은 새는 왕나비의 독을 견딜 수 있거든요.

푸스나방 애벌레

푸스나방 애벌레의 머리카락 같은 긴 털 속에는 놀라운 것이 숨어 있어요. 주사 바늘처럼 속이 빈 가시가 있고, 가시 밑에는 강한 독이 든 주머니가 있거든요. 푸스나방 애벌레를 건드리면 독소 때문에 통증, 가려움, 두통을 겪게 돼요.

해삼

해삼은 위험에 처하면 독소가 든 특수한 기관을 꽁무니로 내뿜어요. 그 기관은 물속에 퍼져서 끈적거리는 그물처럼 적에게 달라붙어 독을 전달하지요. 독이 퍼지면 적은 근육이 약해지고 힘이 빠져요. 독이 눈에 들어가면 영원히 눈이 멀 수도 있어요.

독화살개구리

중앙아메리카와 남아메리카에 주로 사는 독화살개구리는 세상에서 가장 강한 독을 지닌 동물 중 하나예요. 소금 알갱이 두세 개 분량의 독으로도 사람을 죽일 수 있지요. 독화살 개구리의 독은 피부를 통해 나오는데 근육과 폐를 마비시켜 죽게 만들지요.

노랑무늬영원

노랑무늬영원은 포식자에게 물리면 머리와 등뼈 양쪽의 구멍으로 우윳빛 독소를 흘려 보내요. 이 독소는 근육 경련을 일으키고 심장과 폐를 공격하지요. 조심해요!

범고래

범고래는 바다에 사는 돌고래 종류 중 가장 몸집이 커요. 무리를 지어 먹이 떼를 몰아서 사냥하기 때문에 바다의 늑대라고도 하지요. 범고래들은 먹이에게는 들리지 않는 아주 작은 소리로 서로 대화하면서 물고기 떼나 해양 포유동물에게 몰래 다가가요. 그러고는 사방에서 한꺼번에 달려들지요. 잡은 먹이는 나누어 먹어요.

꼬치고기

바다의 늑대가 범고래라면 꼬치고기는 바다의 호랑이예요. 송곳니 같은 이빨이 입 안에 가득한 꼬치고기는 타고난 사냥꾼이지요. 식성도 엄청나요. 무시무시한 꼬치고기는 무리를 지어서 먹이를 몰다가 갑자기 달려들어서 살덩어리를 물어뜯어요.

군대개미

군대개미는 무려 70만 마리나 되는 큰 무리를 이루기도 해요. 사냥할 때면 20만 마리나 되는 대군이 움직이지요. 사냥감을 압도하는 엄청난 수를 내세워 다른 개미와 커다란 절지동물을 공격해요. 군대개미는 칼처럼 날카로운 턱으로 먹이를 죽여서 토막 내지요.

떼를 짓는 동물들

많은 동물들이 무리를 지어 사냥해요. 혼자 사냥할 때보다 먹이를 더 쉽게 잡을 수 있거든요. 사냥감이 클 때도 무리를 지어 사냥하는 것이 유리해요. 또 무리로 다니면 먹이를 혼란시킬 수 있지요.

꿀벌

수천 마리의 꿀벌이 벌집에서 줄지어 쏟아져 나와 구름처럼 윙윙거리며 날아오른다고 긴장하지 말아요. 당신을 뒤쫓는 게 아니라 이사를 하는 중이니까요. 벌은 꿀을 저장할 공간이 부족해지면 집을 나누어요. 정찰하는 벌들이 새 집을 짓기에 알맞은 곳을 찾는 동안, 여왕벌과 무리는 나뭇가지에 매달려 있지요.

아프리카 야생 개

아프리카 야생 개는 아프리카의 평원과 숲을 무리 지어 돌아다녀요. 독특한 반점이나 얼룩으로 서로를 알아보지요. 이들은 무리를 지어 난폭하게 사냥해요. 20마리 정도의 무리가 자신들보다 훨씬 더 큰 먹이를 쓰러뜨려요. 짖어대는 것도 사납지만 물 때는 더 사납지요.

해리스매

맹금류는 대개 홀로 사냥하지만, 해리스매는 무리를 지어서 도마뱀, 토끼, 큰 곤충, 새를 사냥해요. 때로는 몇 마리씩 나서서 먹이가 있는지 정찰하기도 해요. 먹이를 발견하면 해리스매는 한꺼번에 덮쳐서 잡아먹어요. 또 먹이를 몰래 에워싼 뒤에 한 마리가 먼저 덮치기도 해요. 그 후 놀란 먹이가 꼼짝 못하면 무리가 공격해 잡아먹지요.

방패옷여치

방패옷여치는 때로 100만 마리가 넘는 큰 무리를 이루어 다니며 밭 전체를 쑥대밭으로 만들어요. 방패옷여치 떼는 하루에 약 1.6킬로미터씩 나아가면서 채소와 농작물을 게걸스럽게 먹어치워요. 방패옷여치가 큰 무리를 짓는 이유는 알려지지 않았어요. 아무튼 사람에게는 진짜 해충이지요.

라니아

에 칼처럼 날카로운 이빨이 가득한
라니아는 먹이를 뼈만 남기고 먹어 치워요.
마리씩 따로 있어도 무시무시하지만 여러
리가 모이면 천적이 없을 정도예요. 미친 듯이
려들어 살을 마구 물어뜯고 몇 초 만에 먹이를
딱 해치우거든요.

깊은 바다의 괴물들

풍덩! 용감한 심해 잠수부가 햇빛이 드는 얕은 물 너머, 컴컴한 깊은 바다로 들어가요. 왜냐고요? 오래전에 가라앉은 보물을 찾기 위해서지요. 잠수부는 보물을 찾아 점점 더 깊이 내려가요. 깊은 바다에 얼마나 무시무시한 생물들이 숨어 있는지 모르는 모양이에요.

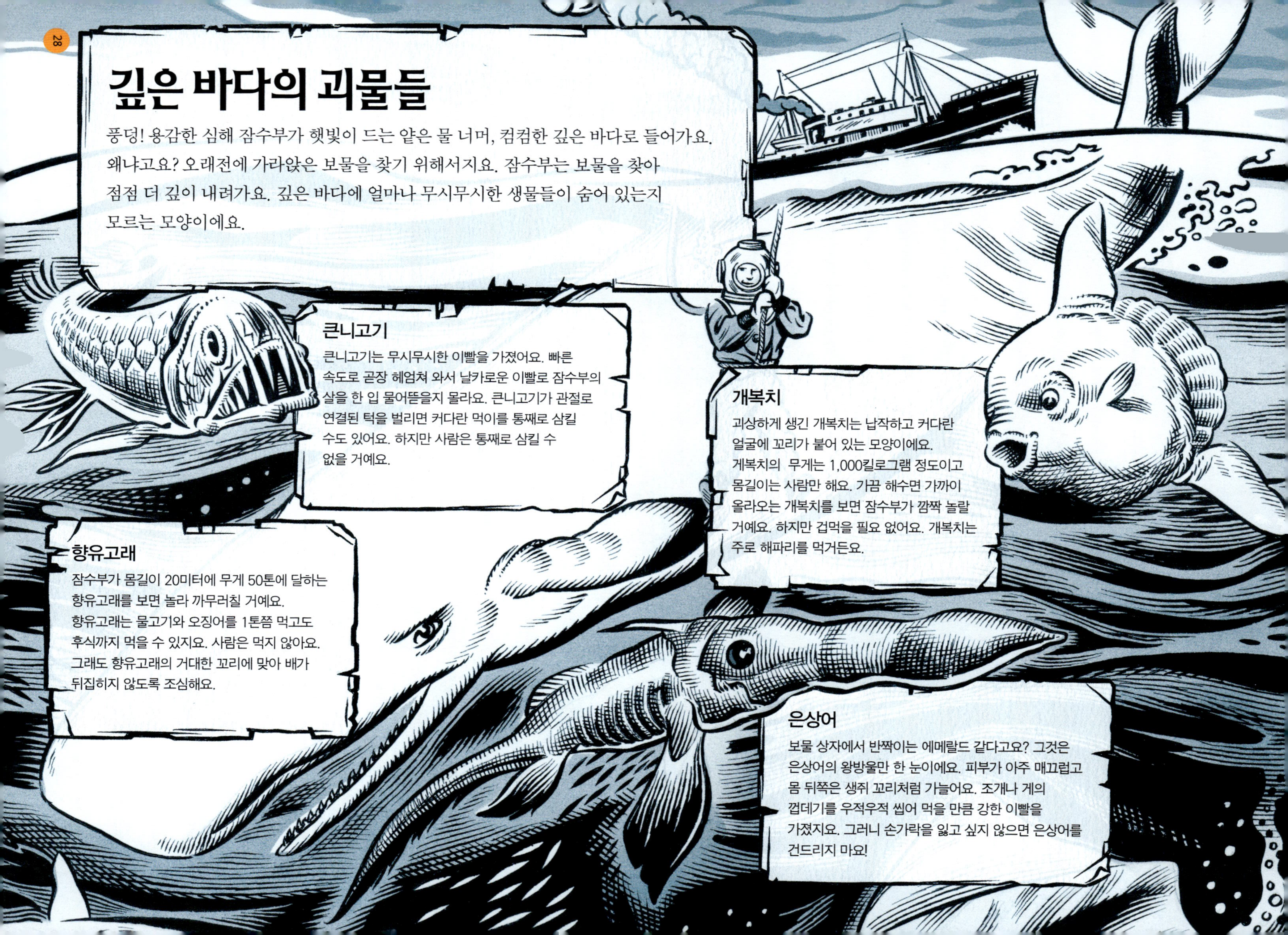

큰니고기

큰니고기는 무시무시한 이빨을 가졌어요. 빠른 속도로 곧장 헤엄쳐 와서 날카로운 이빨로 잠수부의 살을 한 입 물어뜯을지 몰라요. 큰니고기가 관절로 연결된 턱을 벌리면 커다란 먹이를 통째로 삼킬 수도 있어요. 하지만 사람은 통째로 삼킬 수 없을 거예요.

개복치

괴상하게 생긴 개복치는 납작하고 커다란 얼굴에 꼬리가 붙어 있는 모양이에요. 개복치의 무게는 1,000킬로그램 정도이고 몸길이는 사람만 해요. 가끔 해수면 가까이 올라오는 개복치를 보면 잠수부가 깜짝 놀랄 거예요. 하지만 겁먹을 필요 없어요. 개복치는 주로 해파리를 먹거든요.

향유고래

잠수부가 몸길이 20미터에 무게 50톤에 달하는 향유고래를 보면 놀라 까무러칠 거예요. 향유고래는 물고기와 오징어를 1톤쯤 먹고도 후식까지 먹을 수 있지요. 사람은 먹지 않아요. 그래도 향유고래의 거대한 꼬리에 맞아 배가 뒤집히지 않도록 조심해요.

은상어

보물 상자에서 반짝이는 에메랄드 같다고요? 그것은 은상어의 왕방울만 한 눈이에요. 피부가 아주 매끄럽고 몸 뒤쪽은 생쥐 꼬리처럼 가늘어요. 조개나 게의 껍데기를 우적우적 씹어 먹을 만큼 강한 이빨을 가졌지요. 그러니 손가락을 잃고 싶지 않으면 은상어를 건드리지 마요!

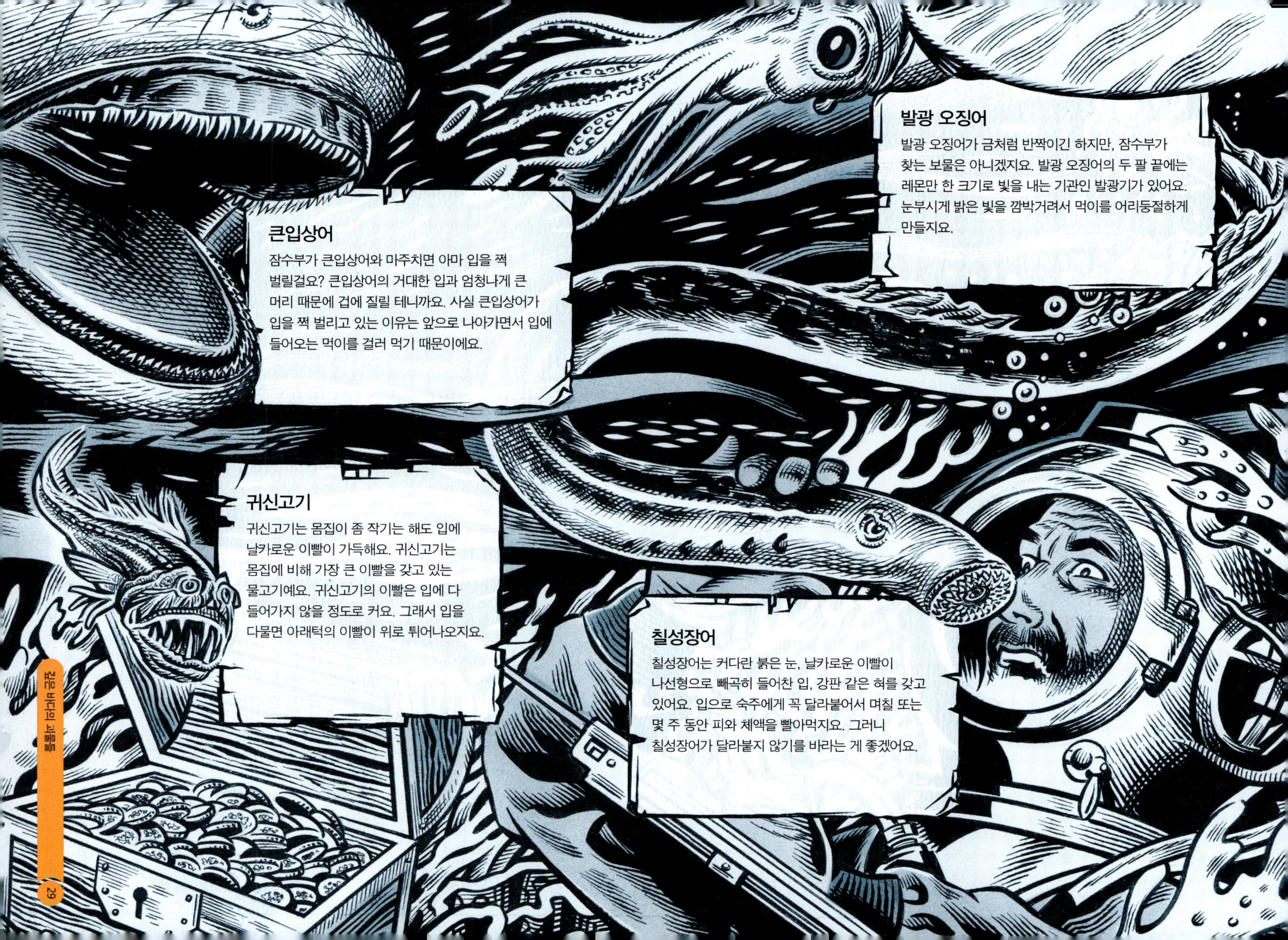

큰입상어

잠수부가 큰입상어와 마주치면 아마 입을 쩍 벌릴걸요? 큰입상어의 거대한 입과 엄청나게 큰 머리 때문에 겁에 질릴 테니까요. 사실 큰입상어가 입을 쩍 벌리고 있는 이유는 앞으로 나아가면서 입에 들어오는 먹이를 걸러 먹기 때문이에요.

발광 오징어

발광 오징어가 금처럼 반짝이긴 하지만, 잠수부가 찾는 보물은 아니겠지요. 발광 오징어의 두 팔 끝에는 레몬만 한 크기로 빛을 내는 기관인 발광기가 있어요. 눈부시게 밝은 빛을 깜박거려서 먹이를 어리둥절하게 만들지요.

귀신고기

귀신고기는 몸집이 좀 작기는 해도 입에 날카로운 이빨이 가득해요. 귀신고기는 몸집에 비해 가장 큰 이빨을 갖고 있는 물고기예요. 귀신고기의 이빨은 입에 다 들어가지 않을 정도로 커요. 그래서 입을 다물면 아래턱의 이빨이 위로 튀어나오지요.

칠성장어

칠성장어는 커다란 붉은 눈, 날카로운 이빨이 나선형으로 빼곡히 들어찬 입, 강판 같은 혀를 갖고 있어요. 입으로 숙주에게 꼭 달라붙어서 며칠 또는 몇 주 동안 피와 체액을 빨아먹지요. 그러니 칠성장어가 달라붙지 않기를 바라는 게 좋겠어요.

물에 사는 난폭한 동물들

바닷가나 강을 좋아하나요? 조심해요. 파도 속에 무엇이 숨어 있을지 모르니까요. 해안선과 강둑 바로 너머에는 아주 위험한 생물들이 숨어 있어요. 해를 입히지 않을 듯이 생겼지만, 화가 나지 않아도 사람을 공격하는 녀석들도 있어요. 물가에서 지내는 동물들 중에 가장 난폭한 녀석들을 살펴봐요.

하마

아프리카 사하라 사막 남쪽에 사는 하마는 심술궂기로 악명이 높아요. 몸집이 아주 큰 데다 놀라울 정도로 날쌔서, 단숨에 배를 뒤집고 커다란 이빨로 사람을 씹어 버릴지도 몰라요. 하마는 물 밖에서도 잽싸게 뒤쫓아 와서 머리를 망치처럼 휘둘러 당신을 끝장낼 수 있어요.

전기뱀장어

전기뱀장어는 600볼트의 전기를 방출하여 먹이를 기절시킬 수 있어요. 몸에 전지처럼 전기를 저장하는 기관이 있거든요. 전기뱀장어가 일으키는 전기는 사람을 즉사시킬 정도는 아니에요. 하지만 전기 충격을 받은 뒤 심장 마비가 일어나거나 물에 빠져 죽을 수 있어요.

동미리

모래색을 띤 동미리는 몸집이 작고 헤엄을 아주 잘 치지는 못해요. 대신 바닥에 몸을 파묻고 엎드린 채 지느러미 하나만 밖에 내놓아요. 맛있는 먹이가 지나가기를 기다려 잡는 것이지요. 동미리를 밟았다가 지느러미에 있는 가시에 찔리면 독이 들어가서 발이 풍선처럼 빨갛게 부어오르고 온몸이 아프지요.

나팔분홍성게

나팔분홍성게는 가시투성이의 작은 동물이에요. 물웅덩이 바닥을 돌아다니며 해조류를 뜯어 먹고 살지요. 나팔분홍성게는 먹이에 가시를 찔러서 독을 집어넣어요. 나팔분홍성게의 독에 쏘이면 몹시 아프고 죽을 수도 있어요. 꽃처럼 생겼지만 정말 무시무시해요.

메기

지느러미에 독이 있는 어류는 1,600종이 넘어요. 메기의 독샘은 가시를 따라 나란히 있어요. 공격을 받으면, 가시를 곧추세워서 포식자를 찌르고 독소를 집어넣지요. 으악!

바다뱀

코브라의 친척인 바다뱀은 얕은 물에서 물고기와 뱀장어를 먹고살아요. 이따금 숨을 쉬기 위해 물 밖으로 머리를 내밀지요. 바다뱀을 화나게 하면 독이 묻은 이빨을 다리에 박아 넣을지 몰라요. 그럼 몇 분 사이에 근육이 뻣뻣해지고 턱에 경련이 일고 눈앞이 흐릿해지며 숨이 가빠질 거예요.

파란고리문어

바위 사이 웅덩이에 사는 파란고리문어를 성가시게 하지 말아요. 밟거나 건드리면 공격을 받아 다칠 수 있어요. 물려도 아프지는 않지만, 파란고리문어의 침에는 사람을 죽일 수 있을 만큼 강한 독이 들어 있거든요. 이 독에는 해독제도 없어서 몇 분 사이에 눈앞이 흐릿해지고 감각이 무뎌지고 말을 할 수 없게 돼요. 이윽고 온몸이 마비되어 호흡이 멈추면 목숨을 잃게 돼요.

불산호

구멍이 송송 나 있는 이 노란 산호는 물속에서 산호초나 벽, 시멘트, 다른 물체에 달라붙어 자라요. 불산호에 대해 알아야 할 것은 딱 하나예요. 그냥 놔두어야 한다는 것! 불산호를 건드리면 피부가 불에 타는 듯이 아프고 물집이 생겨요.

독을 품은 식물들

여기는 무시무시한 식물을 파는 작은 가게예요. 식물은 생물이 생명을 유지하는 데 도움을 줘요. 하지만 생물을 죽일 수 있는 나무, 떨기나무, 풀도 있어요. 건드리거나 삼키거나 가까이서 숨을 들이마시면 독성을 일으키지요. 식물에 왜 독이 있는 걸까요? 동물들에게 먹히지 않으려는 방어 수단인 셈이지요. 이제 녹색 악당들의 이야기를 들어 볼까요?

벨라도나 ▲

벨라도나는 악마의 버찌라고 불려요. 잎과 열매에 아트로핀이라는 치명적인 화합물이 들어 있거든요. 벨라도나 열매를 조금만 베어 먹어도 말이 제대로 안 나오고 눈앞이 흐려져요. 그리고 지독한 두통, 호흡 곤란, 경련이 일어나지요. 결코 맛있는 열매가 아니에요.

맨치닐나무 ▶

사과나무처럼 생겼지만 맨치닐나무의 열매에는 죽음의 사과라는 별명이 붙어 있어요. 열매를 먹으면 입과 목이 타고 목숨이 위험해질 수 있거든요. 줄기에서 흘러나오는 하얀 수액도 피부에 물집을 일으킬 수 있지요. 또 맨치닐나무가 탈 때 나오는 연기는 눈을 멀게 해요.

아주까리 씨 ▶

아주까리 씨에는 지구의 식물 중 가장 치명적인 독이 들어 있어요. 바로 리시닌이지요. 씨 몇 알에 든 리시닌으로 몇 분 만에 어른이 죽을 수 있어요. 아주까리를 수확하는 사람도 신경에 손상을 입을 수 있지요.

▼ 악타이아 파키포다

'인형의 눈'과 놀라울 정도로 비슷하다고요? 이 식물은 전체가 독성을 띠지만 독은 열매에 특히 많아요. 열매 하나를 입에 넣으면 독이 심장 근육 조직을 이완시켜서 심장 마비가 일어나요. 눈 깜짝할 사이에 죽을 수 있지요.

홍두 ▲

줄기에 완두콩 꼬투리 같은 것이 달렸어요. 마르면 벌어져서 완두처럼 생긴 새빨간 씨가 드러나요. 씨를 몇 개 입에 넣으면 침이 줄줄 흐르면서 토하게 돼요. 또한 열이 나고 경련과 발작이 일어나며 결국에는 죽게 돼요. 이 식물을 꼭 기억해 둬요.

참제비고깔 ▶

남보라색을 띤 참제비고깔은 정원에서 흔히 볼 수 있는 식물이에요. 참제비고깔에는 알칼로이드가 많이 들어 있어서 꽃이나 잎을 먹으면, 입과 목이 타는 듯이 아프고 머리가 어질어질해요. 또 심한 두통, 구토를 하게 되고 심하면 질식이 일어나지요.

독미나리 ▶

파스닙의 친척인 독미나리는 아주 독해요. 독소는 잎과 줄기에도 있지만 뿌리에 특히 많고, 일단 중독되면 치료할 시간이 없을 만큼 빨리 퍼져요. 독미나리는 건드리기만 해도 중독 반응이 일어날 수 있어요. 또 먹으면 심한 발작이 일어나고, 의식을 잃으며 근육이 격렬히 수축해서 죽을 수도 있어요.

◀ 수선화

수선화는 봄의 전령일까요, 살인자일까요? 둘 다 맞아요! 양파처럼 생긴 수선화의 알뿌리에는 신경계를 무디게 하고 심장 근육을 마비시켜서 죽음을 불러오는 강한 독이 들어 있거든요.

위험한 지구

화재, 홍수, 화산, 지진 같이 지구에서 일어나는 격렬한 재앙을 대비하고 있나요? 세찬 바람과 개구리 비를 조심하고, 위험한 곳에는 가까이 가지 마요. 전 세계에서 기후 때문에 많은 사람들이 목숨을 잃었어요. 기후가 급격히 변화하면 세상이 끝날 수도 있을까요? 그렇다면 기후 변화에는 어떻게 대응해야 할까요?

얼음 위의 경주!

지구에서 가장 춥고 메마르고 바람이 센 곳까지 누가 먼저 가는지 주사위를 던져 경주를 해 봐요. 하지만 결승점에 먼저 닿더라도 그곳에 꽂힌 깃발은 흔들지 마요. 섭씨 영하 50도라서 장갑과 손이 달라붙은 채 금방 얼어 버릴 테니까요. 준비 다 됐나요? 준비, 출발!

베이스 캠프

남북극의 공기는 차가울 뿐 아니라 아주 건조해서 자주 수분을 보충해 줘야 해요. 목을 축이는 동안 한 차례 쉬어요.

여기를 파요!

그린란드 빙원에 친 텐트에 갇힌 영국 탐험가 어거스트 코톨드를 꺼내 주기 위해 한 차례 쉬어요. 1931년 날씨 관측 임무를 띠고 그린란드에 간 코톨드는 눈삽을 텐트 밖에 두고 들어가는 바람에 그만 6개월 동안 텐트에 갇히고 말았지요.

북극곰 조심! 곰의 먹이가 되지 않으려면 얼굴과 목을 감싸고 머리를 공처럼 만 뒤 죽은 척하는 수밖에 없어요. 곰이 흥미를 잃고 사라질 때까지 한 차례 쉬어요.

우지직! 당신의 발밑에 있는 얼음판이 갈라졌어요! 이런, 바다로 떠내려가는 빙산에 갇히고 말았네요. 본토로 노를 저어 가는 동안 한 차례 쉬어요.

시속 320킬로미터의 속도로 부는 하강 기류를 맞으며 걸어 가겠다고요? 에이 그만둬요. 바람에 두 칸 밀려나요.

위대한 속옷

당신은 영국 탐험가 콘래드 디킨슨의 얼어붙은 팬티와 마주쳤어요. 2005년 디킨슨이 남극 탐사를 할 때 70일 동안 입은 팬티예요. 악취를 맡지 않도록 재빨리 한 칸 앞으로 이동해요!

결승점

다른 팀이 결승점에 먼저 도착했어요. 아깝네요! 그동안의 고생이 헛수고로 돌아간 것이 안타까워 짜디짠 눈물을 훔치다가 차례를 두 번 놓쳐요.

멀리 동화 속 성 같은 섬이 보인다고요? 기대하지 말아요. 신기루일 뿐이에요. 텐트를 치고 잠시 쉬다가 차례를 한 번 놓쳐요. 쉴 필요가 있긴 하지요.

북극권의 겨울, 끝없이 이어지는 밤이 당신을 미치게 만들어요. 밤하늘의 별빛을 멍하니 바라보다가 차례를 한 번 놓쳤네요.

흰 눈에 반사되는 빛을 차단할 선글라스를
써요. 설맹도 피할 수 있고 멋져 보일
거예요! 한 칸 앞으로 가요.

일단 동상에 걸리면

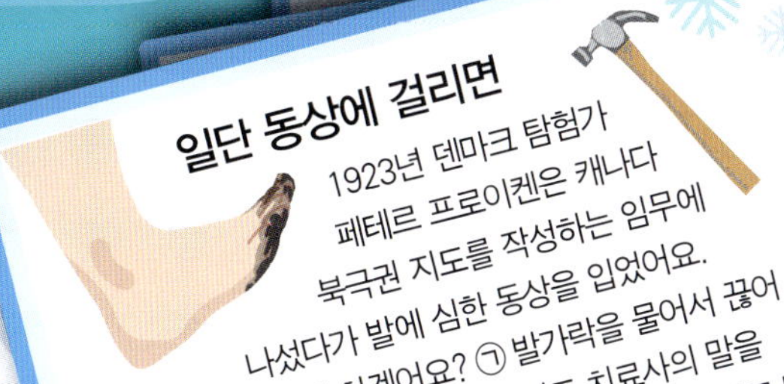

1923년 덴마크 탐험가
페테르 프로이켄은 캐나다
북극권 지도를 작성하는 임무에
나섰다가 발에 심한 동상을 입었어요.
당신이라면 어떻게 하겠어요? ㉠ 발가락을 물어서 끊어
내겠다고 친절하게 제안한 이누이트 치료사의 말을
받아들인다, ㉡ 망치로 쳐서 떼어 낸다. ㉡이라고 답하면
제자리, ㉠은 주사위를 다시 던져요.

아야! 심술궂은 도둑갈매기가
발로 머리를 공격해요. 이 악당
같은 바닷새에게서 벗어나기
위해 두 칸 앞으로 가요.

당신은 북극 호수의 물을
마셨어요. 그 바람에 물속의 작은
벌레가 옮긴 '지아르디아증'이라는
병에 걸렸어요. 회복될 때까지 한
차례 쉬어요. 그동안 화장실을
계속 들락거릴 테니 몸이 식지는
않을 거예요.

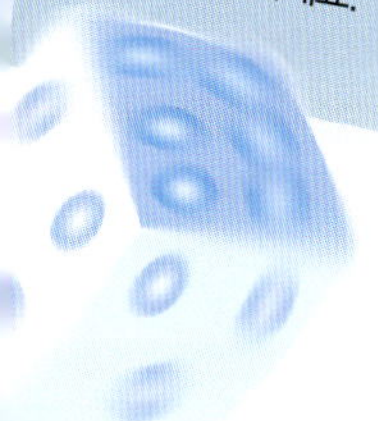

온도가 뚝 떨어졌어요.
옷을 한 겹 더 껴입고
얼어붙은 콧물을 떼어
내요. 피가 잘 돌 수
있게 서둘러 움직여서
두 칸 앞으로 가요.

얼룩무늬물범이 당신을 물속으로
끌고 들어가려 해요. 물범의
무시무시한 턱에서 풀려나기
위해 몸부림치느라 기운이
빠졌어요. 한 차례 쉬어요.

얼음처럼 차가운
북극해에 풍덩
빠졌어요.
몸이 꽁꽁 얼기 전에
주사위를 다시 던져서
재빨리 밖으로 나와요.

운이 좋았어요. 어느
이누이트 가족이 환영의
뜻으로 두꺼운 털옷을
줬어요. 눈신도 아주 좋네요.
아늑하고 따뜻한 상태에서
세 칸 앞으로 가요.

단꿈

이런, 1897년 이탈리아 산악인 아브루치 공작이
알래스카 탐사를 하다가 남긴 쇠 침대에 걸려
넘어졌네요. 따뜻한 깃털 침대를
떠올리면서
한 차례 쉬어요.

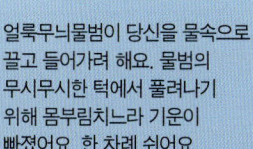

개 썰매보다 빨리 얼음 위를
나아가는 방법은 없어요. 이랴!
두 칸 앞으로 빠르게 이동해요.

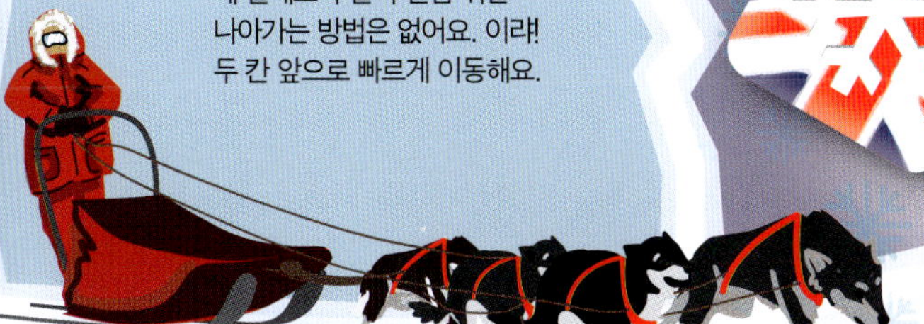

개의 삶

식량이 떨어져 가고 있어요. 1912년 로알드 아문센은
덴마크 탐사대를 이끌고 최초로 남극점을 정복했어요.
탐사 도중 먹을 것이 떨어지자 아문센은
개를 요리하기로 결심했어요. 탐사대의
개 절반이 뱃속으로 들어갔지요. 배는
부르지만 마음은 무거운 상태로
두 칸 앞으로 가요.

험난한 바다

거기 풋내기 선원 양반! 당신이 뜨끈뜨끈한 욕조에서 물장난을 치는 동안, 먼바다에서 파도에 몸을 맡기고 살아가는 사람들을 한번 생각해 봐요. 바다는 깜짝 놀랄 일로 가득해요. 오늘은 쥐 죽은 듯 잔잔하다가 내일은 펄펄 끓는 가마솥 같지요. 산더미 같은 파도가 작은 배를 이리저리 뒤흔들고, 거대한 유조선을 좌초시킬 수 있어요. 데비 존스의 무덤, 빙산, 안개, 불 등 뱃사람의 이야기에 푹 빠져 있다면, 조심해요! 언젠가는 당신도 폭풍우 속에서 바다를 항해하게 될지 모르니까요.

자외선
차단 지수
20

바닷바람과 바닷물의 흐름

바람과 해류는 강력한 자연의 힘이에요. 먼바다에서 바람과 해류는 마치 커다란 장난감을 집어던지듯이 배를 움직여요. 뱃멀미가 심한 뱃사람에게는 악몽이지요. 자외선도 신경써야 해요. 수면에 반사된 햇빛에 피부가 심하게 타고, 눈은 핏발이 서고 부어오를 수 있어요.

산더미 같은 파도

거센 바람과 거대한 파도는 작은 마을만 한 배를 12초 만에 바다 밑으로 가라앉힐 수 있어요. 1995년 호화 여객선 퀸엘리자베스 2호는 10층 높이의 엄청난 파도에 부딪혔어요. 다행히 퀸엘리자베스 2호는 살아남았지요.

고래 이야기

바다에서 피해야 할 것은 물속의 암초와 산호초만이 아니에요. 해양 포유동물인 고래는 수면으로 올라와 숨을 쉬는데, 그 과정에서 떠 있는 배와 부딪히기도 해요. 1851년 향유고래와 부딪힌 포경선은 몇 분 만에 가라앉았어요.

떠다니는 빙산들

1912년 4월 14일 커다란 빙산에 부딪힌 타이태닉호가 몇 시간 만에 가라앉아 1,523명이 죽었어요. 빙산은 떠다니는 얼음 덩어리로, 전체의 90퍼센트가 수면 아래 숨어 있어요. 따라서 작은 빙산도 보이는 것보다 훨씬 더 위험할 수 있지요.

덜덜덜, 차가운 바다

당신이 빠진 곳이 상쾌한 카리브 해가 아니라면, 바닷물은 차가울 거예요. 제 아무리 용감한 뱃사람도 얼음처럼 차가운 바닷물에 빠지면 금방 뼛속까지 얼어붙지요. 섭씨 10도의 바닷물에서 잠수복을 입지 않거나 서로 꼭 붙어 있지 않으면 세 시간 이상 살아남을 수 없어요.

폭풍우가 칠 때

1947년 노르웨이의 탐험가 토르 헤위에르달은 콘티키라는 뗏목을 타고 해류와 바람만을 이용하여 항해에 나섰어요. 심한 폭풍우를 만난 헤위에르달은 빗물을 받아 마시고 배에 내려앉은 날치를 먹으면서 살아남았지요.

깊고 깊은 심연

바닷속으로 깊이 들어갈수록 압력은 더 세져요. 그래서 잠수함은 짜부라지지 않도록 튼튼하게 만들어야 해요. 2005년 러시아 잠수함 프리즈호는 수심 190미터 깊이에서 그물에 걸렸다가 구조되었어요. 이산화탄소 중독으로 죽을 뻔한 승무원들은 다행히 목숨을 구했지요. 하지만 1939년에 테티스호에 탄 99명은 구조되지 못하고 가라앉았어요.

물 부족

뛰어난 뱃사람이라면 다 알겠지만 바다는 사막과 같아요. 짠 바닷물을 마시면 갈증만 더 심해질 뿐이지요. 2004년 베트남의 부이 둑 푹이란 어부는 해류에 휩쓸려 해안에서 100킬로미터 거리까지 밀려갔어요. 며칠 동안 떠다닌 둑 푹은 살아남기 위해 자기 오줌을 마셨어요. 오줌이 싫다면 물고기 눈을 씹거나 거북의 피를 마시는 방법도 있어요.

버뮤다 삼각 해역

대서양의 버뮤다 제도와 미국의 마이애미, 푸에르토리코 사이에는 실종 사건으로 악명 높은 버뮤다 삼각 해역이 있어요. 배와 항공기, 승무원, 승객이 흔적도 없이 사라졌다는 수수께끼의 장소지요. 이러한 설명을 믿을 수도 있고, 그저 꾸며낸 이야기로 여길 수도 있어요. 어느 쪽이든 기이한 버뮤다 삼각 해역에 얽힌 무시무시한 이야기를 들어 봐요.

북
서
동
남

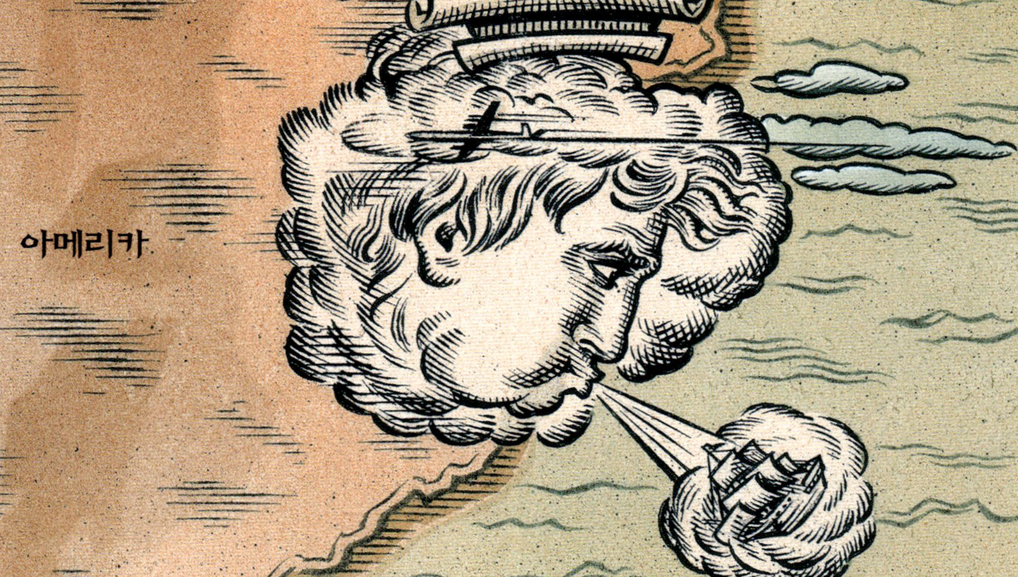

아메리카

미친 나침반

어떤 사람들은 버뮤다 삼각 해역에서 지구의 자기장이 불균등하여 나침반이 자북(지구 자기장의 북극)이 아니라 진북(지리적 북극)을 가리키기 때문에 항해에 온갖 혼동이 일어난다고 주장해요. 하지만 19세기 이래로 나침반이 이상했던 적은 없었대요. 그렇다면 20세기에 일어난 실종 사건들을 설명할 수 없지요.

말 위도

옛날 뱃사람들은 풍력을 이용하여 바다를 건넜어요. 그래서 바람이 잦아들면 바다 한가운데에서 배가 멈출 위험이 있었지요. 바람이 없는 해역은 말 위도라고도 알려졌어요. 멈춘 배의 뱃사람들이 식수를 아끼려고 말을 배 밖으로 던지곤 했기 때문이에요. 순환 해류인 북대서양 환류를 만나면 버뮤다 삼각 해역을 벗어날 수 있다고 해요.

버뮤다

허리케인과 용오름

대서양의 이 해역은 심한 폭풍우와 갑작스러운 날씨 변화로 유명해요. 용오름, 즉 바닷물을 위로 빨아올리는 회오리도 잦고, 허리케인으로 배가 가라앉거나 항공기가 부서지는 일도 많지요. 하지만 날씨가 궂다고 해서 배나 비행기가 흔적도 없이 사라질 수 있을까요?

아주아주 큰 파도

오랜 세월 과학자들은 변덕스러운 파도로 배가 산산조각 날 리는 없다고 생각했어요. 하지만 1995년 북해의 유정에 설치된 검파기에 20미터라는 거대한 파도가 기록됐어요. 버뮤다 삼각 해역의 실종사건도 거대한 파도 때문일까요? 2만 톤 크기의 배를 침몰시키려면 진짜로 괴물 같은 파도가 있어야겠어요.

수중 폭발

바다가 열려서 배를 삼켰다고 말하는 사람들도 있어요. 믿기 어렵겠지만 실제로 일어날 수 있는 일이에요. 해저의 메탄 기체가 대규모로 폭발해서 유정을 파괴하는 일이 있거든요. 위를 지나가던 배는 돌처럼 가라앉겠지요. 메탄은 날아가는 비행기도 불태울 수 있을 만큼 강력해요.

바닷말에 감겨서

버뮤다 삼각 해역의 한가운데에는 모자반속 바닷말이 드넓게 퍼진 사르가소 해가 있어요. 옛날부터 나이 든 뱃사람들은 사르가소 해에서는 배가 바닷말 덩어리에 엉켜서 영원히 빠져나오지 못한다고 허풍을 떨었지요. 실제로 1840년 프랑스의 로잘리호라는 배가 사르가소 해에서 난파되어 떠다니는 모습이 발견되기도 했어요.

납치

카리브 해는 오랫동안 해적들의 주요 사냥터였어요. 해적이 배를 약탈하고 가라앉힌 건 아닐까요? 하지만 뱃사람만 사라지고 화물은 그대로인 채로 발견된 배들은 어찌된 걸까요? 그 때문에 외계인에게 납치되었다고 믿는 사람들도 있지요.

마이애미
쿠바
아이티
자메이카
푸에르토리코

낙타의 곡선미

누군가가 당신에게 낙타처럼 생겼다고 말하면, 칭찬으로 받아들여요. '사막의 배' 낙타는 물 한 모금 마시지 않고 며칠을 여행할 수 있어요. 또 지방이 든 낙타의 혹은 2주 동안 낙타가 아무것도 안 먹고 지낼 수 있게 해 주지요. 낙타의 긴 눈썹은 모래가 눈에 들어오지 못하게 막아 주고, 납작한 발과 단단한 발바닥은 뜨겁고 부드러운 모래 위를 다니기에 알맞아요.

모래로 박피하기

사막 호텔

찌는 듯이 뜨겁고 황량한 사막에는 온갖 위험과 함정이 숨어 있어요. 지독한 열기 때문에 생명을 유지하는 데 필요한 체액이 땀으로 흘러나가면 목이 마르고 정신이 몽롱해지지요. 그런데 저 앞에 멋진 오아시스가 보이네요! 신기루일까요? 아니에요. 호화로운 사막 호텔이에요. 편안히 쉬면서 사막 호텔을 마음껏 즐겨 볼까요.

피부의 죽은 세포들을 벗겨 내면 건강하고 눈부시게 보여요. 그렇다면 방금 박피한 것처럼 만들어 주는 사막의 모래 폭풍을 경험해 봐요. 지나치게 쓰지는 마요. 고속으로 움직이는 모래는 자동차의 페인트를 벗겨낼 만큼 힘이 세니까요!

메뚜기 간식

출출한가요? 그러면 사막에 사는 사람들의 전통 음식 중 최고의 요리를 맛볼까요. 바삭바삭한 메뚜기를 씹거나 굼벵이가 꿈틀거리면서 목구멍을 따라 기어 내려가는 감촉을 느껴 봐요. 참, 마실 물은 각자 준비해야 한다는 점을 명심해요. 여기는 물이 부족하거든요.

여섯 개의 눈으로 보기

사막이 평온해 보인다고 졸면 큰일 나요. 모래거미가 여섯 개의 눈으로 당신을 지켜보고 있거든요. 이 녀석은 방심한 먹이에게 뛰어들어요. 크리오톡신이라는 치명적인 독소를 지닌 채 말이지요.

멋지게 피부 그을리기
오들오들한 냉기
따끔한 침술
축축한 습기

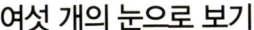

퀭한 눈과 쭈글쭈글한 피부는 잊어버려요! 타는 듯한 사막의 태양으로 원하는 만큼 살을 태울 수 있어요. 맨살을 내놓으면 안 돼요. 섬광으로부터 눈을 보호할 선글라스도 챙기세요. 새로 오신 고객님께는 머리를 가리고 먼지를 막을 수 있는 베두인 족의 스카프를 공짜로 드려요.

사막의 열기로부터 잠시 벗어나고 싶다고요? 걱정 마요. 해가 지면 메마른 사막 모래는 금방 열을 잃으니까요. 순식간에 기온이 영하로 뚝 떨어지지요. 으, 추워라! 이제 모래 언덕에 누워 눈을 감고 밤의 사막에서 들려오는 기이한 노래 소리에 귀 기울여 봐요.

가시투성이 선인장으로 돌진하여 전신 침술 요법을 받아 보세요. 가시들에 찔리는 순간 피곤함과 긴장이 사라질 거예요. 예약을 안 했다고요? 그럼 촐라선인장을 써 보세요. 가시가 잘 빠져서 옆을 지나치기만 해도 쿡 찔러 줄 거예요. 시간도 절약되지요.

사막에는 비가 거의 안 오지만, 내릴 때면 마구 퍼부어요. 지대가 낮은 곳은 몇 분 만에 거세게 물결치는 강으로 바뀌지요. 비가 오면 뜨겁고 푹푹 찌던 날씨도 상쾌해져요. 하지만 사막에 생긴 빗물 웅덩이에는 너무 오래 머물지 말아요. 짠물 때문에 온몸에 불쾌한 물집이 생길 수 있으니까요.

야생 동물

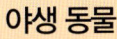

대합실에 있는 이 녀석들을 보세요. 성깔 있는 이 친구들은 느긋하게 푹 쉴 필요가 있어요. 한낮의 태양 아래 쉬고 있는 사나운 미국독도마뱀을 관찰하고, 방울뱀이 꼬리로 내는 소리에도 귀를 기울여 봐요. 건드리지는 말고요. 무시무시한 독이 있거든요. 꼬리에 위험한 침이 있는 전갈은 어둠 속에서 자외선을 받으면 빛이 나요. 밤에 분위기를 돋우기에 딱이지요.

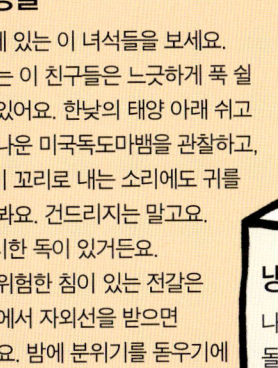

냉수기

나이든 베두인 족은 사막에 반쯤 묻힌 돌을 해뜨기 직전에 뒤집어 놓곤 해요. 그러면 차가운 돌 표면에 물방울이 맺혀요. 사막 호텔에서 뜨거운 낮에 마실 차가운 물이 만들어지는 것이지요.

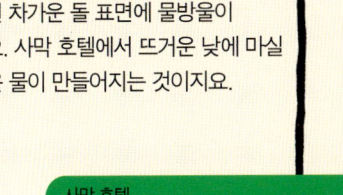

위험이 무성한 정글

도와줘요! 여기는 정글이에요. 덥고 습하고 벌레가 가득하지요. 온통 초록색이어서 길을 잃기가 쉬워요. 지도도 도움이 안 돼요. 정글을 탐험할 때 가장 좋은 방법은 안내인을 구하는 거예요. 혼자라고요? 겁먹지 마요. 쉽게 써먹을 수 있는 정글 생존법을 알려 줄게요.

험한 지형

정글을 걸을 때는 발을 내딛을 때마다 조심해야 해요. 진흙 구멍과 흘러내리는 모래인 유사에 순식간에 빠질 수 있거든요. 앞을 가로막는 무성한 덤불은 칼로 잘라 내면서 나아가요. 다리를 베지 않게 조심해요! 저녁에 야영할 때 강변은 피해야 해요. 밤새 폭우가 내리면 텐트가 휩쓸려 갈 수 있으니까요.

숨은 살인자

물에 들어가고 싶다면 먼저 앨리게이터나 카이만이 있는지 잘 살펴봐요. 이 악어들은 물가에 숨어 있기를 좋아하거든요. 하마도 조심해야 해요. 하마는 자기 영토를 침입해 헤엄치면 무섭게 공격하거든요.

온실

정글의 열기와 습도에는 대책이 없으니 너무 무리하지 말아요. 우리는 타잔이 아니니까요. 정글에서 움직일 때는 계속 물을 마셔야 해요. 마시는 물의 양보다 더 많은 땀을 흘리게 되면, 탈수가 일어나서 열사병에 걸릴 수 있으니 조심해요.

무시무시한 나무

열매를 따러 나무에 올라간다면 나뭇가지에서 사냥하기를 좋아하는 무타독사, 맘바뱀, 나무독뱀 같은 독사들을 조심해요. 나무껍질이나 잎과 섞여서 잘 보이지 않으니까 잘 살펴야 해요. 참, 나무에 오르느라 피곤하다고 나무 밑에서 낮잠을 자면 안 돼요. 죽은 나무가 쓰러져서 눌려 죽는 사고가 종종 일어나거든요.

성가신 식물

정글에서는 옷이나 피부가 무언가에 걸릴 위험이 아주 높아요. 칼라무스 무엘레리라는 긴 덩굴은 날카로운 가시가 있어서 뚫고 지나가기 힘들어요. 쐐기풀과에 속하는 찌르는 나무는 커다란 심장 모양의 잎 전체가 가시로 덮여 있지요. 건드리면 발진이 일어나는데 다 나으려면 몇 달이 걸려요.

성가신 벌레들

정글에서는 별것 아닌 듯한 벌레가 큰 문제를 일으킬 수 있어요. 그러니 늘 정신을 차리고 곤충 퇴치제를 써요. 작은 말파리는 사람의 피부 속에 알을 낳아요. 검정파리는 피부를 세게 물어서 회선사상충증을 퍼뜨리지요. 장화와 주머니는 독거미가 집짓기 좋아하는 곳이에요. 신발은 뒤집어 털고 주머니는 잘 잠가 둬요.

독과 먹이

독화살개구리를 조심해요. 등에 묻은 축축한 독액에 죽을 수 있거든요. 독화살개구리의 독을 화살에 묻혀서 정글의 동물을 사냥할 수도 있어요. 누가 당신을 뒤쫓아 오는지도 잘 살펴요. 오래전에 보르네오 우림에 처음 간 사람들은 사나운 다야크족과 마주쳤는데, 적의 목을 자르고 살을 먹는다고 악명이 높은 식인종이었지요.

강 속 위험들

하얗게 부서지는 강물을 타고 내려가면 재미있겠지요? 하지만 조심해요. 물에 잠긴 가지에 걸려 빠져나오지 못하거나, 강한 물살에 멀리 떠내려가거나, 급류에 머리가 깨질 수 있어요. 배 밖으로 떨어지면 빨리 헤엄쳐 나와요! 강에는 뼈도 부수는 아나콘다, 피를 빠는 거머리, 전기뱀장어가 살아요. 굶주린 피라니아가 상처의 피 냄새를 맡고 달려들지도 몰라요.

정글에 떨어진 소녀

비행기 사고와 정글 조난 이야기

1971년 크리스마스이브. 17세의 율리아네 쾨프케는 엄마와 함께 비행기를 타고 페루 푸카이파로 출발했어요. 아빠와 크리스마스를 보내기 위해서였지요. 수도인 리마에서 이륙한 지 약 한 시간 뒤, 비행기가 짙은 구름 속으로 들어가더니 마구 흔들렸어요. 번개를 맞은 비행기는 추락하기 시작했어요. 사방에서 크리스마스 선물이 떨어졌고 사람들은 비명을 질러 댔어요.
난 비행이 늘 싫었어!
이렇게 불시착하는 날이 올 줄 알았지.
비행기는 공중에서 빙빙 돌다가 쪼개졌어요. 율리아네는 허공에서 빙빙 돌면서 떨어졌지요. 땅이 빠르게 눈앞에 다가왔어요. 그리고 정신을 잃었지요.

정신이 들었을 때, 율리아네는 홀로 비행기 좌석에 앉아 있는 채였어요.
안전띠를 그냥 매고 있는 편이 안전하려나?
놀랍게도 심하게 다친 곳은 없었어요. 빗장뼈가 하나 부러지고, 오른쪽 눈이 붓고, 팔다리 곳곳이 크게 베인 정도였지요.
음식도, 불을 피울 도구도, 지도도, 나침반도 없었어요. 엄마를 찾던 율리아네는 정글 속에 혼자 남았다는 것을 알아차렸지요.
나 혼자 살아남은 건가?
누구 없어요?
아직 충격이 가시지 않았지만, 율리아네는 잔해를 뒤져 볼 생각을 했어요. 페루식 빵을 찾아냈지만 흠뻑 젖은 상태여서 먹을 수 없었지요. 율리아네는 마침내 사탕 한 봉지를 찾아냈어요.
사탕…… 사탕이다!
율리아네는 아빠가 했던 말을 떠올리면서 용감하게 정글을 헤치고 나아갔어요. "물길을 따라가면서 야영지나 마을을 찾아라."
찢어진 옷이 유행할 날이 돌아오지 않을까?
다음 날 율리아네는 물줄기를 찾아내어 따라 내려가기 시작했어요. 덩굴을 잘라 낼 칼도 없었어요. 어쩔 수 없이 피라니아와 악어가 우글거리는 물도 헤엄쳐 건넜지요.
한 발짝이라도 움직이면 핸드백으로 만들어 버리겠어!
가끔 하늘에서 비행기 소리가 들렸지만 구조 신호를 보낼 방법이 없었어요.
사탕 한 봉지로 겨우 사흘을 버틴 다음, 율리아네는 거무스름한 강물을 마시고 곤충과 피를 빠는 거머리와 싸우면서 나아갔어요.
윽!
며칠이 지나자 팔의 상처에서 구더기들이 우글거렸어요.
이윽고 셰보냐 강에 다다른 율리아네는 하류를 향해 흐르는 강물을 타고 헤엄쳐 가기로 결심했지요.
누구든 내 앞에서 생존 훈련받았다고 자랑만 해 봐!
열흘째 되는 날에는 오두막을 발견했어요. 며칠째 아무것도 먹지 못해 지치고 굶주린 율리아네는 비틀거리며 오두막에 들어가서 도움을 기다렸어요. 오두막 옆에는 휘발유가 한 통 있었어요.
율리아네는 구더기가 가득한 상처에 그 휘발유를 부어 구더기를 떼어 냈어요.
이크! 알았어, 당장 떠날게!
팔의 상처에서 나온 구더기는 35마리나 됐어요.
다행히도 이튿날 오두막에 도착한 벌목꾼들이 율리아네를 카누에 태우고 일곱 시간 거리의 가장 가까운 마을로 데려다주었어요. 마을의 비행사가 병원까지 태워 줬고, 그곳에서 마침내 율리아네는 아빠와 만났어요.
뒷이야기
율리아네는 유일한 생존자였어요. 독일로 돌아온 뒤 부모님의 뒤를 따라 동물학자가 되었지요. 이제 율리아네는 박쥐 전문가예요.

목숨을 건

아마존 여행

초보 여행자에게 위험한 곳

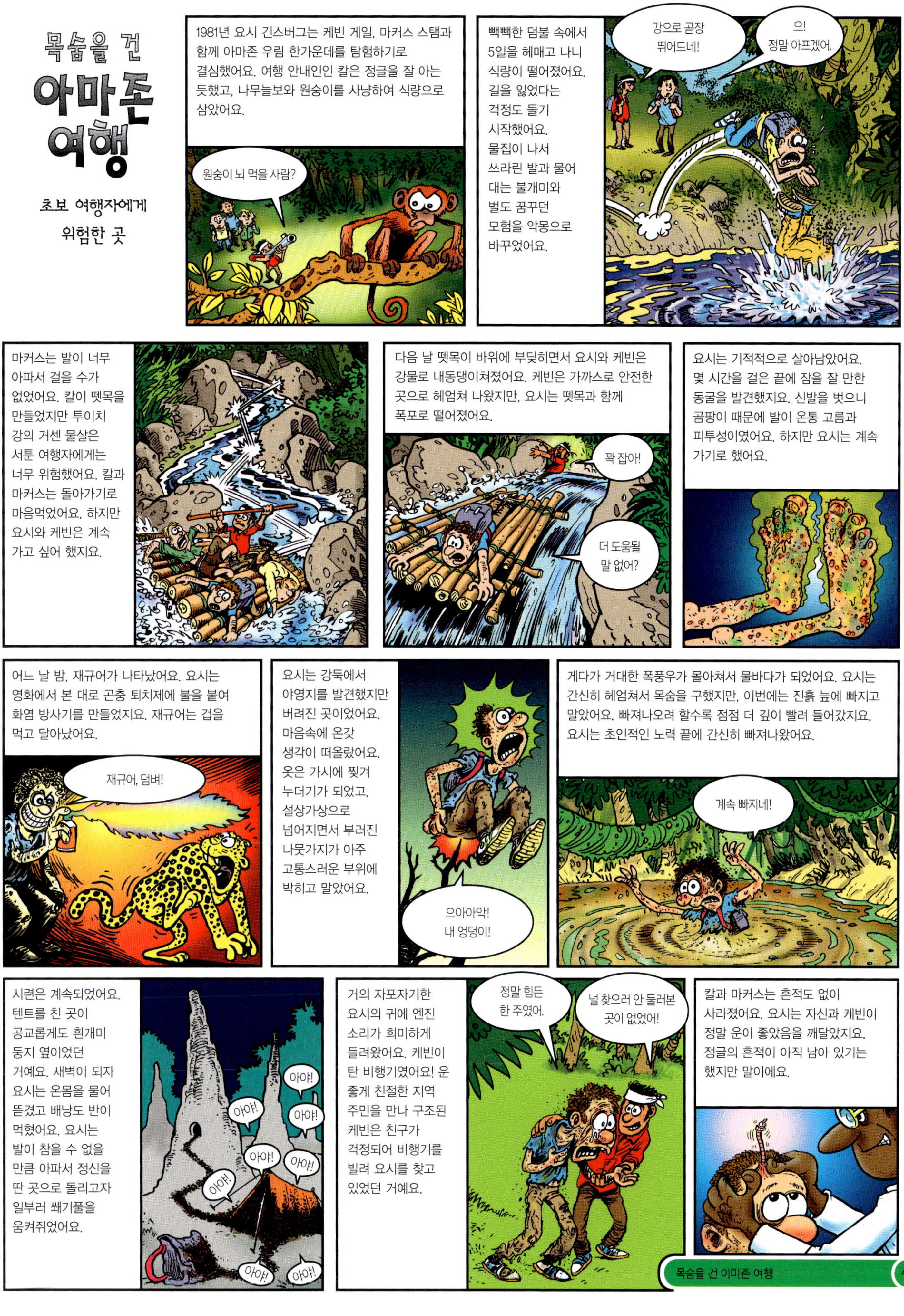

1981년 요시 긴스버그는 케빈 게일, 마커스 스탬과 함께 아마존 우림 한가운데를 탐험하기로 결심했어요. 여행 안내인인 칼은 정글을 잘 아는 듯했고, 나무늘보와 원숭이를 사냥하여 식량으로 삼았어요.
원숭이 뇌 먹을 사람?
빽빽한 덤불 속에서 5일을 헤매고 나니 식량이 떨어졌어요. 길을 잃었다는 걱정도 들기 시작했어요. 물집이 나서 쓰라린 발과 물어 대는 불개미와 벌도 꿈꾸던 모험을 악몽으로 바꾸었어요.
강으로 곧장 뛰어드네!
으! 정말 아프겠어.
마커스는 발이 너무 아파서 걸을 수가 없었어요. 칼이 뗏목을 만들었지만 투이치 강의 거센 물살은 서툰 여행자에게는 너무 위험했어요. 칼과 마커스는 돌아가기로 마음먹었어요. 하지만 요시와 케빈은 계속 가고 싶어 했지요.
다음 날 뗏목이 바위에 부딪히면서 요시와 케빈은 강물로 내동댕이쳐졌어요. 케빈은 가까스로 안전한 곳으로 헤엄쳐 나왔지만, 요시는 뗏목과 함께 폭포로 떨어졌어요.
꽉 잡아!
더 도움될 말 없어?
요시는 기적적으로 살아남았어요. 몇 시간을 걸은 끝에 잠을 잘 만한 동굴을 발견했지요. 신발을 벗으니 곰팡이 때문에 발이 온통 고름과 피투성이였어요. 하지만 요시는 계속 가기로 했어요.
어느 날 밤, 재규어가 나타났어요. 요시는 영화에서 본 대로 곤충 퇴치제에 불을 붙여 화염 방사기를 만들었지요. 재규어는 겁을 먹고 달아났어요.
재규어, 덤벼!
요시는 강둑에서 야영지를 발견했지만 버려진 곳이었어요. 마음속에 온갖 생각이 떠올랐어요. 옷은 가시에 찢겨 누더기가 되었고, 설상가상으로 넘어지면서 부러진 나뭇가지가 아주 고통스러운 부위에 박히고 말았어요.
으아아악! 내 엉덩이!
게다가 거대한 폭풍우가 몰아쳐서 물바다가 되었어요. 요시는 간신히 헤엄쳐서 목숨을 구했지만, 이번에는 진흙 늪에 빠지고 말았어요. 빠져나오려 할수록 점점 더 깊이 빨려 들어갔지요. 요시는 초인적인 노력 끝에 간신히 빠져나왔어요.
계속 빠지네!
시련은 계속되었어요. 텐트를 친 곳이 공교롭게도 흰개미 둥지 옆이었던 거예요. 새벽이 되자 요시는 온몸을 물어 뜯겼고 배낭도 반이 먹혔어요. 요시는 발이 참을 수 없을 만큼 아파서 정신을 딴 곳으로 돌리고자 일부러 쐐기풀을 움켜쥐었어요.
아야!
아야!
아야!
아야!
아야!
아야!
아야!
아야!
거의 자포자기한 요시의 귀에 엔진 소리가 희미하게 들려왔어요. 케빈이 탄 비행기였어요! 운 좋게 친절한 지역 주민을 만나 구조된 케빈은 친구가 걱정되어 비행기를 빌려 요시를 찾고 있었던 거예요.
정말 힘든 한 주였어.
널 찾으러 안 둘러본 곳이 없었어!
칼과 마커스는 흔적도 없이 사라졌어요. 요시는 자신과 케빈이 정말 운이 좋았음을 깨달았지요. 정글의 흔적이 아직 남아 있기는 했지만 말이에요.

장비
안전모
밧줄
재킷
횃불
지도
부츠
마스크
구급상자

동굴 탐험

동굴은 컴컴하고 축축하고 위험한 세계예요. 풋내기가 탐험할 만한 곳이 아니지요. 그런데 풋내기 동굴 탐험가 샘은 어리석게도 장비도 제대로 갖추지 않고 훈련도 하지 않은 상태에서 깊은 동굴로 들어갔어요. 다행히 동굴에는 예전에 다녀간 풋내기 탐험가들이 흘린 장비가 곳곳에 널려 있어요. 샘이 미로 같은 동굴 속을 안전하게 탐험할 수 있도록 도와줘요.

잠자는 곰의 코털을 건드리지 말라

너무 빨리 가지 마요! 곰이나 쿠거를 포함해 많은 대형 육식동물이 동굴을 집으로 삼아요. **도움말**: 잠자는 곰의 앞발 아래 있는 안전모를 슬쩍 빼내요. 혹시라도 바위가 떨어질 때 샘의 머리를 보호해 줄 수 있는 장비니까요.

위험천만한 바위

샘이 바위에서 미끄러지는지, 발 디딜 곳을 제대로 보고 뛰어내리는지, 머리를 종유석에 부딪히는지 잘 봐요. **도움말**: 밧줄을 잘 잡아요. 동굴 바닥까지 내려가려면 밧줄이 필요해요. 뉴질랜드의 하우드홀이라는 동굴은 깊이가 180미터도 넘어요!

물을 건너

물 흐르는 소리가 들리나요? 밖에 비가 오면 동굴은 아주 빨리 물이 찰 수 있어요. 2007년 태국 남쪽의 한 동굴에서는 여덟 명이 물에 빠져 죽었어요. 얼음처럼 차가운 지하 강을 건널 때는 물살을 잘 살펴요. **도움말**: 샘이 물에 젖지 않고 체온을 유지할 수 있게 방수 재킷을 입혀요.

길을 잃다

지구에서 가장 깊은 몇몇 동굴에 들어간 사람은 달에 간 사람의 수보다 적어요. 샘이 깊은 지하 미로에서 길을 잃는다면 세상과 영원히 안녕하게 될 거예요. 축축한 동굴에서 몇 시간씩 헤매다 보면 저체온증이 올 수도 있어요. **도움말**: 동굴 지도를 집어요!

박쥐 동굴

박쥐 수백만 마리가 사는 동굴이 있어요. 이런 동굴에서는 박쥐 배설물에서 나오는 암모니아 기체 때문에 샘이 죽을 수도 있어요. 또 박쥐의 배설물에서 자라는 곰팡이를 조금이라도 들이마시면 치명적인 동굴 병에 걸리게 되지요. **도움말**: 마스크 끈을 단단히 조여요.

바깥의 빛

거의 다 왔어요. 그런데 샘이 마지막 통로를 오를 수 있을까요? 너무 용쓰면서 오르다가는 끔찍한 일이 벌어질 수도 있어요. 힘이 달려 제대로 밧줄을 움켜쥐지 못하면 추락할 수도 있거든요. **도움말**: 꾸준히 천천히 가야 해요!

벌레 조심!

보르네오의 동굴에서는 독이 있는 커다란 지네가 벽을 기어다녀요. 모래가 깔린 동굴 바닥에는 당신의 팔뚝만큼이나 긴 더듬이를 가진 동굴 귀뚜라미가 살지요. 으! **도움말**: 안전모의 랜턴이 꺼질 때를 대비하여 횃불을 집어 들어요.

구사일생

샘이 구멍 아래로 뛰어내리기 전에 튼튼한 부츠를 신겨요. 좁은 통로를 지날 때는 몸이 끼지 않도록 주의해요. **도움말**: 샘은 날카로운 바위 모서리로부터 손을 보호할 장갑도 없고, 좁은 틈새를 기어갈 때 필요한 무릎 보호대도 없어요. 다칠 때를 대비하여 구급상자를 집어요.

유독한 웅덩이

동굴에서는 탁한 공기를 조심해야 해요. 몇몇 동굴에는 공기에 메탄, 암모니아, 황화수소 같은 유독한 기체가 있어요. 또 이산화탄소는 몸을 둔하게 하고 졸음을 일으켜요. 죽을 수도 있어요. **도움말**: 공기가 안 좋을 때를 대비해 산소마스크가 필요해요.

버려진 사람

2006년 5월, 셰르파 구조대는 에베레스트 산 정상에 올랐다가 고산병에 시달리는 등반가 링컨 홀을 해발 8,700미터에 버려 두고 떠났어요. 죽었다고 생각했거든요. 하지만 다음 날 놀랍게도 홀은 모자, 장갑, 침낭, 식량, 물 없이 산소도 부족한 그 높은 곳에서 밤새 살아 있었어요. 다행히 다른 등반대에 발견된 홀은 심한 동상만 입었을 뿐, 목숨을 구했어요.

죽음의 교통 체증

1996년 5월, 사람들이 에베레스트 산 정상을 향해 오르고 있었어요. 그날 정상 도전자는 무려 25명이나 되었지요! 두 시간 뒤 등반가들은 태풍에 맞먹는 바람과 휘몰아치는 눈에 맞서야 했어요. 눈구름이 피어오르고 있었지만 아무도 알아차리지 못했던 거예요. 등반가 다섯 명이 목숨을 잃었지요.

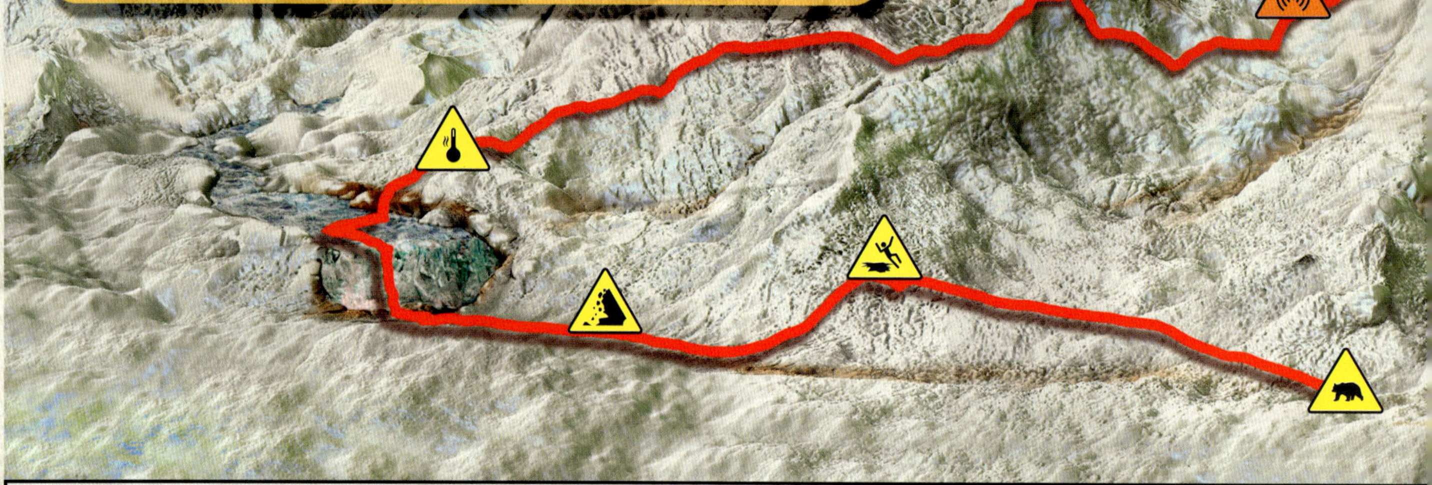

산 정상으로 향하는 등산로

곰과 쿠거: 간식을 꺼내면 지나가던 곰과 쿠거도 냄새를 맡아요. 쿠거에 공격받은 다섯 명 중 한 명이 치명상을 입었지요. 큰곰이 휘두르는 앞발에 맞아 머리가 뜯겨 나갈 수도 있어요.

크레바스: 서두르지 마요. 많은 등산가들이 빙하를 지나다가 크레바스에 떨어져 죽었어요. 얼음에 난 깊은 틈새인 크레바스 위에 눈이 쌓여 튼튼한 다리처럼 보일 수 있거든요.

낙석: 풍경이 멋지다고 너무 오래 머물지 마요. 언제라도 바위가 굴러 떨어질 수 있으니까요. 가파른 비탈에 매달린 빙하에서 얼음이 떨어지기도 해요. 맞으면 심하게 다치지요.

병: 가렵다고요? 진드기에 물리면 오한, 심한 두통, 피로, 근육통, 욕지기, 심한 발진이 일어날 수 있어요. 모두 로키산 홍반열의 징후예요.

눈사태: 쉬잇! 동료에게 절대 크게 소리치지 마요. 그 충격에 엄청난 얼음과 눈이 시속 350킬로미터의 속도로 산비탈로 쏟아져서 덮칠 수 있으니까요. 눈사태는 대부분 희생자가 일으키는 경우가 많아요.

동상: 동상에 걸리면 손가락과 귀가 얼어서 퉁퉁 붓고 검푸르게 변해요. 심하게 얼면 떨어져 나가기도 해요! 손가락이나 발가락이 없으면 산에 오르기가 훨씬 더 힘들겠죠?

고산병: 정상에 서면 아주 멋지겠죠? 하지만 사진을 찍겠다고 너무 시간 끌지 말아요. 여기서 산소가 떨어지면 아주 위험해지거든요. 머리가 쪼개질 듯 아프다가 정신을 잃고 죽을 수 있어요.

설맹: 등산을 할 때는 짙은색 고글이나 선글라스를 꼭 써야 해요. 눈부시게 하얀 눈을 너무 오래 쳐다보다가는 눈이 멀 수 있어요.

눈보라: 높은 산에서는 난데없이 눈 폭풍이 불곤 해요. 울부짖는 바람에 눈과 얼음이 몸을 휘감고, 얼굴을 때리고 체온과 공기를 빨아들이지요. 눈발이 휘몰아 치면 동료들이 어디 있는지조차 보이지 않을 수 있어요.

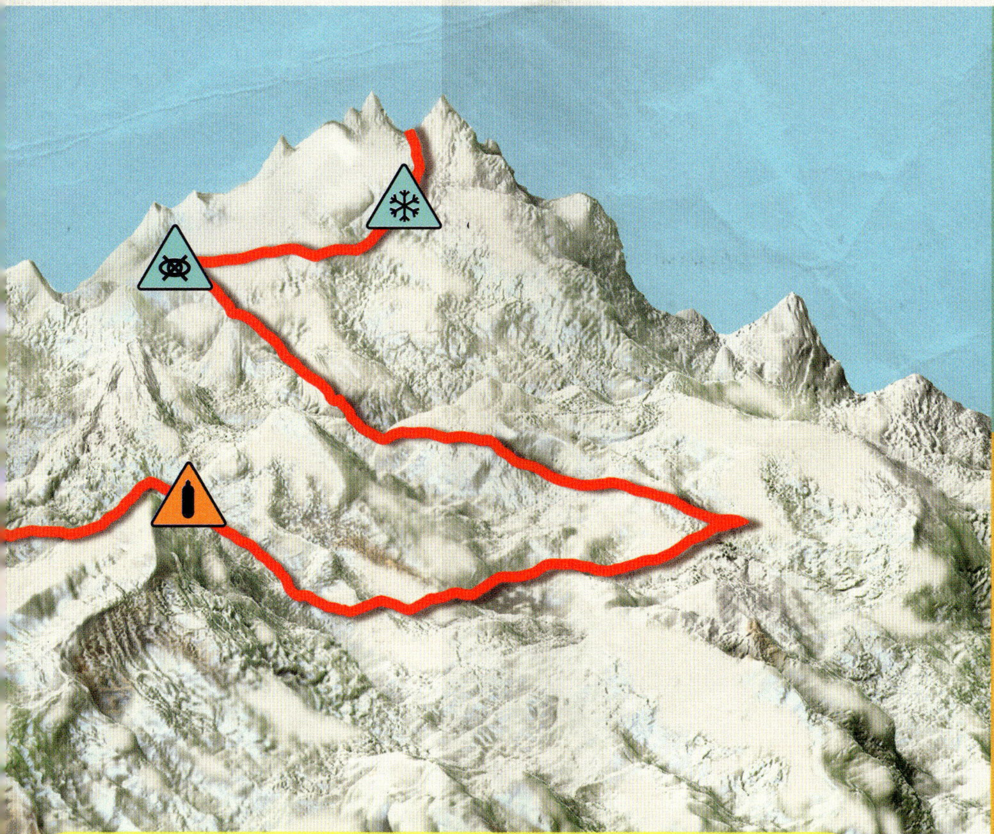

피할 곳 없는 정상

축하해요! 드디어 정상을 정복했군요! 이제 안전하게 내려갈 일만 남았어요. 머뭇거릴 시간이 없어요. 밤이 오고 산소통이 비기 전에 산 정상에서 빨리 벗어나야 해요. 정상의 날씨는 몇 분 사이에 심하게 변할 수 있고, 시속 300킬로미터의 돌풍에 멀리 날아갈 수 있어요. 시간 끌지 말고 어서 내려가요!

죽음의 지대

7,000미터를 넘어서면, 죽음의 지대에 들어선 거예요. 여기서 헤매다가는 뇌에 산소가 부족해지는 저산소증에 걸리고 말지요. 조금씩 정신이 오락가락해지고 균형 감각을 잃다가 곧 만사 제쳐 두고 눕고 싶은 생각만 들게 돼요. 혼수상태에 빠지게 되는 거예요.

베이스캠프

정신을 바짝 차려요. 지쳐서 한번 미끄러지면 그냥 죽게 되는 수가 있어요. 계속해서 크레바스가 잔뜩 있는 빙하를 건너거나, 막 눈이 쌓여서 금방이라도 눈사태가 일어날 듯한 산을 더 내려가야 해요.

끝까지 살아남을 거야

1985년 조 심프슨은 사이먼 예이츠와 페루 안데스 산을 오르다 눈 폭풍을 만났어요. 심프슨은 추락하여 무릎을 다쳤지요. 예이츠가 심프슨을 밧줄로 묶어 내리는데 또 눈보라가 몰아쳤어요. 예이츠는 밧줄을 잘라야 했지요. 심프슨은 30미터 아래로 추락했어요. 하지만 운 좋게도 다리 하나만 부러졌을 뿐, 무사히 야영지까지 기어갔지요.

미칠 듯이 두려운 산

신선한 공기를 마시며 세상 꼭대기에 서 있지만, 사실은 좀 초조해요. 무시무시한 '죽음의 지대'에 관한 온갖 이야기를 들어서인지 더 긴장이 되는 것 같아요.

설마 농담이겠지?

눈보라가 몰아칠 때는 그저 눈에 굴을 파고 들어가서 상황이 나아지기를 기다리는 수밖에 없어요. 1982년 마크 잉글리스와 필 둘레는 뉴질랜드의 가장 높은 아오라키 산의 정상에서 무려 13일 동안 폭풍우가 지나가기를 기다렸다고 해요.

산 위의 수술

낮은 곳의 산비탈도 만만히 봐서는 안 돼요. 1993년 10월 빌 제라키는 로키 산맥에서 낚시를 하다가 굴러 온 바위에 다리가 깔렸어요. 빌은 얼어 죽지 않기 위해 주머니칼로 자기 다리를 잘랐어요.

쿠르르릉

화산이 폭발하면 엄청난 양의 재 구름이 넓은 지역을 뒤덮어요. 숨이 막힐 정도지요. 1982년에는 인도네시아의 갈룽궁 화산에서 뿜어나온 재 구름 속을 날던 두 제트기가 충돌할 뻔하기도 했어요. 2010년에는 아이슬란드의 에이야프얄라요쿨 화산이 터져서 유럽 상공 대부분이 비행 금지 구역이 되었지요.

화산 폭발!

날마다 세계 곳곳에서 약 20개의 화산이 분출해요. 지표면의 약 5분의 4는 화산암이에요. 용암이 지각으로 스며 나와 식어 굳은 것이지요. 화산은 주로 지표면을 이루는 지각판들이 만나는 곳에 있어요. 지각의 열점에서도 화산이 터져요. 화산이 언제 어떻게 터질지는 예측하기가 힘들어요. 화산이 뜨겁게 솟구칠 때는 뜻밖의 일이 일어날 것이라고 보면 돼요.

쉬이익!

화산쇄설류는 아주 뜨거운 기체와 마그마가 섞인 채 불타면서 시속 700킬로미터에 달하는 속도로 화산 비탈을 흘러내리는 거예요. 화산쇄설류가 갑자기 방향을 바꾸면 큰 사고가 일어나기도 해요. 1991년 일본의 운젠산에서는 화산쇄설류가 방향을 바꾸는 바람에 화산을 연구하는 과학자 42명이 죽었어요.

퍼어어엉!

중심 분화구가 아닌 옆구리가 터지는 '측면 폭발'이 일어나서 마그마가 용솟음치고 100톤에 달하는 바위가 쏟아질 수도 있어요. 1980년 미국 워싱턴에서 세인트헬렌스 화산이 폭발할 때는 분출물이 시속 1,000킬로미터가 넘는 속도로 뿜어 올라 30킬로미터 떨어진 숲까지 태워 버렸어요.

에이에이에이취!

화산은 어디에서든 갑자기 터질 수 있어요. 1943년 2월 20일 멕시코의 한 옥수수 밭에서 분석구 화산인 파리쿠틴이 터졌어요. 화산은 일주일 만에 5층 높이가 되었고, 그해 말에는 높이가 336미터를 넘었어요.

콰아아앙!

화산은 왜 터질까요? 지구 속에 있는 마그마가 큰 압력을 받으면 지각이 약한 틈새를 찾아 올라와요. 쾅 하고 땅 위로 솟구치면 화산 분화구가 생기지요. 분화구에서는 암석, 재, 진흙, 유독 가스가 뿜어나와요. 아주 넓은 지역이 폐허가 될 수도 있지요. 지난 30년 동안 화산 폭발로 죽은 사람은 25만 명이 넘어요.

머리를 숙여요! 이글거리는 용암 덩어리는 공중을 나는 동안 식어 단단해질 수 있어요. 1993년 콜롬비아에서는 갈레라스 화산이 뿜어낸 '용암 폭탄'에 맞아 과학자 여섯 명이 죽었어요. 쇠똥처럼 생긴 화산 분출물도 위험해요. 마그마로 이루어진 화산 분출물은 땅에 떨어질 때까지는 액체예요. 맞으면 납작해질 거예요.

쾅!

지글지글

화산에서 녹은 암석, 즉 용암이 솟아나와 이글거리며 강처럼 흐르는 것을 가리켜 용암류라고 해요. 용암류는 화산 비탈을 따라 흐르면서 나무든 집이든 닥치는 대로 태워 버려요. 다행히 속도가 느려서 충분히 피할 수 있어요. 하와이 화산에서는 용암이 시속 10킬로미터로 흐르기도 했어요. 용암류의 온도는 최고 섭씨 1,150도에 이르렀다는 기록이 있어요.

화산 폭발의 세기

화산의 폭발력은 화산 분출 지수(VEI)로 비교해요. 화산이 분출할 때 얼마나 많은 물질이 나오는지를 잰 값이지요. 화산 분출 지수의 값은 최소 0에서 최대 8까지예요. 가장 크게 폭발한 화산은 7만 3,000년 전 지금의 인도네시아에 있던 토바 화산이었어요. 토바 화산의 폭발로 해가 가려져서 빙하기가 왔을 정도지요.

화산 분출 지수 8
1,000km^3의 물질을 분출함.
1만 년마다 일어남.

화산 분출 지수 7
100km^3의 물질을 분출함.
1,000년마다 일어남.

화산 분출 지수 6
10km^3의 물질을 분출함.
100년마다 일어남.

화산 분출 지수 5
1km^3의 물질을 분출함.
100년마다 일어남.

화산 분출 지수 4
0.1km^3의 물질을 분출함.
10년마다 일어남.

화산 분출 지수 3
1,000만m^3의 물질을 분출함.
해마다 일어남.

화산 분출 지수 2
100만m^3의 물질을 분출함.
주마다 일어남.

화산 분출 지수 1
1만m^3의 물질을 분출함.
날마다 일어남.

화산 분출 지수 0
1,000m^3의 물질을 분출함.
날마다 일어남.

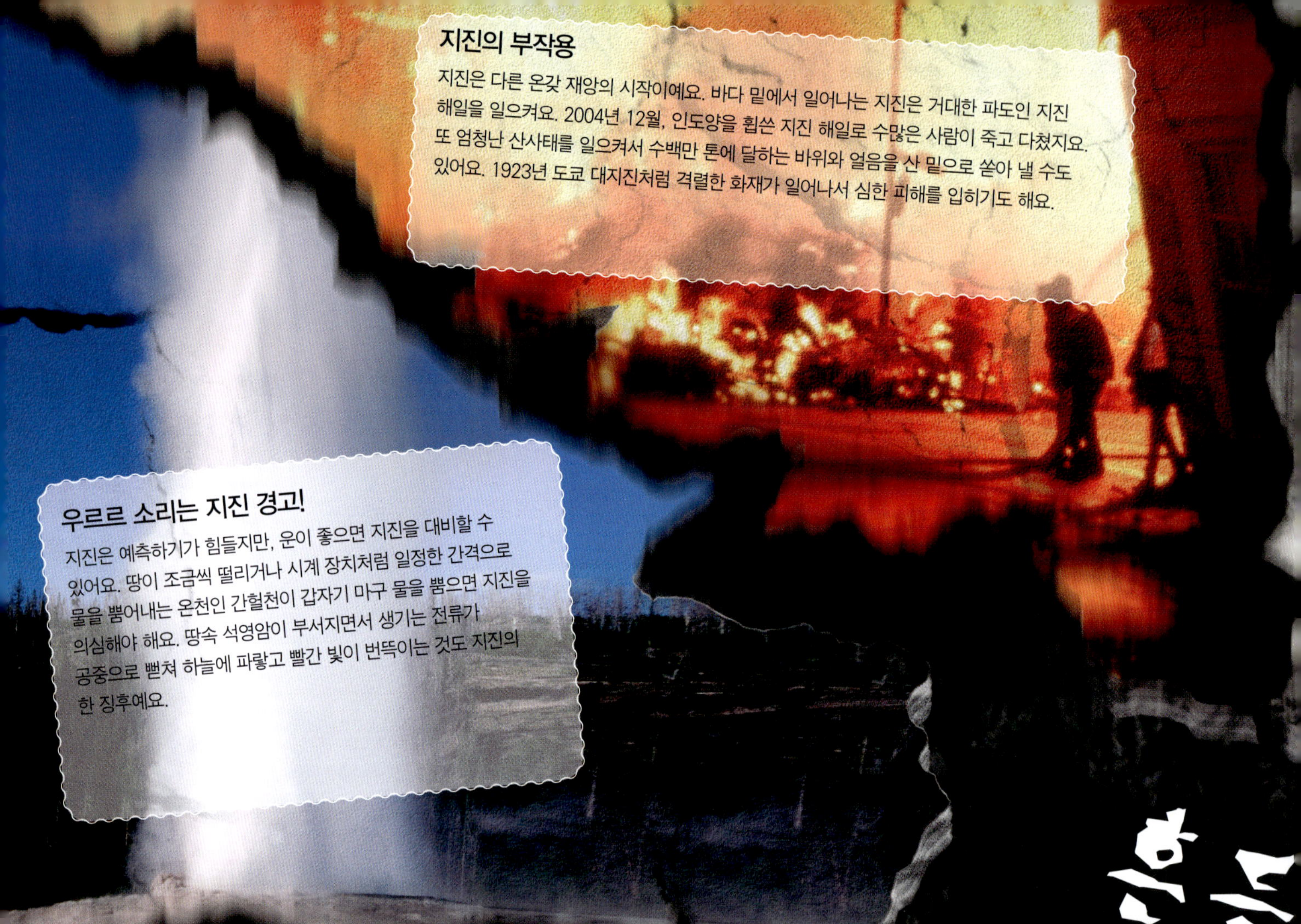

지진의 부작용

지진은 다른 온갖 재앙의 시작이에요. 바다 밑에서 일어나는 지진은 거대한 파도인 지진 해일을 일으켜요. 2004년 12월, 인도양을 휩쓴 지진 해일로 수많은 사람이 죽고 다쳤지요. 또 엄청난 산사태를 일으켜서 수백만 톤에 달하는 바위와 얼음을 산 밑으로 쏟아 낼 수도 있어요. 1923년 도쿄 대지진처럼 격렬한 화재가 일어나서 심한 피해를 입히기도 해요.

우르르 소리는 지진 경고!

지진은 예측하기가 힘들지만, 운이 좋으면 지진을 대비할 수 있어요. 땅이 조금씩 떨리거나 시계 장치처럼 일정한 간격으로 물을 뿜어내는 온천인 간헐천이 갑자기 마구 물을 뿜으면 지진을 의심해야 해요. 땅속 석영암이 부서지면서 생기는 전류가 공중으로 뻗쳐 하늘에 파랗고 빨간 빛이 번뜩이는 것도 지진의 한 징후예요.

흔들

지진은 왜 일어나는 걸까?

지각은 거대한 지각판 일곱 개와 그보다 작은 여러 개의 지각판으로 나뉘어 있어요. 지각판은 뜨거운 액체 암석 위에 떠 있지요. 액체 암석이 움직일 때마다 지각판들은 서로 밀어내요. 점점 더 커지는 압력을 더 이상 견디지 못하면 지각판들이 갑자기 확 어긋나요. 이때 지진이 일어나는 거예요. 땅을 뒤흔드는 핵심 지점인 열점은 캘리포니아, 일본, 멕시코에 많아요. 알래스카서도 작은 지진들이 많이 일어나지요.

가장 강한 지진

기록상 세계에서 가장 센 지진은 1960년 칠레에서 일어났어요. 리히터 척도 9.5였지요. 11미터 높이의 지진 해일이 내륙 3킬로미터 지역까지 밀려들었고, 마을은 쑥대밭이 되었어요. 지표면의 충격파가 어찌나 강했는지 이틀 뒤까지 느껴졌지요. 이 지진으로 1,650명이 넘는 사람이 죽었고, 200만 명이 집을 잃었어요.

가장 많은 사람이 죽은 지진

1976년 중국 탕산 외곽의 한 우물에서 하루에 세 차례나 물이 솟아올랐어요. 다음 날 새벽 4시, 가장 많은 사람의 목숨을 앗아간 지진이 도시를 덮쳤어요. 사람들은 대부분 잠을 자느라 탈출할 기회도 없었어요. 리히터 척도 7.5였지요. 수십만 채의 건물이 무너지고 약 25만 명이 죽었어요.

흔들 출렁출렁 지진 발생!

지진은 경고도 없이 갑자기 일어나요. 지진의 한가운데 있으면 1분이 평생처럼 느껴지지요. 땅이 마구 뒤흔들리고 건물, 나무, 전봇대가 쓰러지거든요. 지진이 일어나면 눈 깜박할 사이에 도시 전체가 폐허가 돼요.

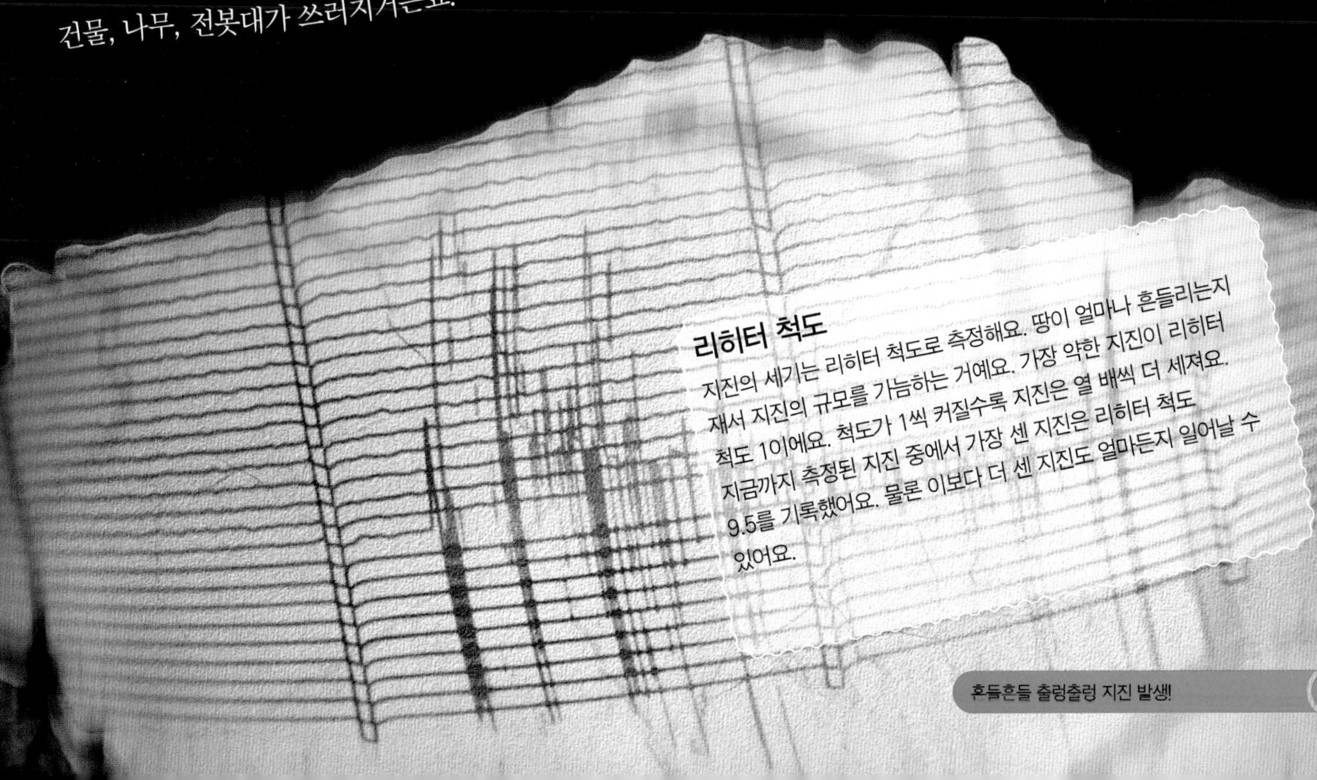

리히터 척도

지진의 세기는 리히터 척도로 측정해요. 땅이 얼마나 흔들리는지 재서 지진의 규모를 가늠하는 거예요. 가장 약한 지진이 리히터 척도 1이에요. 척도가 1씩 커질수록 지진은 열 배씩 더 세져요. 지금까지 측정된 지진 중에서 가장 센 지진은 리히터 척도 9.5를 기록했어요. 물론 이보다 더 센 지진도 얼마든지 일어날 수 있어요.

산불

산불은 대개 경고 없이 일어나서 번개 같은 속도로 퍼져요. 불 주위의 공기는 데워지면서 솟아오르고, 바람을 일으켜 불꽃을 부채질하는 동시에 불꽃에 더 많은 산소를 끌어와요. 거센 산불은 지나는 길에 있는 모든 것을 태우지요. 불은 바람이 갑작스럽게 바뀌면 다른 방향으로 갈 수 있어요. 이 봉우리에서 저 봉우리로 넘어가기도 해요. 사람들이 빠져나갈 길을 막기도 하지요.

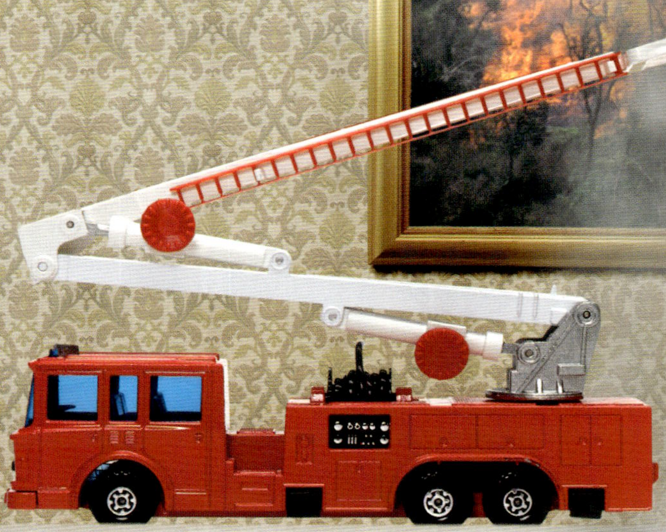

역사적 화재

1666년의 런던 대화재는 빵집 오븐의 깜부기불에서 시작되었어요. 거센 화염에 집 1만 3,200채, 교회 87곳, 세인트폴 대성당이 불탔고, 10만 명이 집을 버리고 대피해야 했지요. 다행히 인명 피해는 적었어요. 하지만 쥐들은 운이 나빴지요. 페스트를 옮기는 수많은 쥐들이 불타 사라졌거든요. 그 덕분에 런던은 페스트라는 무시무시한 질병에서 벗어날 수 있었지요.

가스 조심

화재가 나면 불꽃 자체보다 불이 탈 때 나오는 연기와 유독 가스에 죽는 사람이 더 많아요. 가구가 탈 때 나오는 기체는 불이 붙기 쉬운데다 사람을 날려 버릴 정도로 강력한 폭발이 일어날 수도 있어요. 불타는 방은 섣불리 문을 열면 안 돼요. 공기가 갑자기 안으로 들어가면서 폭발할 수 있거든요. 실내가 점점 뜨거워지다가 연기에 섞인 미처 못 탄 입자들에 순식간에 불이 붙어서 폭발이 일어나기도 해요.

무시무시한 불과 싸우는 사람들

소방수는 눈이 멀 듯한 거센 불꽃, 목이 메는 연기, 타 버릴 듯한 열기와 맞서야 해요. 방화복을 입어도 불타는 건물로 들어가려면 용기가 필요해요. 벽이 갑자기 무너지거나 가스통이 폭발할 수도 있어요. 연기가 너무 자욱하면 자기 손도 안 보일 수 있어요.

화재가 시작되는 곳

가정의 전기 배선 불량이나 위험한 전기 제품 때문에 미국에서만 해마다 6만 5,000건이 넘는 화재가 나고 적어도 480명이 사망해요. 어떤 전기 제품이든 전기가 흐르도록 놔두면 과열되어 불꽃을 일으킬 가능성이 있어요. 2007년 미국인 대니 윌리엄스는 황당한 일을 겪었어요. 주머니에 든 MP3 플레이어에서 갑자기 불이 나서 바지에 불이 붙은 거예요.

발화

불이 타려면 연료, 열, 산소가 필요해요. 세 가지 중 하나라도 끊기면 불은 꺼져요. 불에 물이나 가루를 뿌리면 열이 떨어지고, 담요를 덮으면 산소가 차단돼요. 또 모든 불은 연료가 떨어지면 꺼지지요.

뜨겁게 타오르는 불

불은 뜨거워요. 촛불도 섭씨 1,200도로 지글거리며 타지요. 불꽃에서 가장 뜨거운 부분은 파란색을 띠어요. 대개 불꽃의 아래쪽, 연료에 가깝고 산소가 가장 많은 곳이 파랗지요. 불꽃의 위쪽은 열을 주변으로 내보내서 약간 더 차가워요. 색깔도 오렌지색이나 노란색이지요.

불이야!

불장난을 할 때 걱정해야 할 것은 손가락 화상만이 아니에요. 거센 불은 한 시간도 안 되어 집을 홀랑 다 태울 수 있어요. 까맣게 탄 나무만 남긴 채 숲 전체를 잿더미로 만들 수도 있지요. 불은 치명적인 무기이기도 해요. 역사 속에서 불은 적의 성, 배, 도시를 공격하는 무기였어요. 지금도 해마다 많은 사람들이 불로 목숨을 잃고 있어요.

인체 자연 발화

사람의 몸에 갑자기 불꽃이 일면서 그을린 실내화만 남기고 다 타 버렸다는 이야기를 들어 본 적 있나요? 초자연적인 현상일까요? 아니면 과학적인 근거가 있을까요? 이런 일을 가리켜 '심지 효과'라는 이론이 나왔어요. 사람의 몸이 양초, 옷이 심지라고 설명했어요. 옷에 불이 붙으면 몸의 지방이 연료가 되어 아무것도 남지 않을 때까지 탄다는 거죠. 정말일까요?

바람 부는 벌판

돌아라, 돌아! 이동 유원지가 마을에 왔어요. 그런데 허리케인, 토네이도 같은 무시무시한 폭풍이 오려나 봐요. 앞으로 나아가서 거센 바람의 힘을 느껴 봐요. 폭풍에 대한 숨겨진 이야기들도 당신을 날려 버릴 정도로 엄청날걸요.

허리케인

허리케인은 따뜻한 바닷물 위에서 생겨나요. 시간이 흐르면 높은 비구름이 생기고 저기압이 발달하지요. 고요한 중심의 주위를 거센 바람이 빙빙 돌지요. 이 중심을 허리케인의 눈이라고 해요. 허리케인은 폭이 650킬로미터에 이르기도 해요. 시속 320킬로미터에 달하는 무시무시한 바람이 며칠 동안 불기도 하고요.

트위스터
토네이도
올라가는 길

토네이도

고기압과 저기압이 충돌하면 서로를 나선형으로 감싸며 돌아가는 바람이 생기는데, 이 바람이 바로 토네이도예요. 토네이도는 회전하는 깔때기 모양의 구름처럼 보여요. 토네이도는 음속의 거의 절반에 이르는 시속 512킬로미터의 속도를 낼 수 있어요. 토네이도가 땅에 닿으면 자동차, 소, 나무, 사람을 공중으로 휘감아 올리고 건물을 부숴 버려요.

놀라운 용오름

허리케인

용오름

용오름은 물 위에 생기는 약한 토네이도예요. 작은 물방울들이 회전하면서 해수면에서 구름까지 물기둥을 이루지요. 용오름이 지나간 바다에는 거품과 파도가 남아요. 용오름은 수영하는 사람들, 배, 작은 비행기를 위험에 빠뜨려요.

후지타 척도

토네이도가 어떤 영향을 미치는지 조사하여 파괴력을 측정할 때 쓰는 것이 후지타 척도예요. 건물과 식생에 거의 또는 전혀 피해가 없는 상태인 F0에서 모든 것이 팬케이크처럼 납작해진 상태인 F5까지 있지요.

빙빙 도는 먼지 접시
와!
!
미치

스콜

스콜은 갑자기 불었다가 사라지는 폭풍이에요. 스콜은 폭우, 번개, 토네이도를 몰고 직선으로 나아가요. 바다 상공에서는 화이트스콜이 생겨요. 화이트스콜이 일면 물거품 안개로 공기가 뿌예져서 배가 위험해지지요. 겨울에는 심한 눈보라와 거센 바람을 일으키는 눈 스콜이 생겨요.

먼지 회오리바람

사막 같은 건조한 지역에서 뜨거운 공기가 차가운 공기를 뚫고 갑자기 회오리치며 솟아오를 때 생기는 바람이에요. 먼지를 끌고 올라가기 때문에 먼지 회오리바람이지요. 높이 1,000미터, 폭 10미터나 되는 거대한 것도 있어요.

데레초

폭풍 '데레초'는 스페인어로 '직진'이라는 뜻이에요. 이 별난 폭풍은 최대 시속 160킬로미터의 바람과 천둥, 번개, 비를 이끌고 직선으로 나아가요. 데레초는 거센 파도를 일으키고, 자동차를 뒤집고, 건물을 무너뜨려요.

허리케인의 이름

허리케인은 지역에 따라 태풍, 열대성 저기압이라고도 해요. 새로 생기는 허리케인마다 이름을 붙이는데, 미리 골라 놓은 이름 중에서 알파벳순으로 남자 이름과 여자 이름을 교대로 붙여요. 카트리나처럼 아주 심한 피해를 입힌 폭풍의 이름은 다시 쓰지 않지요.

무시무시한 홍수

폭우나 폭설이 오고 나면 주변 풍경이 바뀌어요. 빗물과 눈이 녹아 생긴 물은 바다, 호수, 강, 하수구를 넘치게 할 수 있어요. 홍수는 땅을 쑥대밭으로 만들고, 농작물을 망치고, 도로와 철도를 휩쓸어 가고, 건물과 집을 물에 잠기게 해서 큰 혼란을 일으키지요.

넘쳐흐르는 강

강은 바다로 흐르면서 더 작은 하천과 육지에서 흘러나오는 물을 받아요. 그런데 폭우나 녹은 눈 때문에 강이 운반할 수 있는 것보다 훨씬 더 빠르게 물이 강으로 쏟아져 들어오면 강둑이 터지기도 해요. 강이 범람하면 차, 나무, 작은 건물 등이 다 휩쓸려 가 버려요.

도시의 범람

폭우가 쏟아지면 도시의 배수 처리 능력은 금세 한계에 이르러요. 수도가 넘쳐서 물이 거리로 쏟아져 나오게 되는 것이지요. 하지만 도시에서는 수도가 범람하더라도 대개 보행자와 운전자를 성가시게 하는 정도이고, 사망이나 심한 피해를 입힐 위험은 낮아요.

돌발 홍수

돌발 홍수는 좁은 지역에 쏟아진 폭우가 협곡이나 하천에 흘러들 때 일어나요. 물이 거세게 흐르면서 온갖 것을 쓸어가지요. 나무를 뽑고, 건물을 쓰러뜨리고, 다리를 끊는 등 닥치는 대로 파괴해요. 돌발 홍수는 믿기지 않을 만큼 빠르게 들이닥칠 수 있어요.

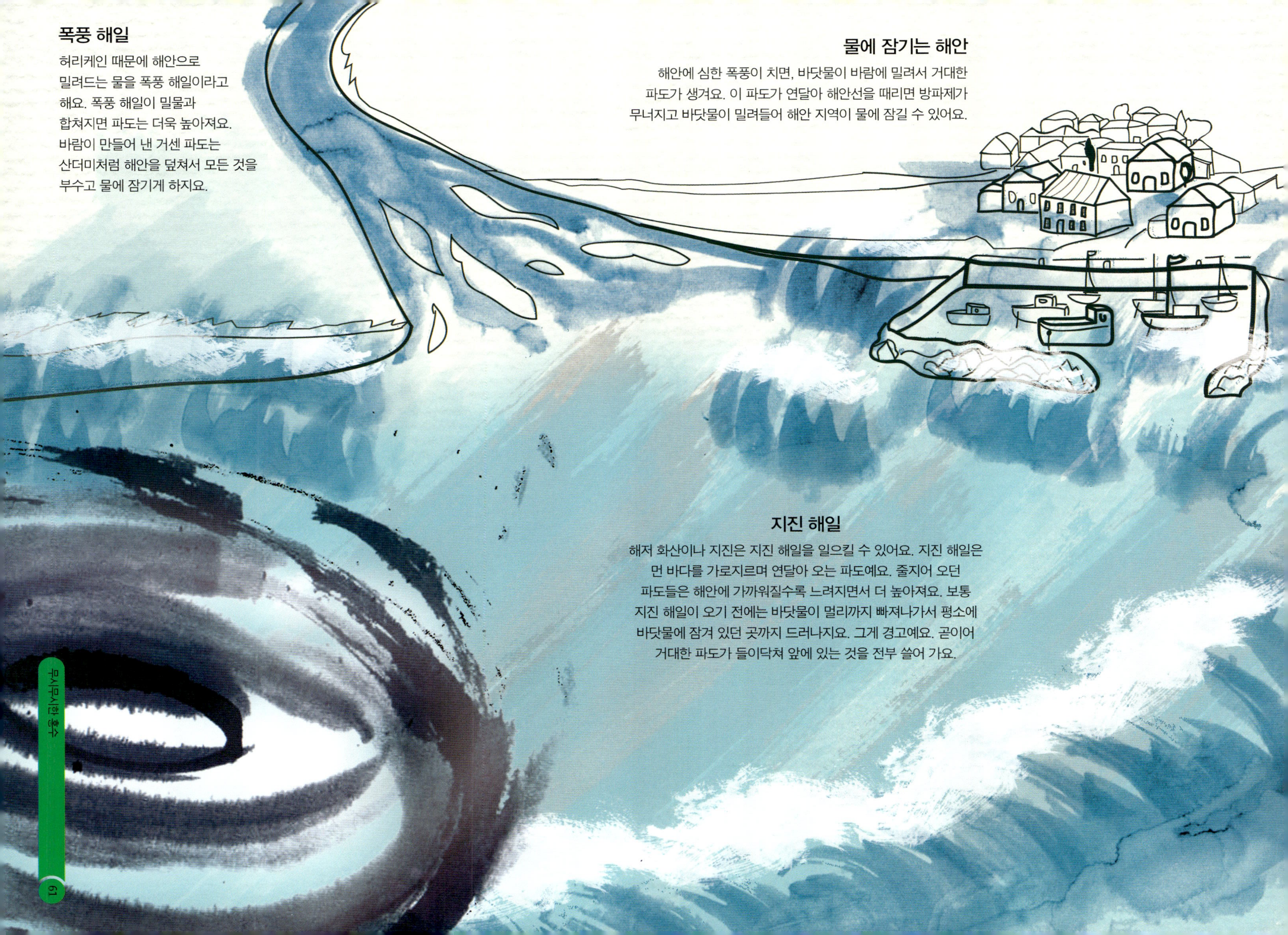

폭풍 해일

허리케인 때문에 해안으로 밀려드는 물을 폭풍 해일이라고 해요. 폭풍 해일이 밀물과 합쳐지면 파도는 더욱 높아져요. 바람이 만들어 낸 거센 파도는 산더미처럼 해안을 덮쳐서 모든 것을 부수고 물에 잠기게 하지요.

물에 잠기는 해안

해안에 심한 폭풍이 치면, 바닷물이 바람에 밀려서 거대한 파도가 생겨요. 이 파도가 연달아 해안선을 때리면 방파제가 무너지고 바닷물이 밀려들어 해안 지역이 물에 잠길 수 있어요.

지진 해일

해저 화산이나 지진은 지진 해일을 일으킬 수 있어요. 지진 해일은 먼 바다를 가로지르며 연달아 오는 파도예요. 줄지어 오던 파도들은 해안에 가까워질수록 느려지면서 더 높아져요. 보통 지진 해일이 오기 전에는 바닷물이 멀리까지 빠져나가서 평소에 바닷물에 잠겨 있던 곳까지 드러나지요. 그게 경고예요. 곧이어 거대한 파도가 들이닥쳐 앞에 있는 것을 전부 쓸어 가요.

폭설

얼어붙을 듯한 기온, 울부짖는 바람, 심한 눈보라가 뒤섞인 폭설은 엄청난 피해를 일으킬 수 있어요. 1888년 3월 북아메리카 대평원 지대에는 '그레이트 화이트 허리케인'이 들이닥쳐서 눈이 5층 높이만큼 쏟아졌어요. 학교에서 집으로 돌아가던 아이들을 포함해 약 400명이 목숨을 잃었지요.

변덕스러운 날씨

만날 맑거나 흐린 날만 계속되니까 지루하다고요? 하지만 하늘에서 개구리가 떨어지고, 태양이 피부를 태울 듯 지글거리고, 폭풍이 세차게 몰아치고, 축구공만 한 우박이 떨어진다면 어떻겠어요? 산들바람이 불고 이따금 천둥이 치는 잔잔한 날씨가 그리울걸요.

토네이도

토네이도는 앞길에 있는 모든 것을 부숴 버려요. 1880년 미국 미주리 주를 덮친 토네이도는 집 한 채를 들어 올려서 19킬로미터 떨어진 길에 떨어뜨렸어요. 1940년 러시아에서는 토네이도가 땅속에 묻혀 있던 옛날 돈 궤짝을 하늘로 들어올려서 16세기 동전이 고리키 마을에 흩뿌렸지요. 1989년 방글라데시에서는 토네이도로 1,300명이 넘게 죽었어요.

거센 바람

타는 듯이 뜨거운 바람은 모든 것을 오그라들게 할 수 있어요. 1850년 미국 캘리포니아에 무서운 폭풍이 닥쳤어요. 소, 토끼, 새가 죽고, 열매가 나무에 매달린 채 폭풍의 열기에 구워졌지요. 1991년에 캘리포니아 북부를 휩쓴 디아블로 폭풍은 미국 역사상 가장 심한 산불을 일으켰어요. 오클랜드에서는 약 3,500채의 집이 탔고 25명이 목숨을 잃었어요.

색깔 비

2001년 여름 인도 남부에 초록, 빨강, 노랑 비가 쏟아졌어요. 미처 피하지 못한 사람들의 옷이 색색이 물들었지요. 처음에 사람들은 유성이 폭발하면서 나온 먼지 때문에 색깔 비가 내린 것이라고 생각했어요. 하지만 진짜 범인은 따로 있었어요. 그 지역의 나무에 붙어 자라는 조류가 여러 색깔 포자를 공중에 퍼뜨린 것이었지요.

스프라이트

루비처럼 빨간 번갯불 스프라이트는 밤에 뇌우가 칠 때, 약 65킬로미터 상공에서 이따금 볼 수 있어요. 구름 꼭대기에서는 블루제트라는 파란 번갯불도 쳐요. 꼭 번쩍번쩍 파티를 하는 것 같아 보이죠.

우박

폭우가 칠 때는 작은 얼음 조각뿐 아니라 무거운 우박도 떨어질 수 있어요. 멋모르고 서 있다가는 심하게 다칠 수도 있지요. 1986년 방글라데시에서는 무게가 1킬로그램이나 되는 우박이 떨어져 92명이 목숨을 잃었어요. 1930년에는 독일의 글라이더 조종사 네 명이 폭풍 속을 날다가 인간 우박이 되고 말았지요. 꽁꽁 얼어붙어서 땅에 추락한 거예요.

번개

번개는 시속 36만 킬로미터를 넘는 속도로 하늘을 가르며, 지구 어딘가에서 초마다 100번 이상 치고 있어요. 번개의 거대한 불꽃은 주위 공기를 섭씨 2만 7,000도 정도로 뜨겁게 달궈요. 태양 표면의 온도보다 세 배 높지요. 번갯불에 맞으면 죽을 수도 있어요. 하지만 미국 버지니아에서 36년을 근무한 공원 관리인 로이 설리번은 놀랍게도 번개를 일곱 번이나 맞고도 살아남았어요.

지렁이 비

2007년 미국 루이지애나에서 엘리너 빌이 길을 건너다가 갑자기 하늘에서 우수수 떨어지는 지렁이를 보았어요. 물고기, 거북, 개구리 같은 동물이 떨어질 때도 있다고 해요. 어딘가에서 용오름에 빨려 올라갔다가 떨어지는 거예요. 이렇게 하늘 구경을 하고 살아 돌아오는 동물도 있다니, 놀랍죠?

오염 물질 표

조심해요. 당신의 발밑, 호수와 바다, 당신이 숨을 쉬는 공기도 오염되었을 수 있어요. 대량의 원유가 누출되는 사고로 야생 생물이 전부 죽기도 하고, 사람에게 치명적인 오염 물질이 퍼지기도 해요. 기후 변화를 일으키는 오염 물질도 있어요.
사실 오염 물질은 너무 많아서 전부 다 추적할 수가 없어요.
무언가 불길한 구름이나 물에서 섬뜩한 초록 오물을 보면,
오염 물질 표를 열심히 찾아봐요.

방사선

방사성 원자가 내뿜는 방사선은 위험해요. 세포를 파괴하고 심한 병과 돌연변이를 일으킬 수 있지요. 게다가 이 빛은 보이지도 않고 냄새도 감촉도 없어요. 감마선은 3미터 두께의 콘크리트도 통과할 수 있으니 막을 수도 없지요.

원자력
1

태양
2

1. 1986년 체르노빌 원자력 발전소가 폭발했을 때 47명이 사망하고, 13만 명이 다량의 방사선에 노출되었어요. 더 이상 아무것도 살지 못할 거라고 생각한 사람들이 많았지만, 다행히 지금은 많은 야생 생물들이 살고 있어요.

2. 지구는 태양에서 오는 아주 치명적인 광선을 받고 있어요. 자외선은 피부암을 일으킬 수 있지요.

대기 오염

공기에는 먼지, 유독한 물방울, 보이지 않는 기체 등 미세한 입자 형태로 떠다니는 온갖 불쾌한 화학 물질이 있어요. 화산 분출이나 산불로 발생하거나 썩어 가는 식물이나 동물로부터 나오는 것도 있어요. 하지만 사람들이 만들어 내는 오염 물질이 훨씬 더 많아요.

메틸이소시안
3

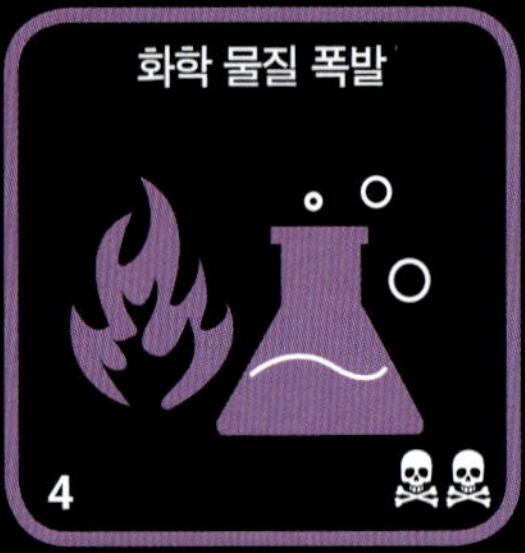
화학 물질 폭발
4

스모그
5

이산화탄소
6

이산화황
7

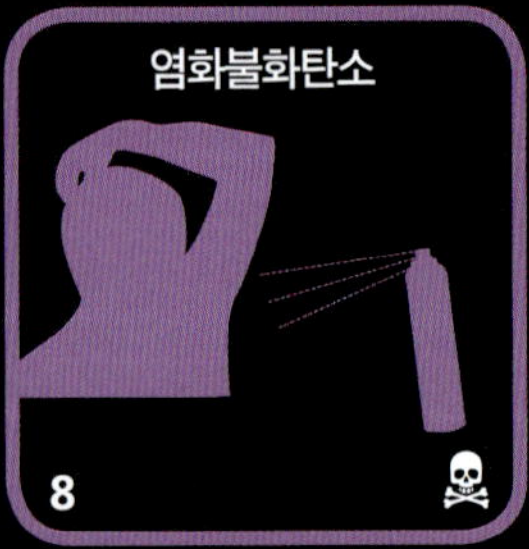
염화불화탄소
8

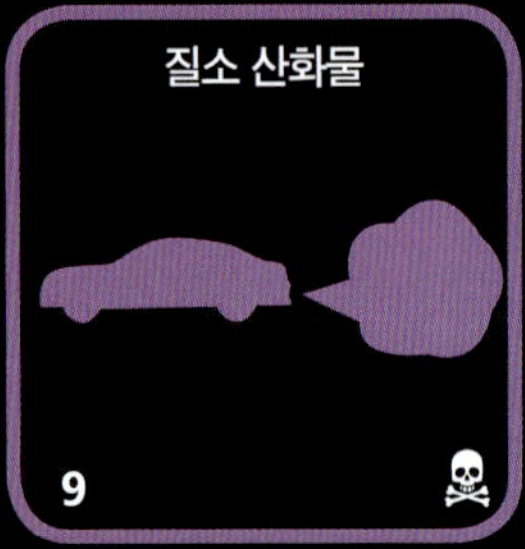
질소 산화물
9

메탄
10

산불
11

담배
12

3. 1984년 인도 보팔의 한 공장에서 메틸이소시안(MIC) 43톤이 누출되었어요. 치명적인 구름이 도시를 감쌌고 2만 5,000명이 넘게 질식해 죽었어요.

4. 1976년 이탈리아 메다의 화학 공장에서 폭발이 일어났어요. 유독 기체는 공중으로 퍼졌고, 193명의 얼굴에 흉터를 남겼지요.

5. 스모그는 연기와 안개가 합쳐진 말로 오염된 공기를 뜻해요. 1952년 스모그가 런던을 감싸면서 1만 2,000명이 넘는 사람이 죽었어요.

6. 발전소, 자동차, 공장에서 뿜어내는 이산화탄소는 지구 온난화를 일으키는 주요 물질이에요. 태양의 열기를 대기에 가두는 역할을 하지요.

7. 화산은 이산화황 구름을 내뿜어요. 이산화황이 비구름에 녹으면 산성비가 되지요. 산성비는 강과 호수를 오염시키고 야생 생물을 죽여요.

8. 염화불화탄소(CFC)는 오존층에 구멍을 뚫어요. 해로운 자외선을 막는 중요한 보호막을 파괴하지요. 그래서 1987년에 염화불화탄소 사용을 규제했어요.

9. 휘발유와 디젤 엔진은 질소 산화물을 내뿜어요. 오존층을 파괴해 산성비를 만들고 치명적인 폐병을 일으키는 유독 기체예요.

10. 쇠똥처럼 썩는 폐기물은 악취와 함께 메탄을 내뿜어요. 메탄은 같은 양의 이산화탄소보다 지구 온난화를 20배 더 가속시키는 온실가스예요.

11. 산불은 이산화탄소, 질소산화물, 메탄, 브롬화메틸을 뿜어내요. 브롬화메틸도 강력한 온실가스예요.

12. 담배 연기에는 4,000가지가 넘는 화학 물질이 포함돼요. 약 50종류는 암을 일으키고, 포름알데히드, 비소, 시안화물 같은 유독 물질도 있어요.

독성 등급

☠ 독

☠☠ 강한 독

☠☠☠ 아주 강한 독

토양 오염

산업 폐기물, 지하 저장 탱크 누출, 매립지, 작물에 뿌리는 살충제 등 유독성 화학 물질은 온갖 경로로 흙에 들어가요. 흙으로 들어간 화학 물질은 식물에 흡수되어 벌레와 곤충을 거쳐 새와 인간에게 전달됨으로써 먹이 사슬 전체에 영향을 끼쳐요.

쓰레기
19

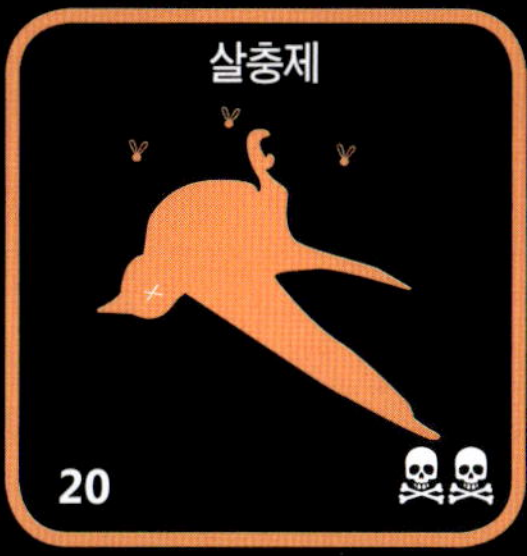
살충제
20

19. 쓰레기는 해양 동물을 질식시킬 수 있어요. 플라스틱이 가장 나빠요. 썩지도 분해되지도 않거든요. 해변에 버린 병이 해류를 타고 수천 킬로미터까지 흘러가기도 해요.

20. 곤충을 없애려고 만든 살충제는 다른 동물들에게도 해를 끼칠 수 있어요. 살충제 디디티(DDT)는 미국에서 흰머리독수리를 거의 전멸시킬 뻔했어요. 결국 1972년에 사용이 금지됐지요.

수질 오염

전 세계에서 약 5억 명이 안전한 식수를 구하지 못해 오염된 물을 마시고 있어요. 깨끗이 처리되지 않은 하수는 콜레라, 장티푸스 같은 위험한 병을 퍼뜨려요. 공장, 광산, 유정에서 산, 염과 같은 유독성 화학 물질이 흘러나와 강, 호수, 바다가 오염되기도 해요.

수은
13

광산 폐수
14

하수
15

적조 발생
16

폴리염화바이페닐
17

원유 누출
18

13. 1932년부터 1968년까지 수은이 든 폐기물 27톤이 일본 미나마타 근처 바다에 버려졌어요. 수은에 중독된 해산물을 먹고 2,000명 넘게 죽었지요.

14. 1996년 필리핀에서 거의 트럭 30만 대 분량의 광산 폐기물이 폐광에서 두 개의 강으로 쏟아져서 돌발 홍수가 일어났어요.

15. 하수에는 대장균 같은 위험한 미생물이 가득해요. 2007년에는 팔레스타인의 한 마을이 하수에 잠겨서 다섯 명이 익사했어요.

16. 수질 오염은 해로운 조류를 아주 많이 증가시켜 적조 현상을 일으켜요. 미생물이 늘어나 물속의 산소가 부족해져 물고기가 살 수 없게 되지요. 또 독소를 내는 조류를 먹은 조개를 사람이 먹으면 죽을 수도 있어요.

17. 폴리염화바이페닐(PCB)은 1978년에 사용이 금지되었어요. 전자제품 공장에서 강으로 흘러나온 폴리염화바이페닐에 오염된 물고기를 먹고 암에 걸린 사람이 발생했거든요.

18. 원유가 누출되면 해수면에 검은 기름이 두꺼운 막을 만들어서 많은 새와 해양 동물이 죽어요. 1989년에는 엑손 발데즈호 누출 사고로 20만 마리가 넘는 바닷새가 죽었어요.

불빛
21

소음
22

열
23

시각
24

감각 오염

우리 감각은 날마다 환한 불빛, 시끄러운 소음, 악취의 공격을 받아요. 최근 네덜란드에서는 소음 오염 때문에 밤에 잠을 못 자서 스트레스를 받아 생긴 병으로 해마다 약 600명이 죽는다는 연구 결과가 발표됐어요. 음악을 너무 크게 들으면 영원히 귀가 멀 수 있어요.

21. 인공 불빛은 많은 동물을 혼란스럽게 해요. 미국 플로리다 해변에서 부화한 새끼 거북들은 달빛을 따라 물로 향해야 하는데, 근처의 밝은 불빛 때문에 엉뚱한 방향으로 향할 수도 있어요.

22. 기계는 소음이 가득한 세계를 만들어요. 배의 음파 탐지기가 내는 소리는 해안에서 20킬로미터 떨어진 곳에서 자는 사람들까지 깨울 정도예요.

23. 발전소를 처음 가동하면 냉각탑에서 배출되는 온수로 근처 호수와 강의 수온이 높아져요. 물고기를 비롯한 동물들이 죽을 수도 있어요.

24. 광고판, 고압 전선, 휴대 전화 송신탑, 높이 솟은 콘크리트 빌딩을 쳐다본다고 죽지는 않아요. 하지만 어떤 사람들은 답답해서 미칠 수도 있지요.

지구 온난화

지구는 온실처럼 태양의 열을 가두어 생명이 살 수 있도록 따뜻하게 유지하는 기체로 덮여 있어요. 그런데 인간이 활동할수록 온실가스는 더 많이 배출되고, 지구는 더 더워져요. 지구 온난화는 모든 생물과 무생물에 영향을 미칠만큼 무시무시한 변화를 일으키고 있어요.

❶ 스트라이크 1 – 가뭄

오늘날 8,000만 명 이상이 가뭄으로 고통받고 있어요. 아프리카는 가장 심한 가뭄을 겪는 대륙이고, 오스트레일리아도 지난 10년 동안 극심한 가뭄에 시달렸어요. 가뭄이 심해지면 어떻게 될까요? 땅이 말라붙고 갈라져서 경작을 할 수 없게 돼요. 사막이 넓어지면서 수백만 명의 사람들이 집을 버리고 떠나게 되었지요. 중국의 수도 베이징에는 이미 엄청난 모래 폭풍이 몰아치고 있어요. 열기와 건조한 날씨 때문에 산불은 더 기세를 부려요. 2009년 유럽과 오스트레일리아를 불태운 산불처럼 말이에요.

❷ 스트라이크 2 – 폭풍

1980년 이후 날씨로 인해 약 60만 명이 죽었어요. 2005년 미국에서는 카트리나를 비롯한 허리케인이 15차례나 일어났어요. 2007년에는 멕시코, 인도, 방글라데시, 한국에 홍수가 났지요. 과학자들은 1979년 태풍 팁에 맞먹는 폭풍이 더 많이 생길 것이라고 예측해요. 팁은 지름 2,200킬로미터에 풍속은 시속 300킬로미터에 달했어요.

❸ 스트라이크 3 – 녹는 얼음

북극권은 다른 곳보다 기온이 두 배는 빨리 오르고 있어요. 거대한 얼음판들이 빠르게 녹아 부서지고 있지요. 북극권에서 가장 큰 얼음 덩어리인 워드 헌트 빙붕은 3,000년 동안 멀쩡했는데 21세기 들어서 쪼개졌어요. 얼음이 사라지면 북극곰과 이누이트 사냥꾼은 큰일이에요. 물범을 사냥하려면 얼음이 꼭 있어야 하거든요.

1
2
3

일단 지구 평균 기온이 섭씨 2도 오르면,
원 상태로 되돌릴 수 없을 거예요.
북극권에서는 이미 얼음이 많이 녹았어요.
얼음의 흰색은 햇빛을 반사하지만 짙은
바닷물은 태양열을 흡수해서
지구 온난화를 더 가속하지요.

❹ 스트라이크 4 – 해수면 상승

해수면은 30년 안에 2미터까지 높아질 수 있어요. 그러면 미시시피 강, 나일 강과 벵골 강 삼각주에 사는 1억 5,000만 명이 넘는 사람들의 집이 물에 잠기게 되지요. 이미 상하이, 뭄바이, 방콕 같은 도시의 지하수에는 바닷물이 스며들고 있어요.

❻ 스트라이크 6 – 불안정한 땅

얼음이 녹으면 해수면이 높아져요. 또 화산 폭발, 지진, 지진 해일, 수중 산사태도 일어날 수 있어요. 1967년 인도의 코이나 저수지에 25억 세제곱킬로미터의 물이 채워지자 땅이 압력을 받아 그 지역 최초로 지진이 일어났어요. 약 200명이 죽었어요.

5
잘한다, 우리 아들! 그런데 나만 더운 거야? 아니면 여기가 더워지는 거야?
6
7
4

❺ 스트라이크 5 – 빙하기

빙붕이 무너지면 대서양의 멕시코 만류 같은 해류에 변화가 일어날 수 있어요. 북유럽이 따뜻하고 캐나다와 시베리아 동부 같은 곳의 겨울이 더 춥지 않은 이유는 멕시코 만류 덕분이에요. 하지만 극지방의 얼음이 녹아 생긴 민물이 멕시코 만류를 가로막으면, 템스 강이 얼었던 15세기와 18세기처럼 유럽에 소빙하기가 찾아올 수 있어요.

❼ 스트라이크 7 – 생태계

지구가 계속 더워지면, 많은 생물이 지금 사는 곳에서 살아남기 힘들 거예요. 많은 꽃식물은 추운 긴 겨울을 보내야 봄에 꽃을 피울 수 있거든요. 이미 차가운 물을 찾아 북쪽으로 이주한 물고기들도 있어요. 바다 수온이 섭씨 2도 정도 오르면 산성도도 증가해서 열대 산호초가 많이 죽을 거예요.

닥쳐올 재앙

지구에 생명이 처음 출현한 이래로, 생물은 멸종을 거듭해 왔어요. 종은 대개 1,000만 년 이내에 사라져요. 지금까지 살았던 종의 98퍼센트 이상이 사라졌지요! 갑자기 대규모로 멸종이 일어나기도 해요. 대량 멸종의 원인은 무엇일까요? 또 우리의 미래는 어떻게 될까요?

개요

5대 대량 멸종 사건

지구 역사에서는 대량 멸종 사건이 여러 차례 벌어졌어요. 생물 다양성에 심각한 영향을 끼친 사건이 다섯 번 있었지요. 그때마다 지구에 살던 종의 19퍼센트에서 90퍼센트가 전멸했어요. 이런 재앙이 왜 일어났는지, 어떻게 벌어졌는지에 대해서는 아직 모르는 부분이 많아요. 하지만 대량 멸종의 원인은 대개 혜성이나 소행성 또는 대규모 화산 활동에서 찾을 수 있어요.

5대 대량 멸종 사건

연대	사건	멸종률	충격	여파
4억 4,400만 년 전		25%	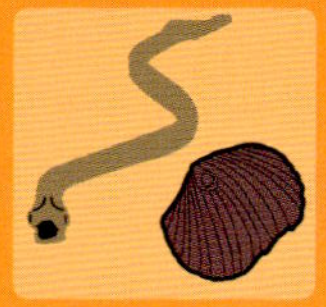	**오르도비스기-실루리아기의 멸종**은 연달아 일어난 두 사건이 원인이었어요. 먼저 빙하가 형성되면서 해수면이 낮아졌고, 빙하가 녹으면서 다시 해수면이 높아졌어요. 연체동물과 뱀장어처럼 생긴 코노돈트 등 해안에 사는 생물들이 가장 큰 피해를 입었지요.
3억 6,400만 년 전		19%		**데본기 말기의 멸종**의 원인은 정확히 알 수 없어요. 기온이 반으로 뚝 떨어졌다는 것만 알 뿐이지요. 소행성 충돌이나 화산 폭발로 재와 먼지가 하늘을 가렸기 때문일 수도 있어요. 피부가 단단한 어류인 갑주어와 산호초를 만드는 원시 산호류가 가장 큰 피해를 입었어요.
2억 5,000만 년 전		90%		**페름기-트라이아스기의 멸종**은 피해가 가장 컸어요. 육지와 바다에 살던 거의 모든 생물이 전멸했어요. 이 멸종의 원인은 소행성 충돌로 보는 이론이 우세해요. 시베리아에서 화산 활동이 일어나 오스트레일리아 넓이만큼 용암을 뿜어낸 것이 원인이라는 주장도 있어요.
2억 1,400만 년~ 1억 9,900만 년 전		50%		**트라이아스기 말기의 멸종**은 대서양 한가운데에서 엄청난 양의 용암이 쏟아져 나와 일어났을 가능성이 높아요. 용암은 약 1,100만 제곱킬로미터에 달하는 지역을 덮었어요. 해양 파충류를 비롯해 지구에 살던 종의 약 절반이 죽었어요.
6,500만 년 전	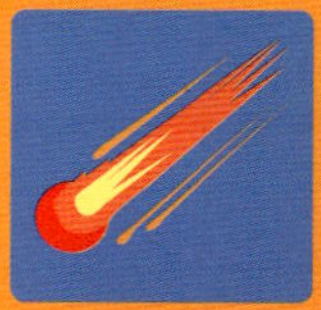	50%		**백악기-제3기의 멸종**은 거대한 소행성이 충돌하면서 일어난 듯해요. 멕시코에 엄청난 크레이터를 남긴 충격에 불, 지진, 산사태, 지진 해일이 일어났어요. 잔해가 하늘을 덮어 지구 전체가 어두컴컴해졌지요.

▼ 지도

지구 ▼ 미래 ▼ →

지난 24시간 | 지난 1시간 | 예보

여섯 번째 멸종

과학자들은 현재의 멸종 속도가 지구의 평균 멸종 속도보다 100배에서 1,000배는 더 빠르다고 추정해요. 우리는 충적세 멸종 사건, 즉 여섯 번째 멸종을 앞둔 시기에 살고 있어요. 지난 세기에는 2만 종에서 200만 종이 멸종했어요. 하지만 과학자들은 멸종률이 증가하고 있고, 대부분 인간의 활동으로 인해 멸종했음을 알았어요. 여섯 번째 멸종 사건은 자연 환경보다는 사람의 행동 때문에 일어날 가능성이 높다는 점에서 이전의 멸종 사건들과 달라요. 우리의 멸종으로 이어질지도 모르지요.

▼ 여섯 번째 멸종의 원인은 무엇일까?

멸종 시점은 아직 알 수 없다.

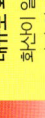

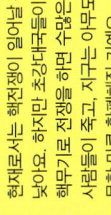

원인	결과
	**커다란 소행성 충돌** 매시각 우주에서 물체가 지구로 날아와 다양한 피해를 입히고 있어요. 작은 행성만 한 소행성이 지구에 떨어진다면, 우리는 모두 죽을 거예요.
	**대규모 화산 폭발** 화산이 일으키는 피해도 엄청나요. 여러 화산이 계속 분출하면 용암이 땅을 뒤덮고, 공기는 치명적인 가스와 검댕으로 가득 찰 거예요.
	**핵전쟁** 현재로서는 핵전쟁이 일어날 확률은 낮아요. 하지만 초강대국들이 핵무기로 전쟁을 하면 수많은 사람들이 죽고, 지구는 아무도 살지 못할 만큼 황폐해질 거예요.
	**블랙홀** 블랙홀이 태양계로 다가오면, 인력 때문에 행성들의 궤도가 변할 수 있어요. 태양과 행성들은 하나씩 블랙홀에 빨려 들어 사라질 거예요.
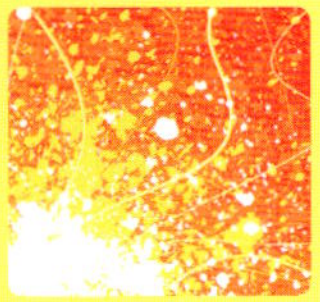	**팽창하는 태양** 별다른 일이 일어나지 않는다면 지구는 약 50억 년 뒤 팽창하는 태양에 빨려 들어가서 종말을 맞을 것이 확실해요.

▼ 예보 영상

재생

겁나는 우주

로켓을 타고 입이 쩍 벌어질 만큼 놀라운 우주로 올라갈 준비기 됐나요? 멋진 행성에 발을 내디디고 싶다고요? 금성의 후끈한 공기와 해왕성의 차가운 날씨를 느껴 보기로 해요. 그다음에는 속도를 높여 블랙홀을 통해 평행 우주로 떠나려고 해요. 은하와 은하를 넘나드는 아주아주 겁나는 모험이 될 거예요.

로켓과 낙하산

우주여행은 자칫하면 끔찍한 일이 생길 수 있어요. 로켓이 우주로 발사될 때와 낙하산을 펴고 지구로 다시 돌아올 때가 가장 위험해요. 주사위를 던져서 당신이 발사대가 있는 1번 칸을 무사히 출발해 관제 센터가 있는 36번 칸으로 안전하게 돌아올 수 있는지 알아봐요.

로켓 : 우주로 나갈 때의 위험들

14 금연

예전에는 로켓이 이륙하는 데 2,000톤 이상의 연료가 쓰였어요. 불꽃만 당기면 끝이었지요. 부우웅! 1960년에는 당시 소련의 일부였던 카자흐스탄의 우주 센터에서 로켓이 폭발하여 91명이 죽었어요.

16 부품 불량

1967년 아폴로 1호의 사령선이 예행연습을 할 때 불이 나서 미국 우주인 세 명이 죽었어요. 원인은 무엇이었을까요? 우주인의 나일론 우주복이 좌석에 마찰되면서 일으킨 불꽃 때문일 가능성이 높아요.

19 작은 부품이 큰 폭발로

1986년 우주 왕복선 챌린저호가 이륙한 지 73초 만에 폭발하는 비운을 맞이했어요. 오른쪽 고체 로켓 추진체에서 작은 부품인 밀폐용 링이 망가져서 뜨거운 기체가 새어나왔기 때문이에요. 기체는 왕복선에 불을 붙였고, 왕복선은 쪼개져서 바다에 떨어졌지요. 탑승자 일곱명이 모두 숨을 거두었어요.

24 당장 짐을 버릴 것

1981년부터 1982년까지 네 차례나 우주를 오간 첫 우주 왕복선에는 선장과 조종사만 비상 탈출 좌석이 있었어요. 게다가 비상 탈출 좌석은 오직 이륙 때만 작동했지요. 어차피 대기권으로 재진입할 때 탈출한다면 왕복선이 초음속으로 떨어지면서 발생하는 열기와 거센 바람에 다 죽을 테니까요.

29 운 나쁜 번개

1969년 아폴로 12호는 이륙한 직후에 번개에 맞았어요. 연료를 가득 싣고 있었으니 위험천만한 상황이었지요. 다행히 불이 붙지는 않았어요. 그 뒤 발사대에서 18킬로미터 거리 안에 번개 구름이 있으면 발사를 미루게 됐어요. 안전이 우선이니까요.

32 불을 끌 수 없다

우주 왕복선의 고체 연료 추진체는 한번 불이 붙으면 끌 방법이 없어요. 연료가 다 타야만 꺼지지요. 1994년 우주선 실험 때에는 점화가 일어나기 몇 초 전에 컴퓨터가 문제를 감지하고 겨우 엔진을 멈추었어요.

34 우주 침팬지

우주로 보내졌던 새우, 개구리, 달팽이, 개, 원숭이 같은 동물들은 대부분 살아 돌아오지 못했어요. 미국 로켓을 타고 최초로 우주에 간 원숭이 여섯 마리는 모두 앨버트라고 불렸는데, 다 우주에서 죽었어요. 우주 침팬지 햄(사진)은 지구로 살아서 돌아온 최초의 영장류였어요.

36
35
34
26
25
27
22
24
23
15
13
14
12
11
2
1

32
31
33
30
29
28
20
19
21
18
16
17
7
10
9
8
6
5
4
3

낙하산: 지구로 돌아올 때의 위험들

4 붙잡을 끈이 없다

1967년 소유즈 1호 캡슐의 유일한 탑승자는 소련의 우주 비행사 블라디미르 코마로프였어요. 코마로프는 우주로 나갔다가 돌아오던 중에 낙하산이 잘못되어 캡슐이 시속 300킬로미터로 땅에 충돌하여 사망했지요.

10 벽돌을 날리는 듯한 착륙

2010년 4월 미국 우주 왕복선의 착륙이 기상 악화로 하루 미루어졌어요. 마침내 대기권으로 들어온 우주 왕복선은 엔진 상태가 좋지 않아서 빙빙 돌며 착륙하는 대신 활공하여 한 번에 착륙해야 했어요. 조종사는 그 과정이 너무 어려워서 벽돌을 날리는 것 같았다고 말할 정도였지요.

12 캡슐 탈출

1961년 버질 '거스' 그리섬은 우주로 간 두 번째 미국인이 되었어요. 지구로 돌아올 때는 환호성이 거의 울음소리가 될 뻔했지요. 그리섬이 탄 캡슐이 바다에 착륙한 뒤 기리앉기 시작한 거예요. 캡슐의 뚜껑 문이 열렸지만 비행복에 물이 차서 익사할 뻔했지요.

21 압력이 없다

1971년 소유즈 11호가 지구로 재진입할 때, 캡슐의 밸브가 헐거워지는 바람에 내부 기압이 급속히 변해서 우주인 세 명이 죽는 사고가 있었어요. 그래서 오늘날에는 몸에 적당한 압력을 주는 가압 우주복을 사용해요.

25 미루어진 재앙

2003년 우주 왕복선 컬럼비아호가 발사될 때 작은 발포 단열재 조각 하나가 떨어져서 왼쪽 날개에 부딪혀 구멍을 냈어요. 지구로 재진입할 때 발생한 강한 열에 구멍이 타면서 날개가 파손되었지요. 우주 왕복선은 추락하면서 부서졌고 승무원 일곱 명이 모두 사망했어요.

우주 의학 실험실

안녕, 나는 헥터예요. 이 우주선의 컴퓨터지요. 지금 우리는 지구 상공 350킬로미터 높이에서 날고 있어요. "좋은 아침이에요."라고 인사하고 싶지만, 지구를 빙빙 도느라 오늘만도 새벽을 열 번 이상 보게 될 테니까 인사말에 신경 쓰지 말아요. 3개월마다 이루어지는 건강 검진 시간이 왔어요. 의료 모듈로 가서 건강을 점검해 봐요.

정밀 검사를 진행하고 있습니다.

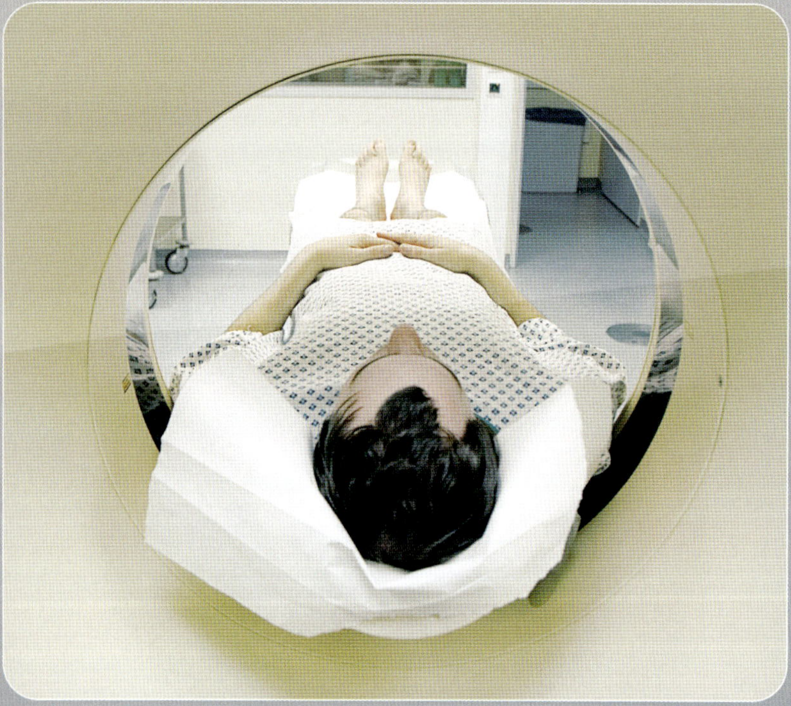

체력 단련 프로그램

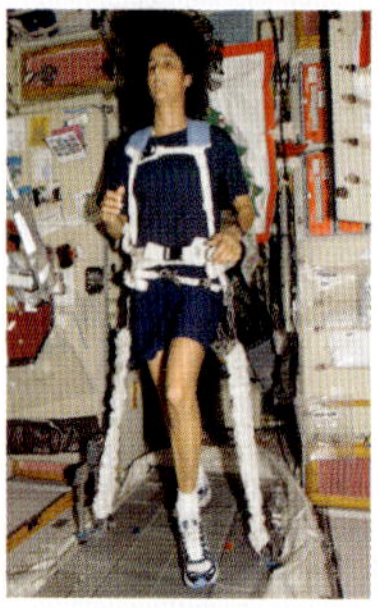

중력이 없는 우주에서는 근육과 뼈를 쓸 일이 없어요. 그래서 몸이 약해지지 않도록 하루에 세 번씩 운동해서 체력을 유지해야 해요. 저항 운동 기구로 꾸준히 운동하고, 트레드밀은 너무 심하게 뛰지 말아요. 우주선 전체가 흔들릴 테니까요! 자전거 기구는 심장 박동 모니터와 연결되어 있으니까 심박수가 축 처지면 알려 줄게요.

환자 기록

1 = 하; 5 = 중; 10 = 상

잠은 충분히 자고 있나요?

1 2 3 4 5 6 7 8 9 10

환자의 말

어느 자세로도 잘 수 있어서 좋고, 불에 타지 않는 소재로 만든 침낭도 정말 편안해. 하지만 나는 계속 깨! 옆자리를 쓰는 이바노프가 기차 화통처럼 코를 골거든. 또 내 자리는 창가라서 약 90분마다 해가 뜨는 게 보인단 말이야! 이상한 꿈도 꾸고.

헥터의 조언

걱정 마요. 강렬한 꿈은 우주인에게 흔해요. 잠을 잘 자고 싶다면 수면 마스크를 권할게요. 떠오르는 태양의 밝은 빛을 막아 줄 거예요. 무중력 상태도 코골이는 없애지 못할 것 같군요. 귀마개를 쓰면 어떻겠어요?

스트레스를 받나요?

1 2 3 4 5 6 7 8 9 10

환자의 말

비좁은 캡슐에 갇혀 있으니까 정말 갑갑해지기 시작했어. 나는 대부분의 승무원과 잘 지내. 코골이 이바노프와도 괜찮지. 하지만 며칠 전에는 후지타와 거의 치고받을 뻔했어. 실험에 계속 실패하는 것이 내 탓이라고 하잖아.

헥터의 조언

비좁은 공간에서는 충분히 쉬어야 해요. 음악을 듣거나 운동을 하면 도움이 되지요. 웬만하면 후지타와 화해해요. 언젠가 우주 왕복선 임무 때 한 승무원이 탈출용 문을 열겠다고 위협했다가 격리된 일이 있었지요!

식사를 잘하고 있나요?

1 2 3 4 5 6 7 8 9 10

환자의 말

우주 부적응 증후군에서 회복된 뒤로 잘 먹고 있어. 내가 토하는 바람에 시만스키는 아주 짜증을 내긴 했지. 중력이 거의 없는 상태에서 먹는 데에도 꽤 익숙해졌지만, 배고프다고 느낀 적은 없어. 100가지가 넘는 요리 중에서 고르면서도 말이야.

헥터의 조언

당신의 몸은 우주에서는 열심히 일하지 않기 때문에 지구에서처럼 많은 열량이 필요하지 않아요. 하지만 몸이 에너지, 비타민, 광물질을 필요로 한다는 것을 명심해요. 참, 바삭바삭한 음식을 먹을 때는 가루를 조심해요. 빵 부스러기가 환기구를 막거나 눈에 들어갈 수 있거든요. 눈에 들어가면 정말 아파요!

정밀 검사 결과가 나왔습니다.

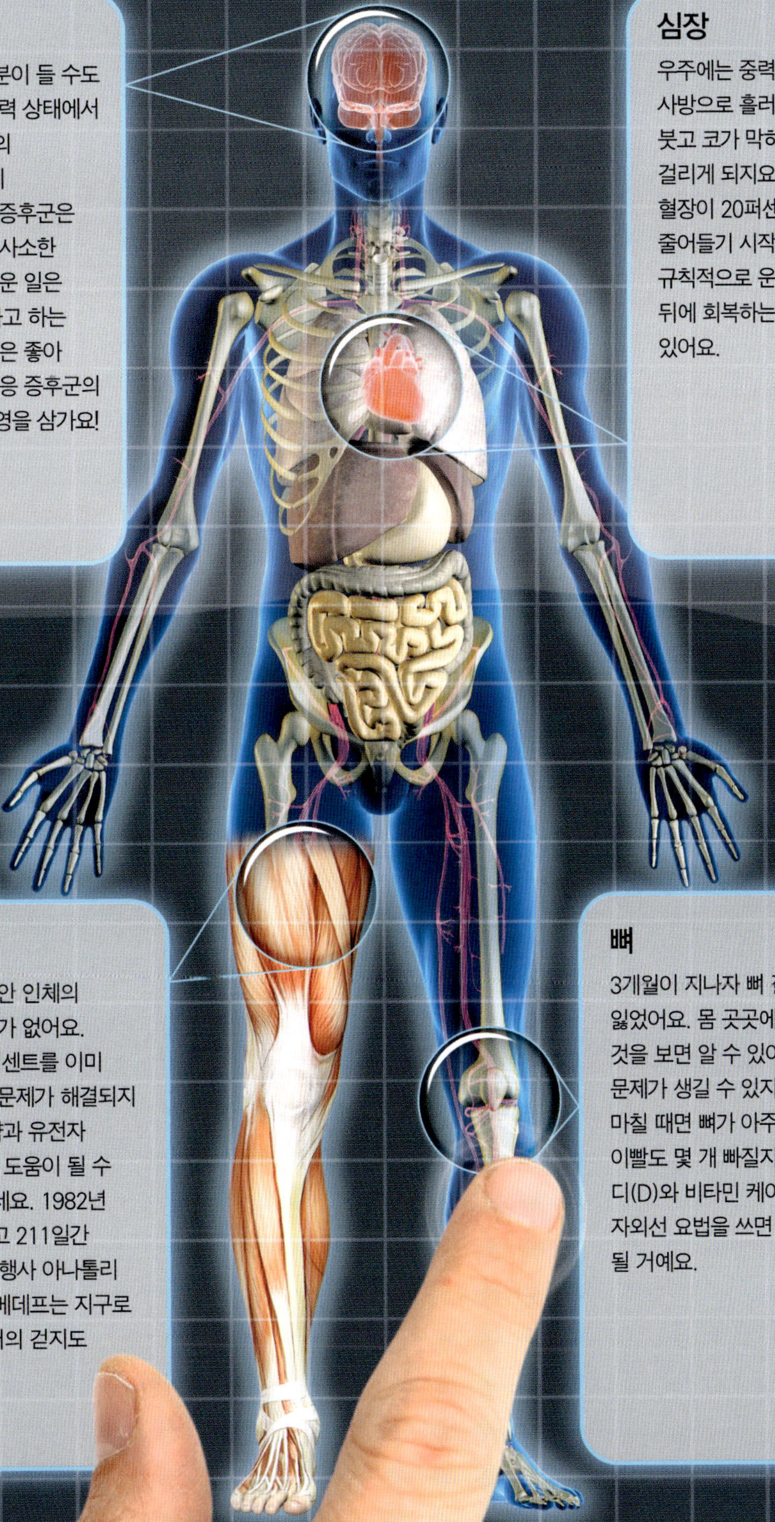

뇌

좀 어지럽고 불안정한 기분이 들 수도 있어요. 처음으로 미세 중력 상태에서 생활하기 시작했을 때 몸의 수용체들이 혼란을 느꼈기 때문이에요. 우주 부적응 증후군은 여러 가지 방식으로 뇌에 사소한 영향을 미칠 거예요. 놀라운 일은 아니고, '우주 괴혈병'이라고 하는 증상이에요. 뇌 스캔 영상은 좋아 보이지만, 다시 우주 부적응 증후군의 증상을 느낀다면 우주 유영을 삼가요!

심장

우주에는 중력이 없어서 몸의 체액이 사방으로 흘러가요. 그래서 얼굴이 붓고 코가 막히고, '우주 고뿔'에 걸리게 되지요. 더 심각한 문제는 혈장이 20퍼센트 줄고 심장이 줄어들기 시작했다는 점이에요. 규칙적으로 운동하면 지구로 돌아간 뒤에 회복하는 기간을 줄일 수 있어요.

근육

우주선이 궤도에 있는 동안 인체의 근육은 중력에 맞설 필요가 없어요. 당신은 근육 질량의 20퍼센트를 이미 잃었어요. 운동만으로는 문제가 해결되지 않을 거예요. 호르몬 알약과 유전자 요법도 근육을 키우는 데 도움이 될 수 있어요. 한 가지 알아 두세요. 1982년 발사된 살류트 7호를 타고 211일간 우주에 머물렀던 우주 비행사 아나톨리 베레조보이와 발렌틴 레베데프는 지구로 돌아온 뒤 일주일 동안 거의 걷지도 못했어요.

뼈

3개월이 지나자 뼈 질량의 6퍼센트를 잃었어요. 몸 곳곳에서 칼슘 수치가 높은 것을 보면 알 수 있어요. 그러면 신장에 문제가 생길 수 있지요. 2년간의 임무를 마칠 때면 뼈가 아주 약해질 거예요. 이빨도 몇 개 빠질지 몰라요. 비타민 디(D)와 비타민 케이(K) 알약을 먹고 자외선 요법을 쓰면 단기적으로 도움이 될 거예요.

최초의 우주개
라이카
멍!
라이카는 1950년대에 소련 과학자들이 모스크바 거리에서 데려온 많은 개들 중 한 마리였어요.
개를 잡아! 짖기는 해도 물지는 않을 거야.
말은 쉽지!
더 온순하다는 이유로 암컷이 선택되었어요. 게다가 수컷은 다리를 들고 쉬를 하는데, 우주복을 입고서는 불가능하니까요!
과학자들은 개를 우주로 보내 무중력과 복사선이 사람에게 어떤 영향을 미칠지 알아내고자 했어요.
모스크바의 한 연구 센터에서 훈련이 시작되었어요. 개들이 오래도록 꼼짝하지 않고 앉아 있고, 헬멧과 우주복을 착용하는 데 익숙해지도록 가르쳤지요.
꼬마야, 이리 오렴. 멋진 헬멧을 좀 써 보자.
핫도그를 만들 생각일지 몰라.
심심한데 막대기든 뭐든 좀 던져 주지.
모의 훈련 장치를 통해 개들은 로켓 발사 때 발생하는 굉음과 진동에 익숙해졌어요.
이렇게 흔들리다가 멍멍이 죽이 되는 거 아닐까?
우주로 갈 때 미친 듯이 짖어 댈 필요는 없어요.
흔들흔들
원심 분리기는 발사될 때와 같은 엄청난 중력 가속도를 만들어 냈어요.
좋아. 힘껏 빙빙 돌려 봐.
위이이잉
멈추는 단추는 여기에 없는 거야?
1957년 11월 3일, 스푸트니크 2호가 라이카를 태우고 우주로 발사됐어요. 라이카는 캡슐 안에서 안전띠로 묶여 있어서 자세를 바꿀 수는 있었지만, 몸을 돌릴 수는 없었어요.
위로 올라가 보고 싶었어.
콰광
스푸트니크 2호는 안전하게 우주로 나갔고, 라이카는 지구 궤도를 돈 최초의 개가 되었어요. '무트니크'란 별명도 생겼어요.
여기서 구경하는 것도 제법 괜찮은걸.
하지만 누구한테 꼬리를 흔든담.
안타깝게도 과학자들은 라이카가 돌아오지 못할 것을 알고서 우주로 보냈어요.
내가 죄인이지!
라이카는 비행한 지 다섯 시간에서 일곱 시간 사이에 과열과 스트레스로 죽었어요. 당시 소련은 실내 온도를 일정하게 유지하는 우주선을 만들 수 없었거든요.
5개월 뒤인 1958년 4월 14일, 스푸트니크 2호는 지구로 재진입하면서 분해되었어요. 라이카의 흔적도 타 버렸지요.
용감한 라이카 귀환하다
라이카는 전설로 남았어요. 라이카의 짧은 우주여행은 포유동물이 우주선의 이륙과 우주 생활을 견딜 수 있음을 입증했어요. 훗날 사람이 우주 비행을 하는 데 큰 도움이 되었지요.
멍멍이계의 스타였어.
맞아, 이 세상이 좁은 걸 알았지.
라이카
하지만 라이카 실험은 과학 실험에 동물을 이용하는 문제를 놓고 많은 논란을 일으키기도 했어요.
끝

우주 정거장 미르,
임무를 마치다
1986년 소련은 연구용 우주 정거장 미르를 발사했어요. 한 번에 여섯 명을 태우는 바람에 비좁아서 종종 문제가 생기곤 했지요. 하지만 그것은 시작에 불과했어요.
잘 보고 다녀.
비좁은 게 싫다면 밖으로 나가. 우주는 아주 넓잖아.
이건 정말 맛없다!
학생 식당이 그리울 지경이야.
10여 년이 지난 뒤인 1997년 2월 23일, 미르에 불이 나는 심각한 상황이 벌어졌어요. 모든 우주인이 떠올릴 수 있는 최악의 악몽이 시작된 것이었지요.
불이야!
불이 났어!
기계가 과열되었나 봐!
으아! 미확인 비행 물체다!
다행히 승무원들은 유독성 증기가 미르 전체로 퍼지기 전에 피신했어요. 공기 정화 장치가 오염된 연기를 제거하는 데 이틀이 걸렸어요.
이봐, 정말 지겹지 않아?
맞아, 여기는 공기가 정말 나빠.
담배 끊지 않았어?
3월에 승무원들의 생존에 필요한 보급품을 실은 무인 보급선이 미르에 도킹할 예정이었어요. 하지만 보급선의 카메라가 작동하지 않았어요.
보여?
조금 왼쪽으로!
아니, 오른쪽이야!
우리 뒤쪽이야!
미르 선장인 바실리 치블리예프는 보급선을 끌어오려고 시도했어요. 거의 불가능한 일이었지요. 보급선은 우주 정거장 곁을 시나 점점 멀어졌어요.
6월에 또 다른 보급선이 미르로 날아왔어요. 카메라는 작동했지만, 치블리예프가 제어할 수 없었어요.
미친 거 아냐?
@$%*!
맙소사! 비행접시에 부딪혔나 봐!
우주라서 충돌하는 소리는 들리지 않았어요.
미르로 날아온 보급선은 태양전지판을 부수고 스펙트르 모듈에 구멍을 뚫고 말았어요.
미르는 뒤흔들리며 우주 비행사들의 통제에서 벗어났어요. 다행히 미카엘 포알레와 사샤 라주트킨이 어떻게 해야 하는지 알고 있었어요
알아. 내 탓은 아니야.
공기가 새고 있어!
수이이익
11분 만에 승무원들은 스펙트르 모듈로 이어지는 해치를 밀폐시켰어요. 구멍이 더 컸더라면 몇 초 안에 모두 죽었을 거예요.
위험한 우주 유영을 여러 차례 하면서 스펙트르 모듈에서 필요한 장비들을 꺼냈어요. 하지만 다시 재앙이 닥쳤어요!
전원이 나갔나 봐.
설마…….
조심해!
이런, 너무 늦었어!
전원이 나가면서 메인 컴퓨터가 계속 꺼지고 자동 비행 장치도 꺼졌어요. 컴퓨터 케이블이 빠진 뒤, 미르는 경로를 이탈하여 떠다니기 시작했어요.
선원들은 계속해서 일어난 대재앙을 신속하게 막아 냈어요. 하지만 스트레스는 한계에 이르렀지요. 지친 치블리예프와 라주트킨은 교대할 승무원이 오자 지구로 돌아왔어요.
다시는 안 갈 거야!
꽈당
하지만 두 사람은 귀환할 때에도 재난을 당할 뻔했어요. 역추진 로켓이 고장 나서 캡슐이 땅에 충돌했거든요. 뼛속까지 뒤흔들릴 정도였어요.
2001년 3월 23일 마지막 수리 임무가 실패한 뒤 관제 센터는 미르를 폐기하기로 결정했어요. 15년 된 우주 정거장은 지구로 떨어져 남태평양의 피지섬 근처 상공에서 부서졌지요.
이제 미르에 내일은 없어.
그래. 이별은 늘 어려워.
끝

우주 쓰레기 경고

우주는 위험한 곳이에요. 발사 때 살아남는다고 해도 지구 궤도에서 만날 수 있는 온갖 위험에 대처해야 해요. 궤도를 도는 위험한 쓰레기 더미들 사이로 우주선을 조종해야 하지요. 우주를 떠다니는 잔해들, 즉 우주 쓰레기는 작은 페인트 조각만 한 것에서 버려진 커다란 인공위성에 이르기까지 크기가 다양해요. 시속 2만 8,000킬로미터의 속도로 우주를 날아다니는 우주 쓰레기와 부딪힐 수도 있어요. 이렇게 빠른 속도에서는 지름이 1밀리미터에 불과한 조각이 총알에 맞먹는 충격을 줘요. 그러니 우주 쓰레기를 잘 피해요! 게임 시작!

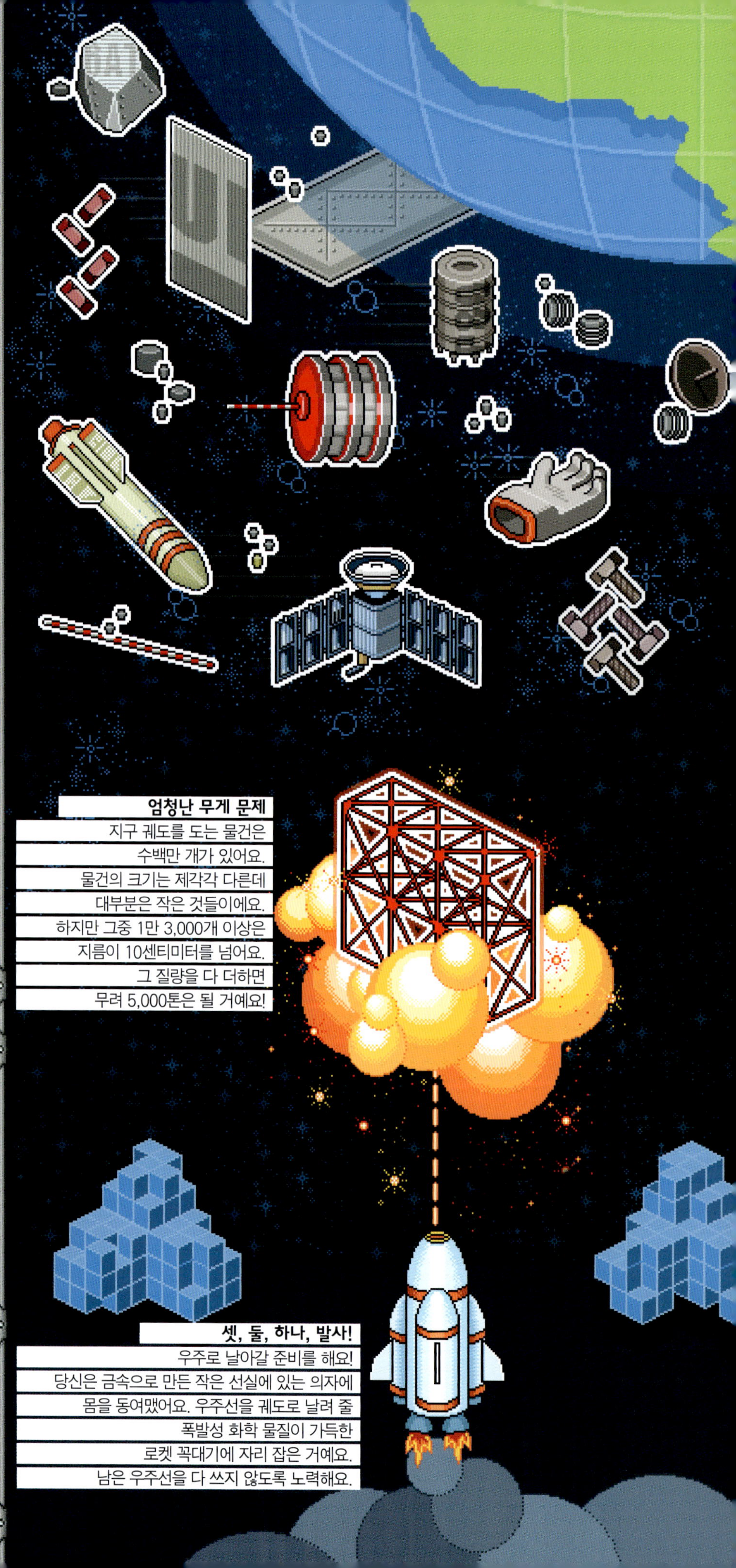

엄청난 무게 문제

지구 궤도를 도는 물건은 수백만 개가 있어요. 물건의 크기는 제각각 다른데 대부분은 작은 것들이에요. 하지만 그중 1만 3,000개 이상은 지름이 10센티미터를 넘어요. 그 질량을 다 더하면 무려 5,000톤은 될 거예요!

셋, 둘, 하나, 발사!

우주로 날아갈 준비를 해요! 당신은 금속으로 만든 작은 선실에 있는 의자에 몸을 동여맸어요. 우주선을 궤도로 날려 줄 폭발성 화학 물질이 가득한 로켓 꼭대기에 자리 잡은 거예요. 남은 우주선을 다 쓰지 않도록 노력해요.

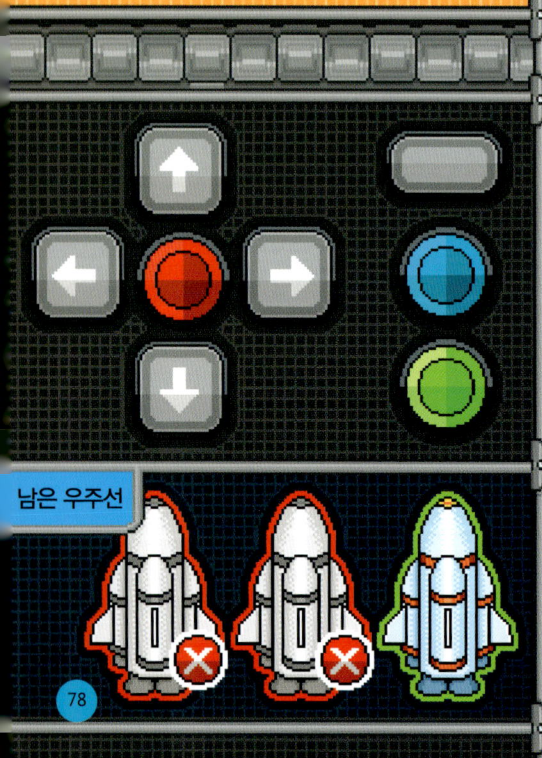
남은 우주선

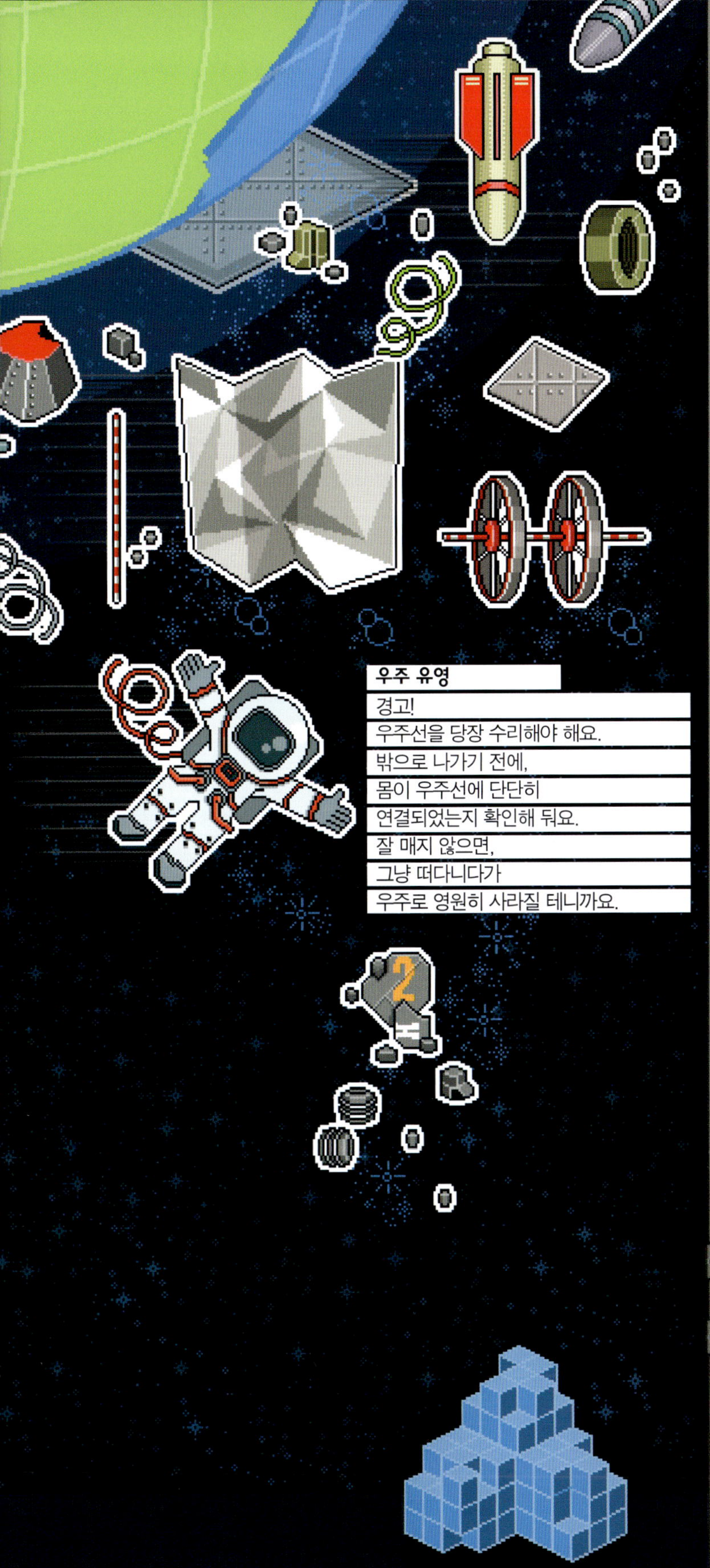

우주 유영

경고!
우주선을 당장 수리해야 해요.
밖으로 나가기 전에,
몸이 우주선에 단단히
연결되었는지 확인해 둬요.
잘 매지 않으면,
그냥 떠다니다가
우주로 영원히 사라질 테니까요.

우주 쓰레기

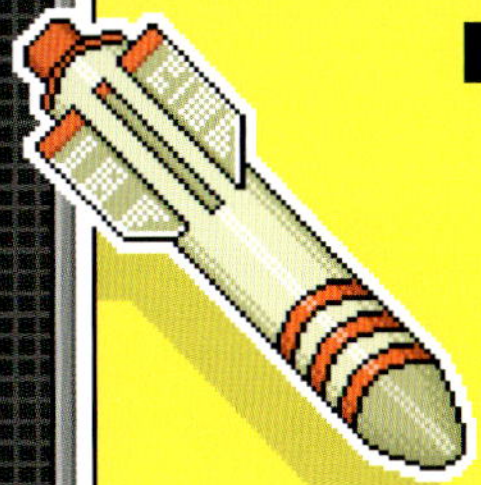

추진 로켓 200점

우주선을 궤도로 올리는 데 필요한 연료는 추진 로켓에 들어 있어요. 연료를 다 쓰면, 빈 추진 로켓은 우주에 버려요.

고속 장갑 150점

1965년 제미니 4호의 우주 비행사 에드워드 화이트는 보온 장갑 한 짝을 잃어버렸어요. 지구 궤도를 고속으로 도는 화이트의 장갑은 역사상 가장 위험한 장갑이 되었지요.

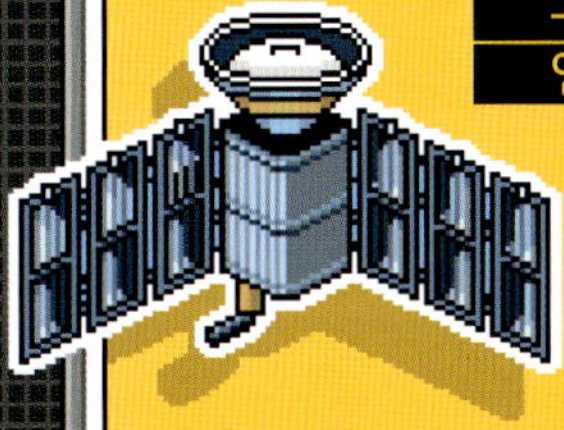

고장 난 인공위성 100점

지금까지 우주로 띄운 위성은 수천 개나 돼요. 수명이 다하면 대개는 궤도에 그냥 버려지지요.

페인트 조각 50점

작은 페인트 조각은 우주선에 동전만 한 구멍을 뚫을 수 있어요. 우주 먼지 소나기는 우주선을 두드려 경로에서 이탈시켜요. 동시에 우주선에서 단열재 조각을 떼어 버릴 수 있지요.

사격 금지!

우주 쓰레기를 헤치고 나아가는 여행이 계속돼요. 충돌을 피하기 위해서는 빨리빨리 움직이는 것이 가장 좋은 방법이에요. 쓰레기는 사격하지 마요. 피해야 할 쓰레기 조각을 더 많이 만들 뿐이거든요.

입을 것과 신을 것

우주복 없이는 오래 살아남지 못해요. 우주의 진공 상태에 노출되면 뇌에 산소가 부족해져서 약 15초 만에 의식을 잃어요. 아무런 보호 수단 없이 태양 복사에 노출되면 피부가 타고 침이 끓기 시작해요.
게임 끝이지요!

http://www.intergalacticestateagents.com

태양계 부동산

망설이지 말고 이사해요!

집, 즐거운 나의 집

소행성이 머잖아 지구에 충돌할 거라는 우주 괴담이 떠돌고 있어요. 그러니 지금은 태양계의 다른 행성에 별장을 마련하는 문제를 결정하기에 딱 맞는 때지요. 호전적인 외계 생명체에 관한 모든 소문은 무시하고, 성가신 해충이나 시끄러운 이웃의 간섭이 없는 평온한 주변 환경을 즐겨 보아요.

위치	태양계
의향	구입
최저 가격	300,000 태양달러
최고 가격	500,000 태양달러
키워드	행성, 물, 생명 유지

이번 주의 명언

"미래를 생각해서 1,000년간 나눠 쓰기로 하고 함께 구입한 화성의 집이 거대한 모래 폭풍에 날아가 버렸어요. 이따금 유성우도 쏟아지나 봐요." –재키 샌즈

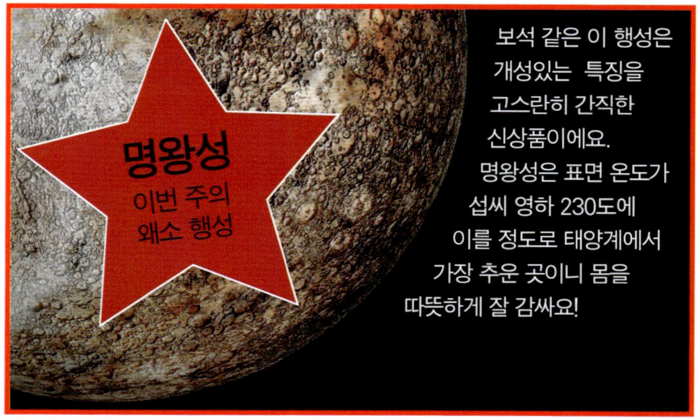
명왕성
이번 주의
왜소 행성

보석 같은 이 행성은 개성있는 특징을 고스란히 간직한 신상품이에요. 명왕성은 표면 온도가 섭씨 영하 230도에 이를 정도로 태양계에서 가장 추운 곳이니 몸을 따뜻하게 잘 감싸요!

수성

설명: 낮에는 표면 온도가 섭씨 350도로 펄펄 끓고, 자외선으로 죽을 수도 있어요.
조건: 표면이 갈라진 용암으로 덮인 분화구로 가득해서 독특해요.

특징: 태양풍이 자기를 띤 토네이도를 일으켜요. 이 비틀린 자기장 묶음은 폭이 최대 800킬로미터에 달해요.
고객의 의견: 수성은 달과 비슷한 크기여서 친숙하게 느껴져요.
별 등급 ★★★★

화성의 빅토리아 크레이터

금성

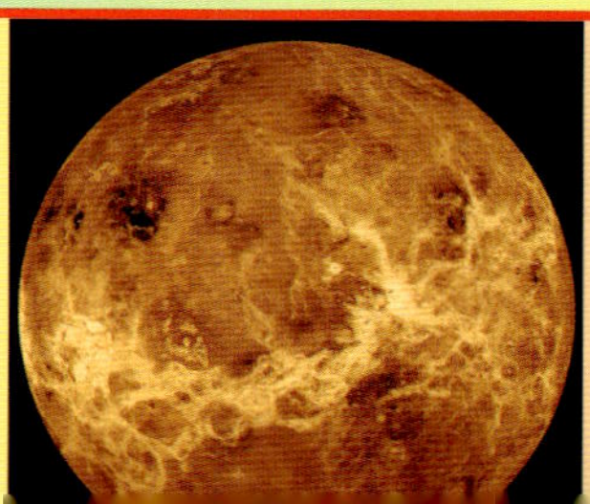

설명: 뜨거운 금성은 화끈한 것을 좋아하는 사람들에게 완벽한 곳이에요! 화산이 참 볼 만하지요.
조건: 표면 온도는 일 년 내내 김이 나는 섭씨 480도에 이르러요.

특징: 짜부라지게 될 지표면이 아닌 지구와 기압이 비슷한 50킬로미터 상공을 떠도는 마을에서 살아요.
고객의 의견: 황산이 섞인 유독한 이산화탄소 구름에 몸을 사리지 말아요. 이 행성의 기이한 녹색 빛을 즐겨 봐요!
별 등급 ★★★

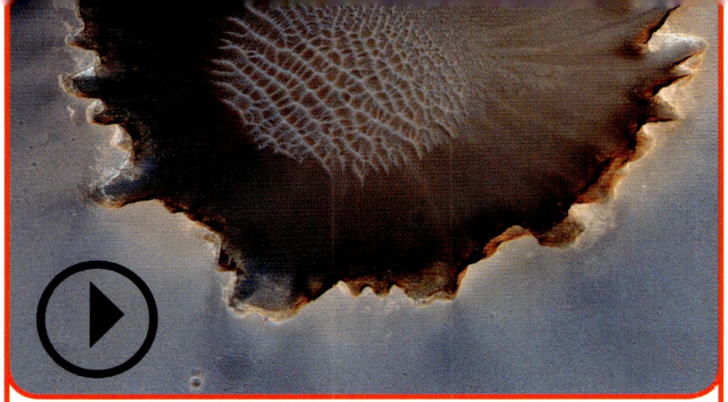

역사적인 작품을 사세요. 바람이 휩쓸고 간 이곳은 2006년 화성 탐사 로봇이 처음 들른 곳이에요!

빅토리아 크레이터

화성

설명: 25시간으로 이루어진 하루와 친숙한 계절이 있는 멋진 화성은 태양계 부동산을 처음 구입하는 사람들이 가장 선호하는 곳이에요.
조건: 희박한 대기와 모래 폭풍에 익숙해지기까지 시간이 좀 걸려요.
특징: 표면 복사의 수준이 높아서 따스한 온기를 줄 거예요.
고객의 의견: 당신이 붉은색을 좋아한다면 화성이 안성맞춤이에요. 붉은 먼지가 어디에나 있어요!
별 등급 ★★★★★

목성

설명: 한마디로 커요!
조건: 이 기체 행성은 일부 지역의 온도가 아주 편안한 섭씨 21도예요. 중심 쪽으로 너무 멀리 가지 마요. 태양보다 더 뜨거워요!
특징: 지름이 4만 킬로미터를 넘는 거대한 폭풍인 대적반을 보아요. 경이롭지요.
고객의 의견: 자기장 속 고에너지 입자에서 나오는 방사선에 죽을 수 있으니 주의해야겠네요!
별 등급 ★★

토성

설명:토성은 개척자들에게 인기 있는 유망한 행성이에요.
조건: 토성의 위쪽은 기체로 이루어진 부분이 많으므로, 발을 디디기 좋은 표면을 구하는 것이 확실히 이득이에요.
특징: 고리도 독특하지만, 궤도를 도는 암석 덩어리들도 잘 보아요!
고객의 의견: 위험한 여행에 관심이 있다면, 적도에서 부는 시속 1,500킬로미터의 바람을 살펴봐요! 엄청나요!
별 등급 ★★

천왕성

설명:표면은 기체로 이루어졌지만, 핵은 차가운 액체라는 매력이 있어요.
조건: 가볍고 경쾌한 천왕성에는 시속 645킬로미터의 아주 상쾌한 바람이 불어요.
특징: 천왕성의 극단적인 계절의 모습을 만끽할 수 있어요. 한 계절이 20년 동안 이어지거든요.
고객의 의견: 천왕성이 밝을 때인 지금 사 둬요! 천왕성이 자전하기 때문에 천왕성의 남북극은 42년마다 낮과 밤이 바뀌거든요.
별 등급 ★★★

짜릿함을 즐기는 모험가 여러분, 여기 보세요!

우리 소행성들을 살펴보면 눈이 핑핑 돌 거예요! 지하 관측소는 우주선과 태양 복사를 막아 주니 꼭 안에서 구경하시기를 부탁드려요.

작은 녹색 인간들이 지구를 떠나다

지구의 생명 유지 장치가 고장 나서 빨리 빠져나가야 한다고요? 행성이나 달은 너무 크거나 너무 작아요. 파괴되는 데 걸리는 시간은 위치나 태양 활동에 따라 달라질 수 있어요. 사상자 수도 상황에 따라 달라요.

해왕성

설명: 여기서는 일 년이 지구의 165년이에요. 늘 같은 나이에 머물고 싶은 피터팬에게 딱 맞는 곳이지요.
조건: 시속 2,000킬로미터로 부는 상쾌한 바람 덕분에 4중 창유리의 효과를 체험할 수 있어요.
특징: 수소와 메탄이 풍부한 대기는 훌륭한 연료 공급원이에요.
고객의 의견: 따스한 햇빛을 좋아하는 사람에게는 맞지 않아요. 해왕성은 태양에서 가장 먼 얼어붙은 행성이거든요.
별 등급 ★★★

구입 조건: 대금은 전액 선불이며 사망하더라도 환불은 안 됩니다. 태양계 부동산 중개인은 미리 알리지 않더라도 식민지에 보급되는 물품을 다시 나눌 권한이 있습니다.

고물 우주선을 멋지게 개조하기

가장 가까운 별인 프록시마 켄타우리에 가려고 해도 근육을 꽤 잃을 정도로 오래 여행해야 할 거예요. 달을 오가는 여행을 5,000만 번 하는 정도로 먼 거리거든요. 그러니 그만큼 좋은 우주선을 갖추어야겠지요. 어떻게 하면 고물 우주 왕복선을 광속으로 항해하는 날렵한 우주선으로 멋지게 개조할 수 있을까요? 유능한 우주인이 되고 싶으면 골치 아픈 벌레, 미세 중력, 복사선, 충돌 위험에도 대처해야 해요. 선원들을 즐겁게 해 줄 멋진 고급스러운 장치와 오락거리도 갖추어야 하지요. 마지막으로 먼 우주에서 쓸 헬멧도 필요해요.

최대한 편안한 좌석

오래도록 항해하려면 낡은 좌석을 떼어 내고 머리 받침에 안마 기능까지 있는 아주 안락한 의자로 바꾸는 게 좋아요. 원할 때 음악을 크게 틀 수 있도록 빵빵 터지는 오디오 장치도 필수예요.

Discovery

뛰어난 조종 장치

낡은 우주 왕복선을 모는 일은 날개 달린 벽돌을 조종하는 것과 같이 어려워요. 조종석에 붙어 있는 계기판과 끔찍한 항해 장치는 뜯어 버려요. 우주를 쌩쌩 날아다니려면 커다란 바위 덩어리를 요리조리 피할 수 있는 조종 장치가 필요해요.

우주선 추진 장치

우주선을 움직이는 출력이 세면 그만큼 큰 문제가 생겨요. 완두콩만 한 반물질이면 우주선이 은하를 가로지를 힘을 얻거나 산산조각 날 수 있거든요! 핵폭탄을 뒤로 내던져서 생긴 충격파를 이용하여 앞으로 나아가는 핵추진 펄스 엔진도 마찬가지예요. 암흑 물질 입자들이 서로를 부술 때 방출되는 에너지를 이용하는 암흑 물질 엔진도 있어요. 하지만 암흑 물질이 무엇으로 이루어졌는지, 어떻게 저장할 수 있는지는 아직까지 아무도 몰라요.

보고 싶은 가족과 친구

전파는 광속으로 나아가지만, 지구 밖 먼 우주에서 지구의 누군가와 대화하려면 대답을 받기까지 아주 오래 기다려야 해요. 가족과 친구의 삼차원 홀로그램은 우주에서 장기간 항해하는 선원들의 마음에 안정을 줄 거예요.

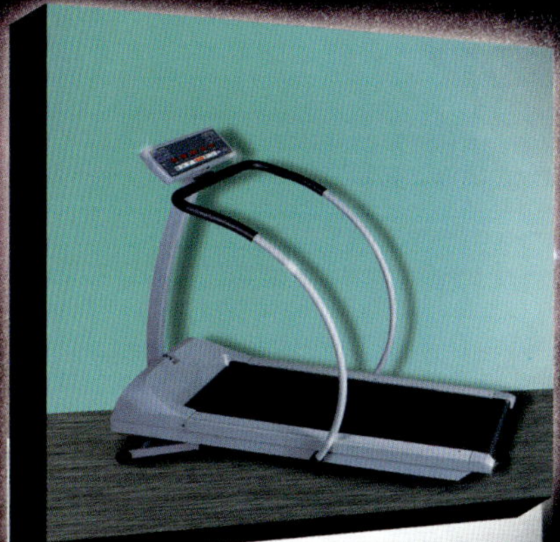

건강을 위한 장치

인공 중력 장치는 운동 기구와 함께 선원들이 건강을 가장 좋은 상태로 유지하는 데 도움을 줄 거예요. 무중력 공간에서 너무 오랜 동안 떠다니면서 약해진 근육을 강화하는 데 딱 맞아요.

늘 깨끗한 환경

낡은 여과 장치는 과감히 버려요. 끔찍한 벌레들이 숨어 있다가 퍼지면 선원들을 전멸시킬 수도 있거든요. 좋은 여과 장치를 설치하는 데 돈을 아끼지 말아요. 식물은 오염 물질과 독소를 빨아들여서 공기를 좋게 만들어 줄 거예요.

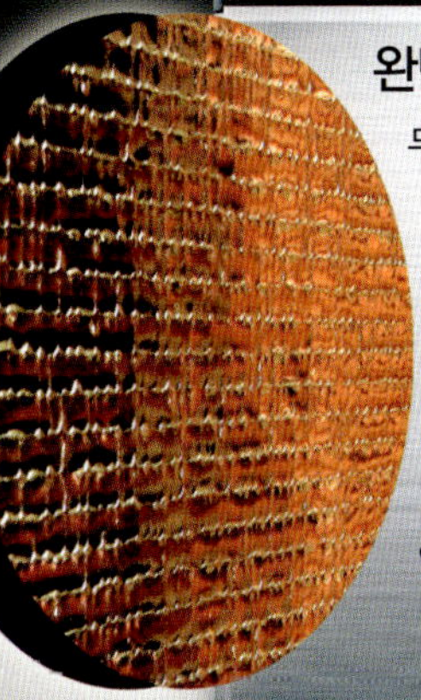

완벽하게 덧댄 선실

두꺼운 단열재는 내부 공간을 줄이긴 해도, 치명적인 복사선으로 우주선을 계속 두드리는 고속 입자를 차단해 줘요. 예전에 국제 우주 정거장에서는 알루미늄을 썼어요. 먼 우주에서는 물통과 액체 수소 통이 필요할 거예요.

반짝이는 즐거움

커다란 천창은 태양계 가까이를 지나는 동안 햇빛을 쪼일 수 있게 해 주지만, 먼 우주에서는 오히려 짙은 어둠 때문에 선원들이 우울해질 수 있어요. 밝은 빛과 반짝거리는 화려한 실내 장식은 선원들의 기분을 북돋아 줄 거예요.

깊고 깊은 우주

우주 한복판에서는 심각한 문제와 마주칠 수 있어요. 우리 은하를 예로 들어 볼까요? 아무런 해가 없는 별들로 가득해 보이지만 사실은 별들의 전쟁, 은하와 은하간의 싸움 등 엄청난 사육제가 벌어지고 있어요. 천문학자들은 큰 은하가 작은 은하를 찢어발겨서 삼키는 광경을 발견하기도 했지요.

초신성

늙어 가는 별은 영광의 불꽃을 태우면서 자멸하는 것이 보통이에요. 트라이나이트로톨루엔 2조 메가톤의 폭발에 맞먹는 폭발이 일어난다고 상상해 봐요. 그러한 폭발의 결과가 바로 초신성이에요. 은하 전체보다 더 밝은 방사선을 뿜어내는 엄청난 폭발이지요. 충격파는 시속 1억 1,000만 킬로미터의 속도로 우주로 내달려요. 모든 행성에 심각한 피해를 입힐 수 있지요. 분명히 경고했어요!

은하 충돌

은하들이 충돌하면 서서히 서로를 잡아당기면서 흩뜨려 놓아요. 별과 먼지는 내던져지고, 증기선의 연기처럼 가스가 퍼지고, 버려진 별들이 자취로 남지요. 은하들은 충돌할 때 서로를 통과하여 모습이 바뀐 채 반대편으로 나와요. 이런 은하 격투는 수십억 년이 걸릴 수 있어요. 그러니 누가 이기는지 보겠다고 근처에서 어슬렁거리지 마요.

초거대 블랙홀

우리 태양보다 30억 배 더 무거운 초거대 블랙홀은 중력도 어마어마해요. 너무 가까이 다가가면 가스든 별이든 태양계든 모조리 빨려들어 사라질 거예요. 행성이 블랙홀의 인력에 붙들리면, 핀 머리만 한 크기로 짜부라져요.

우주 토네이도
빙글빙글 도는 우주 토네이도는 길이가
약 5조 킬로미터쯤 돼요. 어머니인 석호성운의 몸속
뜨겁고 차가운 끝자락에서 우주 토네이도가 태어나요.
석호성운은 가스, 먼지, 플라스마로 이루어진 성간 구름이자
새 별의 육아실이에요. 새로 생겨난 별에서 나오는 플라스마는
거대한 항성 제트, 즉 광년 단위로 여행할 수 있는
충격파를 낳기도 해요.
중성자별
중성자는 초신성이 폭발할 때 생겨요. 중성자별은 지름이
16킬로미터밖에 안 되는 작은 별이지만, 우주에서 가장
밀도가 높아서 무거워요. 그러니 중성자별을 들겠다고
애쓰지 마요. 찻숟가락 하나 분량의 중성자별 물질의 무게가
1억 톤은 되거든요! 커다란 산만 한 무게인 셈이지요.
암흑 물질
은하, 별, 가스, 행성, 사람을 다 합쳐도
우주의 고작 4퍼센트를 차지할 뿐이에요.
나머지 96퍼센트는 무엇일까요? 대다수 은하에는
보이지 않는 '암흑 물질'의 구름이 숨어 있어요.
수수께끼의 '암흑 은하'도 우주를 떠돌고 있지요.
다행히 암흑 물질은 보통 물질과는 반응하지
않는 듯해요. 암흑 물질이 어떤 힘을 발휘할
수 있는지는 아무도 몰라요.

시간 여행

시간 여행은 과학 소설에나 나오는 이야기처럼 여겨지지만, 어떤 과학자들은 과학적 사실이 담겨 있다고 보았어요. 아인슈타인은 시간이 고정되어 있지 않음을 보여 준 상대성 이론을 내놓았고, 양자 물리학자들은 원자보다 더 작은 아원자 입자를 연구하고 있어요. 이러한 과학자들은 평행 우주가 있을지 모른다고 생각해요. 그러니 우주끈이나 웜홀을 약간 활용하면, 아무도 가지 않았던 곳으로 갈 수 있지 않을까요? 정답은 시간만이 알려 줄 수 있겠지요.

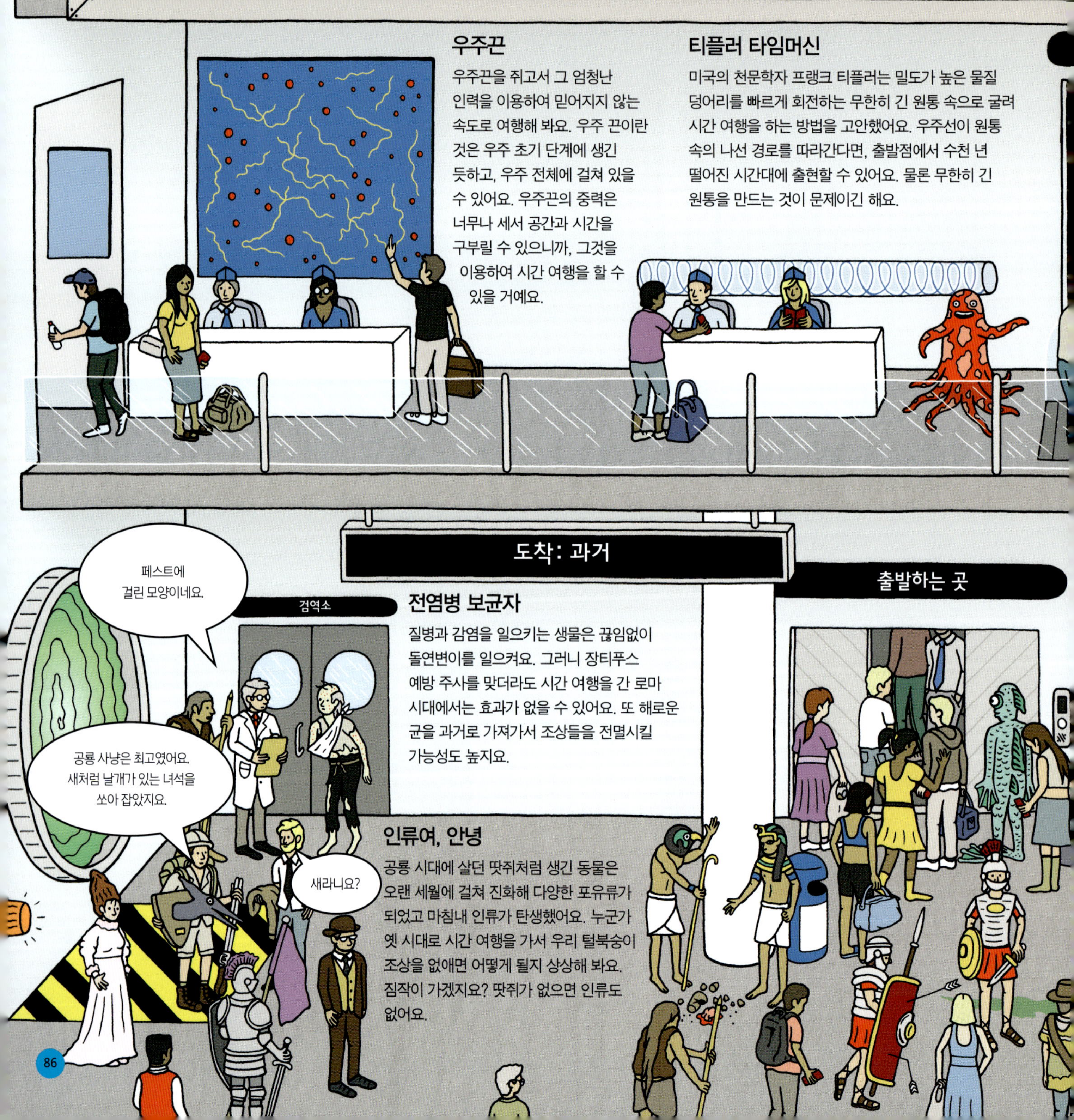

도착: 과거
출발하는 곳
검역소
페스트에 걸린 모양이네요.
공룡 사냥은 최고였어요. 새처럼 날개가 있는 녀석을 쏘아 잡았지요.
새라니요?

우주끈

우주끈을 쥐고서 그 엄청난 인력을 이용하여 믿어지지 않는 속도로 여행해 봐요. 우주 끈이란 것은 우주 초기 단계에 생긴 듯하고, 우주 전체에 걸쳐 있을 수 있어요. 우주끈의 중력은 너무나 세서 공간과 시간을 구부릴 수 있으니까, 그것을 이용하여 시간 여행을 할 수 있을 거예요.

티플러 타임머신

미국의 천문학자 프랭크 티플러는 밀도가 높은 물질 덩어리를 빠르게 회전하는 무한히 긴 원통 속으로 굴려 시간 여행을 하는 방법을 고안했어요. 우주선이 원통 속의 나선 경로를 따라간다면, 출발점에서 수천 년 떨어진 시간대에 출현할 수 있어요. 물론 무한히 긴 원통을 만드는 것이 문제이긴 해요.

전염병 보균자

질병과 감염을 일으키는 생물은 끊임없이 돌연변이를 일으켜요. 그러니 장티푸스 예방 주사를 맞더라도 시간 여행을 간 로마 시대에서는 효과가 없을 수 있어요. 또 해로운 균을 과거로 가져가서 조상들을 전멸시킬 가능성도 높지요.

인류여, 안녕

공룡 시대에 살던 땃쥐처럼 생긴 동물은 오랜 세월에 걸쳐 진화해 다양한 포유류가 되었고 마침내 인류가 탄생했어요. 누군가 옛 시대로 시간 여행을 가서 우리 털북숭이 조상을 없애면 어떻게 될지 상상해 봐요. 짐작이 가겠지요? 땃쥐가 없으면 인류도 없어요.

빛의 속도보다 빠르다

아인슈타인의 상대성 이론은 광속에 가까운 속도로 날아가는 물체에서는 시간이 느리게 흐른다고 해요. 광속이란 곧 빛의 속도인데 시속 10억 킬로미터가 넘어요. 광속에 가까운 속도로 우주를 여행하는 사람은 지구에 남은 사람보다 덜 늙겠지요? 이론상 광속보다 빨리 여행하면 시간 여행이 가능해요.

할아버지 역설

시간을 거슬러 올라가서 아버지가 태어나기 전에 실수로 할아버지를 죽게 만든다면 당신도 존재할 수 없어요. 자연이 이 역설을 막을 것이라고 말하는 과학자도 있고, 그 사건이 평행 우주를 만들어서 할아버지가 '옆' 세계에 살아 있을 것이라고 생각하는 과학자도 있어요.

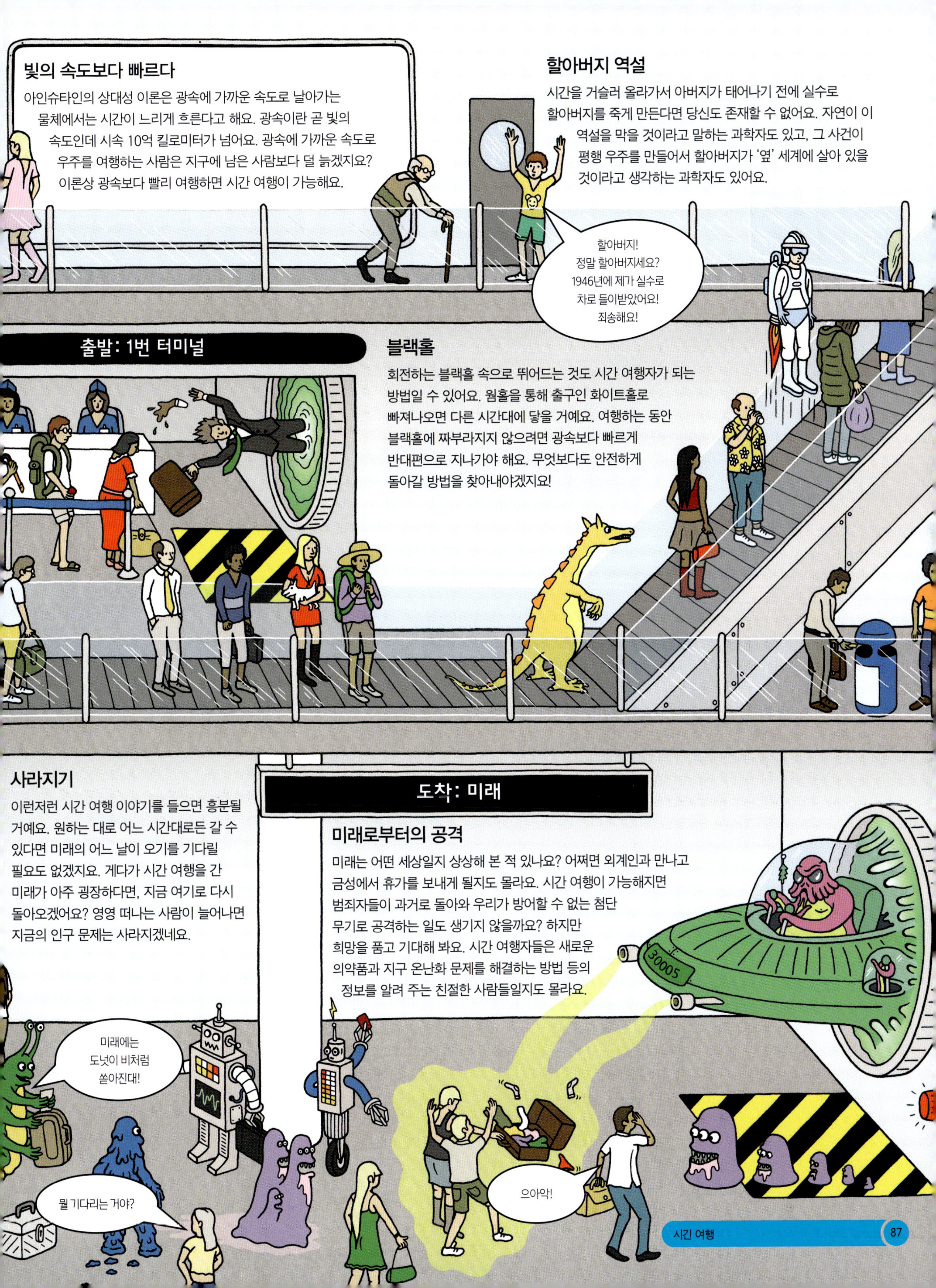
할아버지! 정말 할아버지세요? 1946년에 제가 실수로 차로 들이받았어요! 죄송해요!
출발: 1번 터미널
도착: 미래
30005
미래에는 도넛이 비처럼 쏟아진대!
뭘 기다리는 거야?
으아악!

블랙홀

회전하는 블랙홀 속으로 뛰어드는 것도 시간 여행자가 되는 방법일 수 있어요. 웜홀을 통해 출구인 화이트홀로 빠져나오면 다른 시간대에 닿을 거예요. 여행하는 동안 블랙홀에 짜부라지지 않으려면 광속보다 빠르게 반대편으로 지나가야 해요. 무엇보다도 안전하게 돌아갈 방법을 찾아내야겠지요!

사라지기

이런저런 시간 여행 이야기를 들으면 흥분될 거예요. 원하는 대로 어느 시간대로든 갈 수 있다면 미래의 어느 날이 오기를 기다릴 필요도 없겠지요. 게다가 시간 여행을 간 미래가 아주 굉장하다면, 지금 여기로 다시 돌아오겠어요? 영영 떠나는 사람이 늘어나면 지금의 인구 문제는 사라지겠네요.

미래로부터의 공격

미래는 어떤 세상일지 상상해 본 적 있나요? 어쩌면 외계인과 만나고 금성에서 휴가를 보내게 될지도 몰라요. 시간 여행이 가능해지면 범죄자들이 과거로 돌아와 우리가 방어할 수 없는 첨단 무기로 공격하는 일도 생기지 않을까요? 하지만 희망을 품고 기대해 봐요. 시간 여행자들은 새로운 의약품과 지구 온난화 문제를 해결하는 방법 등의 정보를 알려 주는 친절한 사람들일지도 몰라요.

우주에는 우리뿐일까?

우주의 다른 곳에도 생명이 존재할 수 있을까요? 1961년 미국의 천문학자 프랭크 드레이크는 수학적으로 따져 본 결과, 인간과 의사소통을 할 수 있는 외계 문명이 우리 은하에만 1만 곳은 될 것이라고 주장했어요. 오늘날 과학자들은 외계 생명체를 찾기 위해 우주로 인공위성을 띄우고 지구에는 거대한 전파 망원경을 설치했어요. 혹시 외계인들과 이미 접촉한 것은 아닐까요? 지구에서 외계인을 만났다는 이야기도 많아요. 믿어지나요?

외계인의 납치

1961년 미국인 부부 바니 힐과 베티 힐은 차를 몰고 고속도로를 달리는 중이었어요. 힐 부부는 하늘에서 이상한 빛을 보고 살펴보기 위해 차에서 내렸어요. 그런데 정신을 차려보니 집이었고, 집까지 어떻게 왔는지 전혀 기억하지 못했어요. 최면을 걸어 물어보자 두 사람은 똑같은 이야기를 했어요. 왕눈이 외계인에게 납치되어 고통스러운 의학 검사를 받았다는 것이었지요.

트래비스 월튼 납치 사건

1975년 미국 애리조나에서 월튼은 동료 벌목꾼들과 차를 몰고 집으로 가다가 길옆에서 빛나는 물체를 보았어요. 물체를 살펴보던 월튼은 벼락에 맞은 듯한 느낌을 받았어요. 깨어나니 몹시 아팠고 우주선의 탁자에 누워 있는 상태였지요. 외계인 세 명이 의료 장비로 자기 몸을 검사하고 있었다고 해요. 구조대는 월튼을 찾지 못했지만, 월튼은 5일 뒤에 다시 나타났어요.

오스트레일리아의 정신 조작자

1972년 오스트레일리아 멜버른에서 차를 몰고 집으로 가던 모린 퍼디는 하늘에서 비행접시를 보고 놀랐어요. 2주 뒤 또 비행접시를 봤는데, 이번에는 달리던 차가 멈추고 다른 세계의 목소리가 들렸어요. 몇 달 뒤 그 목소리는 퍼디에게 한 장소로 나오라고 했지요. 퍼디는 증인이 되어 줄 사람을 데리고 갔어요. 집으로 돌아온 퍼디는 자신이 최면에 빠졌고 금박 옷을 입은 외계인이 옆에 앉아 있었다고 말했어요. 하지만 동료는 보고 들은 것이 아무것도 없다고 했지요.

맨 인 블랙

외계인과 만났다는 이야기보다 더 기이한 이야기도 있어요. 바로 맨 인 블랙이에요. 이 정체 모를 인물들은 유에프오 목격자들을 방문해 정보를 은폐하는 일을 한다고 해요. 1953년 맨 인 블랙 세 명이 미국의 유에프오 애호가 앨버트 벤더를 찾아와서 조사를 그만두라고 명령했대요. 벤더는 맨 인 블랙이 인간이 아니었다고 했어요. 하지만 맨 인 블랙의 방문을 받은 다른 사람들은 맨 인 블랙이 신분을 위장한 비밀 요원이라고 믿었지요.

해변의 외계인들

1989년 스페인의 어느 해변에서 놀던 십 대들은 외계인 둘이 인간으로 변신하는 것을 보고 기겁했어요. 남자와 여자로 변한 외계인들은 해변을 걷다가 사람들 사이로 사라졌어요. 그사이에 하늘에는 유에프오가 떠 있었지요. 외계인들은 해변으로 돌아왔다가 십 대들의 사진기에 찍혔어요. 외계인들의 발자국은 바다를 향해 있었다고 해요.

황무지의 수수께끼

1987년 영국 요크셔의 일키 황무지를 걷던 필립 스펜서는 작은 외계인을 보았어요. 스펜서는 사진을 찍은 뒤 달아나는 외계인을 뒤쫓았지요. 외계인은 돔 모양의 우주선을 타고 하늘로 솟았어요. 스펜서는 주머니의 나침반이 엄청난 양의 에너지에 노출된 것처럼 반대 방향을 가리키는 것을 발견했어요.

유에프오의 추락

1989년 시가 모양의 유에프오가 추락했다는 보고를 받고 조사에 나선 러시아 헌병대는 유에프오 안에서 청록색 외계인 세 명을 발견했어요. 둘은 죽었고, 한 명은 죽어 가고 있었지요. 털이 없는 피부는 파충류를 닮았고, 손가락에는 물갈퀴가 있었으며, 눈은 크고 검었어요. 외계인의 사체는 군 기지에서 일급 기밀로 분류되었다고 해요.

섬뜩한 과학

이제부터 과학의 두려운 힘을 살펴볼까요? 겁나는 생물 재해를 일으키는 유해 생명체와 뼈를 부수는 충돌 검사, 유전자 변형 동물들을 소개할 거예요. 원자 폭탄과 방사선, 세상에서 가장 위험한 방정식에 대해서도 알려 줄게요. 과학 연구라는 이름을 내세워 별난 생물을 창조하고, 자신을 실험 대상으로 삼은 나사가 풀린 과학자들도 만나 봐요. 앗, 밟지 말아요. 그건 폭발물이라고요!

미친 과학자들

역사적으로 과학과 의학에서 이룬 중요한 발견 중에는 과학자가 자신을 대상으로 실험해서 나온 것이 많아요. 스스로 약물을 맛보는 의사든 기꺼이 실험 대상자가 되는 과학자든 간에, 자신의 이론을 검증하기 위해 한계를 넘은 것이지요. 이 과학자들은 좋은 쪽으로 미친 것일까요, 아니면 그냥 미친 것일까요? 과학자들의 이야기를 듣고 직접 판단해 봐요.

배리 마셜

모두 위궤양의 원인은 스트레스라고 말했지만, 나는 헬리코박터 파일로리라는 흔한 세균이 범인이라고 생각했어. 그래서 나는 헬리코박터 파일로리가 가득 든 배양 접시를 입에 털어 넣었지. 며칠 뒤 난 확실히 위염에 걸렸어. 다행히도 항생제를 먹자 금방 나았고. 아, 내게 축하해 줄 일이 있어. 이 연구로 2005년 노벨상을 받았거든. 박수!

알렉산더 폰 훔볼트

나는 19세기 초의 위대한 박물학자, 식물학자, 동물학자, 화가였어. 다중 작업을 거뜬히 해낸 셈이지. 나는 기계적인 힘과 화학적인 힘이 함께 작용하여 생명을 유지한다는 이론을 내놓았어. 인체가 전류를 지니는지 연구할 때는 한 손에 전기뱀장어, 다른 손에는 금속을 들고서 전기를 통하게 했지. 찌릿찌릿했어!

존 스콧 홀데인

밀봉된 방에 갇힌 채 치명적인 증기 그러니까 유독한 기체를 마신다면 어떻겠어? 1927년 나는 이런저런 기체 냄새를 맡으면서 내게 어떤 일이 일어나는지 알아보았어. 어떤 기체는 악취가 심했지만, 들이마셔도 아무 문제가 없었지. 나는 방독면을 개발했고, 심해 잠수부가 어떻게 하면 잠수병을 피할 수 있는지도 밝혀냈어. 대단하지?

제임스 영 심프슨

1800년대, 나는 의사로서 환자가 고통스러운 수술을 견디게 해 줄 좋은 마취제를 찾아내고 싶었어. 어느 날 밤 나는 두 친구와 함께 집에서 클로로포름을 들이마셨지. 우리는 다음 날 탁자 밑에서 깨어났어! 환자를 잠재우는 안전한 방법을 발견한 거야. 영국 왕실이 원하던 대로 1853년 빅토리아 여왕은 클로로포름을 이용하여 무통 분만을 했어.

산토리노 산토니오
나는 30년 동안 매일 내 체중과 내가 먹고 마시는 모든 것, 화장실에서 배설하는 모든 것의 무게를 쟀어. 그러면서 몸에 들어오는 것과 몸에서 나가는 것의 무게에 차이가 있음을 알아차렸지. 나는 인체가 계속 체액을 잃는다는 결론을 이끌어 냈어. 의학에 큰 발전을 이룬 셈이지. 아하하!
베르너 포르스만
1929년 병원에서 인턴으로 일할 때, 나는 카테터라는 가느다란 관을 내 팔꿈치의 정맥을 통해 심장까지 밀어 넣었어. 그러고는 엑스선 사진을 멋지게 찍어 증거로 남겼지. 결국 난 병원에서 해고됐어. 하지만 훗날 다른 연구자들이 심장에 카테터를 넣어서 심장 수술을 하는 법을 개발해 냈어.
케빈 워릭
나는 왼팔의 신경에 마이크로칩을 넣었어. 맞아, 나는 신경계를 인터넷과 연결하는 연구를 하는 사이보그야. 내 연구는 의사들이 신경계 장애를 치료할 새 방법을 찾아내는 데 도움을 줄 수 있어. 하지만 어떤 과학자들은 사람에게 마이크로칩을 이식하는 실험을 두고 불안해하기도 하지.

기밀문서

그뤼나드의 탄저병

(1942년 국방부)
영국의 연구자들은 독일과의 전쟁에서 세균이 일으키는 치명적인 병인 탄저병을 이용하는 것이 가능한지를 조사했다. 탄저균 포자가 든 폭탄을 스코틀랜드의 외딴 그뤼나드 섬에서 폭파시키곤 한 것이다. 그뤼나드 섬의 양들은 탄저균 포자를 들이마시고 며칠 만에 죽고 말았다. 그만큼 탄저균은 아주 위험하다. 그뤼나드 섬은 지금도 탄저균 포자에 오염되어 있을 가능성이 높기 때문에 오랜 세월 동안 사람이 살지 않게 해야 한다.

일급비밀

최신 자료: 1990년 현재 그뤼나드에는 탄저균 포자가 없다.

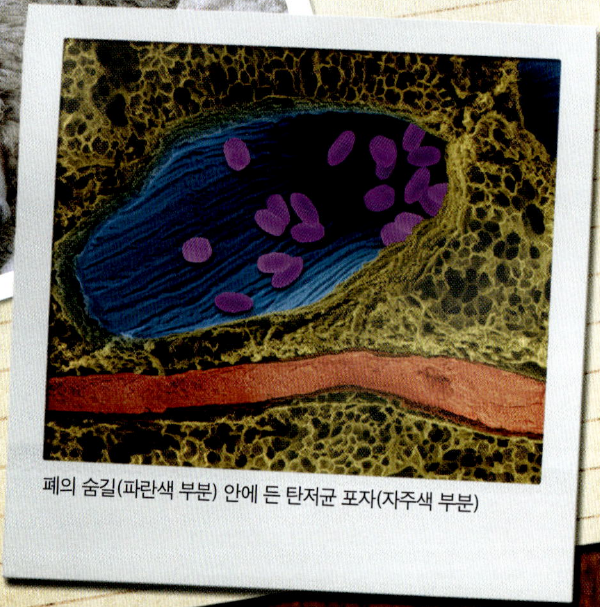

폐의 숨길(파란색 부분) 안에 든 탄저균 포자(자주색 부분)

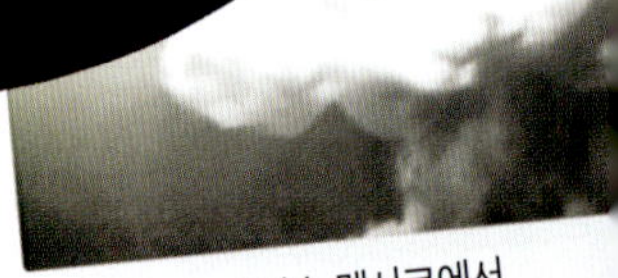

1945년 7월 16일 뉴멕시코에서 이루어진 최초의 원자 폭탄 시험 폭발로 피어난 버섯구름

메모:
맨해튼 계획

(1945년 위치 Y)
제2차 세계 대전이 시작된 뒤, 여기 뉴멕시코의 로스앨러모스에서 어떤 일이 있었는지 드디어 말할 수 있게 되었어. 미국 전역에서 모인 우리 과학자들은 1942년부터 일급비밀 연구를 해 왔어. 우리의 과제는 오직 원자 폭탄을 개발하는 것이었지. 원자에서 방출되는 에너지로 진정한 파괴력을 발휘할 첨단 무기를 만들어 냈어. 전쟁을 멈추기 위해 8월에 일본에 떨어뜨릴 예정이야.

너한테만 알려 주는 거니까 내 이름은 절대 말하면 안 돼.

일급비밀

대중의 눈에 띄지 않으면서 적의 눈에도 보이지 않는 곳에 비밀 연구소들이 숨겨져 있어요. 오랜 세월 동안, 더 강력한 무기를 개발하거나 성가신 사람을 추적을 피해 제거하는 방법을 찾는 등 다양한 실험이 이루어진 곳이지요. 이런 국가 기밀은 늘 수수께끼 속에 싸여 있었어요.

기밀문서

독살의 비밀 전수

(1978년 11월 11일 런던)

불가리아의 반체제 작가 게오르기 마르코프(오른쪽)을 암살하는 데 쓰인 방법은 구 소련이 개발한 것이다. 1939년부터 1953년까지 소련 비밀경찰의 총수 라브렌티 베리야는 흔적을 남기지 않고 적을 죽이는 방법들을 고안하게 했다. 불가리아 비밀경찰은 마르코프를 살해하려고 독극물 리시닌이 든 탄알을 끝에 박은 우산으로 찌르는 방법을 썼다. 마르코프는 4일 전 런던의 워털루 다리에서 찔린 뒤 오늘 사망했다.

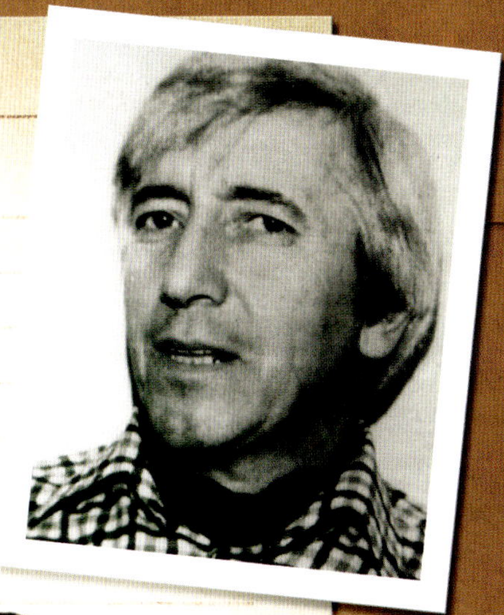

기밀문서

독이 든 편지

(2002년 체첸 공화국)

공산주의 시대는 끝났어도 라브렌티 베리야의 암살 방법이 여전히 남아 있음을 시사하는 사건이 일어났다. 러시아와 전쟁 중인 체첸 공화국의 반체제 지도자 오마르 이븐 알 하타브가 러시아 비밀경찰 FSB에 암살당했다. 하타브는 독이 묻은 편지를 전해받았는데, 그것을 열어 본 지 얼마 안 되어 사망했다고 한다.

기밀문서

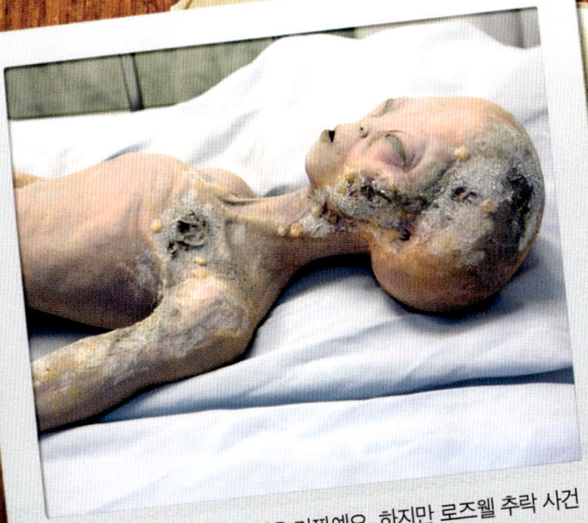

공인 기록에 따르면 이 사진은 가짜예요. 하지만 로즈웰 추락 사건 때 발견된 심하게 다친 외계인을 찍은 사진이라고 주장하는 사람들도 있어요.

절대 비밀

51 구역

(2010년 미국 네바다)

미국 공군의 비밀 기지를 둘러싼 울타리 바로 옆에서 경비대가 나를 데려가기 전에 서둘러 이 편지를 써요. 1947년 로즈웰에 추락한 것은 외계 우주선이라고 생각해요. 이 사진이 증거라고 믿어요. "기상 기구였다."라는 해명은 이상하잖아요. 과연 무엇이 진실일까요?

과학의 이름으로

과학자들은 자신이 세운 이론이 옳은지 그른지 알아보기 위해 늘 실험을 해요. 하지만 극단적인 수준에 이를 정도로 실험하는 과학자들도 있어요. 오늘 하루만 특별히 과학의 이름으로 이루어졌던, 세상에서 가장 기이하고 별나고 진짜 무시무시한 실험 여덟 가지를 보여 줄게요.

죽은 자를 살려 내기

미국의 로버트 코니시라는 연구자는 죽은 생물을 되살리려고 했어요. 1934년에는 약물과 시소 형태의 장치를 이용해 혈액을 돌게 해서 라자루스라는 죽은 개를 부활시켰어요. 하지만 사형수에게 그 기술을 써 보라는 요청을 받자, 코니시는 자신이 틀렸다는 것을 깨달았지요.

거미집 건축가

거미는 곤충을 잡기에 알맞은 거미집을 본능적으로 짜요. 1948년 독일의 과학자 페테르 비트는 거미에게 약을 주어서 비정상적인 거미집을 짓게 만들었어요. 그 뒤로 비트는 다양한 약물로 인해 거미집 모양이 어떻게 바뀌는지를 확인하는 실험을 하면서 여생을 보냈지요.

표정과 목 베기

1924년 미국의 심리학자 카니 랜디스는 혐오, 충격, 기쁨 같은 감정이 서로 다른 사람들에게서 똑같은 얼굴 표정을 만들어 내는지 알아내고 싶었어요. 랜디스는 실험 자원자들이 다양한 경험을 하게 하면서 얼굴 사진을 찍었지요. 살아 있는 쥐의 목을 베어 보라고 요구한 적도 있었어요.

스타게이트 계획

천리안이 있는 사람은 먼 거리에서도 다른 나라의 정부를 염탐할 수 있을까요? 미국 중앙 정보국은 바로 그것을 알고 싶었어요. 약 25년간 2,000만 달러를 썼지만 쓸모 있는 정보는 전혀 얻지 못한 채 1995년 스타게이트 계획은 종료되었어요.

오래오래 눕기

실제로 우주에 나가지 않고도 긴 우주여행으로 생기는 인체의 변화를 실험해 볼 수 있을까요? 1986년 러시아 모스크바의 연구자들은 11명의 남자 자원자들을 370일 동안 누워 있게 해서 무중력 상태를 재현하는 실험을 했어요. 누운 채 운동을 했지만 근육이 위축되고 뼈가 가벼워지고 끔찍하게 지겹고 스트레스를 받는다는 사실이 드러났지요.

진짜 개일까, 로봇일까?

2003년 과학자들은 진짜 개가 로봇 개를 살아 있는 강아지로 여기는지 확인해 보기로 했어요. 개들은 로봇 개를 향해 으르렁대고 냄새도 맡았어요. 하지만 진짜 개에게 하는 반응에 비해서는 훨씬 약한 수준이었지요.

검은 구토

1804년 미국의 의사 스터빈스 퍼스는 치명적인 황열병이 전염되지 않는다는 자신의 이론을 검증하기 위해 역겨운 실험을 했어요. 퍼스는 황열병 환자가 토해 낸 피 섞인 검은 액체를 마시고 눈에도 문질렀지요. 놀랍게도 퍼스는 황열병에 감염되지 않았고, 자신의 이론이 증명되었다고 생각했어요. 하지만 오늘날에는 황열병이 모기를 통해 전염된다는 사실이 밝혀졌어요.

권위에 대한 복종

1961년경 미국의 심리학자 스탠리 밀그램은 권위 있는 인물의 명령을 받으면 누구나 잔인한 행위도 할 수 있는지 실험했어요. 놀랍게도 참여자의 65퍼센트가 다른 방에 있는 보이지 않는 희생자에게 강한 전기 충격을 가했어요. 물론 희생자가 실제로 전기 충격을 받게 한 것은 아니에요.

폭발물의 역사

폭발물은 저장된 에너지를 갑작스럽게 터뜨려서 가스, 눈부신 빛, 타는 듯한 열기를 내뿜어요. 폭발물에는 기본적으로 두 가지 유형이 있어요. 화약 같은 저성능 폭발물은 서서히 팽창하기 때문에 추진 연료로 유용해요. 총에서 총알을 발사할 때처럼 쓸 수 있지요. 반면에 고성능 폭발물은 즉시 팽창해서 파괴적인 충격파를 일으켜요. 폭발물의 역사를 찾아 폭발하듯이 힘차게 출발해 볼까요?

재앙의 제조법

9세기에 중국인은 화약 제조법을 발견했어요. 먼저 탄소가 풍부한 연료인 숯에 황을 넣었어요. 황은 화학을 안정시켜서 다루기 편하게 해 주거든요. 그런 다음 화학 반응을 일으킬 산화제로 질산염을 섞었지요. 여기에 불을 붙이면 쾅! 하고 터져요.

폭파된 개미

화약을 만들기 위해 숯은 나무를 태워 얻었고, 황은 지하 광산에서 캤어요. 마지막 성분인 질산칼륨을 모으는 일은 정말 고역이었어요. 동물의 배설물을 하얗게 변할 때까지 두었다가 씻어서 질산칼륨 결정을 얻었지요. 처음에 화약은 집에 침입하는 개미를 연기로 내쫓는 곤충 퇴치제로 쓰였어요. 하지만 얼마 지나지 않아 무기로 쓸 만한 화약의 잠재력이 드러났지요.

안전 심지

10세기에 중국인은 화약의 점화를 지연시키는 심지를 개발했어요. 1831년 윌리엄 빅포드라는 영국의 무두장이는 더 안전한 심지를 발명했지요. 친구가 밧줄을 만드는 모습을 지켜보다가 화약 덩어리 안에 실을 꼬아 넣는 방법을 생각해 낸 거예요. 광부들이 안전한 거리에서 폭발물을 설치할 수 있게 해 줄 현대식 심지가 탄생한 순간이었지요.

다이너마이트의 발견

이탈리아의 화학자 아스카니오 소브레로는 1847년 아주 불안정한 액체 폭발물 니트로글리세린을 발견했어요. 1860년대에 스웨덴의 기업가 알프레트 노벨은 액체보다 안정적인 고체 니트로글리세린에 탄산나트륨, 충격을 흡수하는 가루를 섞어서 다이너마이트를 만들었어요. 노벨은 이렇게 대량 파괴 무기를 만든 뒤, 자신의 이름을 딴 노벨 평화상도 만들었지요.

댐에서 다이아몬드까지

대개 종이로 감싼 막대 모양으로 만들어진 다이너마이트는 여러 분야에서 불티나게 팔렸어요. 다이너마이트는 암석을 폭파하여 철, 구리, 은, 금 같은 중요한 광물을 채굴하고 도로에서 터널까지 교통망을 건설하는 데 쓰였어요. 댐이나 운하를 짓는 대규모 건설도 남아프리카의 다이아몬드 광산도 엄청난 파괴력을 지닌 다이너마이트가 없었으면 불가능했을 거예요.

트라이나이트로톨루엔

1863년 독일의 과학자 요제프 빌브란트는 다이너마이트보다 더 안정한 폭발물인 트라이나이트로톨루엔(TNT)을 발견했어요. 트라이나이트로톨루엔은 녹여서 틀에 부을 수 있기 때문에 무기를 만들기 쉬웠지만 만지면 노란색으로 물들었어요. 제1차 세계 대전 때 무기 공장에서 트라이나이트로톨루엔을 다루던 일꾼들은 피부가 노랗게 변해서 카나리아라는 별명이 붙었다고 해요.

유해 생명체 전시회

생물 재해의 원인이 되는 유해 생명체들의 전시회에 오신 것을 환영합니다. 세상에서 가장 불쾌하고 위험한 세균과 바이러스 들이 일으킨 현상을 마음껏 둘러보고 살펴보세요. 질병을 일으키는 세균과 바이러스 들은 위험한 정도에 따라 네 등급으로 나뉘어요. 오늘 저희 화랑에는 3등급은 왼쪽에, 4등급은 오른쪽에 전시해 놓았어요. 이 작품들은 특히 위험하니까 보호 장비를 꼭 착용해 주세요.

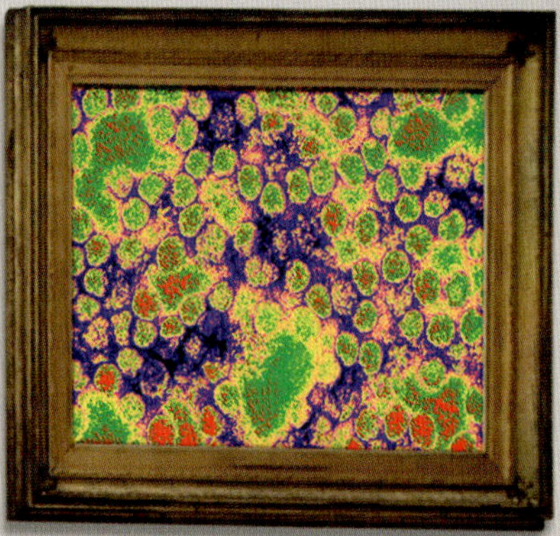

황열병

아프리카와 남아메리카의 더운 지역에서 황열병을 일으키는 바이러스(녹색)가 잘 드러난 작품이에요. 피를 빠는 모기가 퍼뜨리는 황열병은 땀과 욕지기를 일으켜요. 심해지면 간이 손상되고 장기에서 출혈이 일어나요. 다행히 백신이 개발되어 있어요.

결핵

첫 번째 전시 작품은 결핵을 일으키는 세균으로 항생제가 나오기 전까지 무서운 살인자였어요. 결핵 세균은 감염된 사람의 재채기, 기침, 침을 통해 다른 사람에게 전파돼요. 결핵은 주로 폐에 감염되고 계속해서 재채기, 땀, 체중 감소를 일으켜 결국 사망에 이르게 해요. 걱정스러운 점은 이 병이 다시 늘어나고 있다는 것이지요.

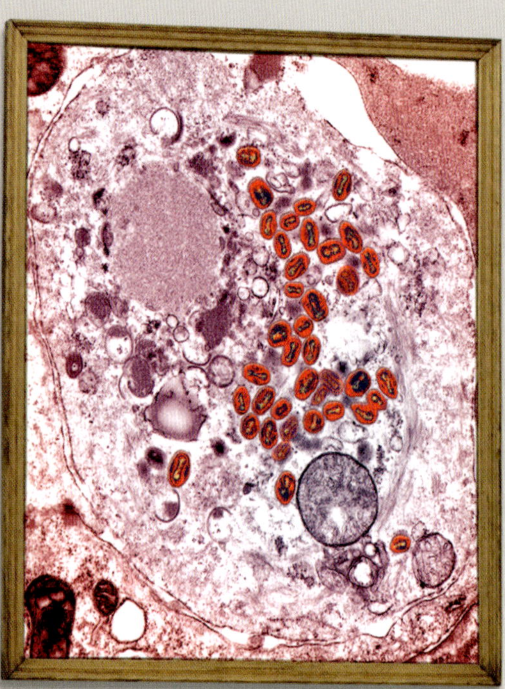

천연두

백신 덕분에 세계 전역에서 박멸된 천연두 바이러스(빨간색)를 볼 수 있는 드문 기회예요. 이 바이러스 표본은 몇몇 연구소에만 남아 있어요. 예전에 천연두는 심한 물집과 흉터를 남기는 치명적이고 무시무시한 질병이었지요.

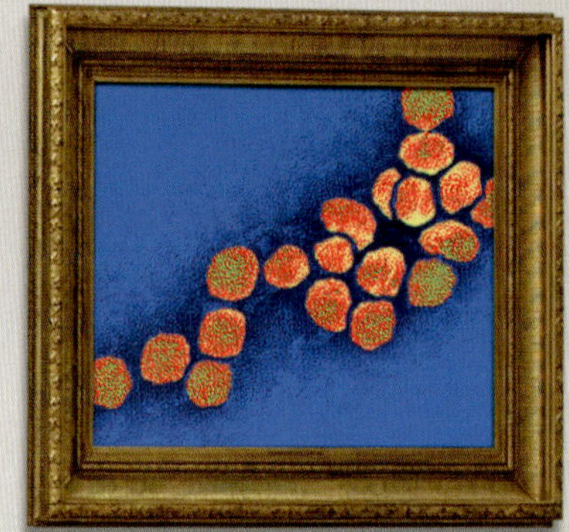

웨스트 나일 바이러스

웨스트 나일 바이러스는 아주 활발해요. 전에는 아프리카에만 있었지만 1999년부터 미국에도 퍼졌어요. 감염된 새를 문 모기가 사람을 물어서 전파돼요. 웨스트 나일 바이러스에 감염되면 대개 두통과 고열에 시달리는데, 심해지면 뇌염에 이를 수 있어요.

3등급
생화학 방호복을
계속 착용하세요.

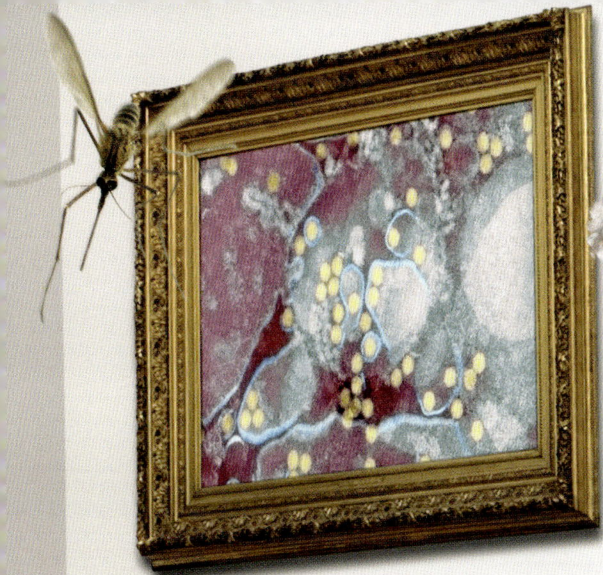

조류 독감 바이러스

조류에게 독감을 일으키는 바이러스가 전시되어 있어서 좀 이상한가요? 하지만 조류 독감 바이러스는 때로 인간에게 불쾌한 독감을 일으켜 심하면 죽음에 이르게 해요. 감염된 닭이나 오리를 다루면 감염될 수 있거든요. 또 전 세계로 퍼질 수 있어요. 하지만 사람들 사이에서도 전염되는지는 아직 확실히 밝혀지지 않았어요.

뎅기열

4등급 작품 중에서 전형적인 열대병을 소개할게요. 100여 나라에서 생기는 뎅기열은 낮에 피를 빠는 모기가 퍼뜨리는 바이러스(노란색)가 원인이에요. 뎅기열에 감염되면 두통, 근육과 관절의 통증이 나타나다가 마비가 와요.

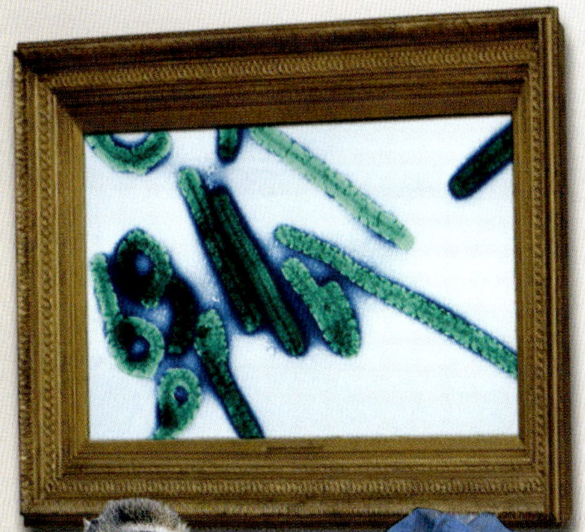

마르부르크바이러스

여기서 가장 치명적인 이 작품은 마르부르크라는 독일 마을에서 이름을 따왔어요. 1967년 마르부르크 연구소 직원들이 아프리카 원숭이로부터 치명적인 바이러스에 감염되면서 발견되었거든요. 이 바이러스는 감염된 피, 배설물, 침, 토사물을 통해 퍼져요. 감염되면 몸 안에서 출혈이 일어나고 심하면 사망하게 돼요.

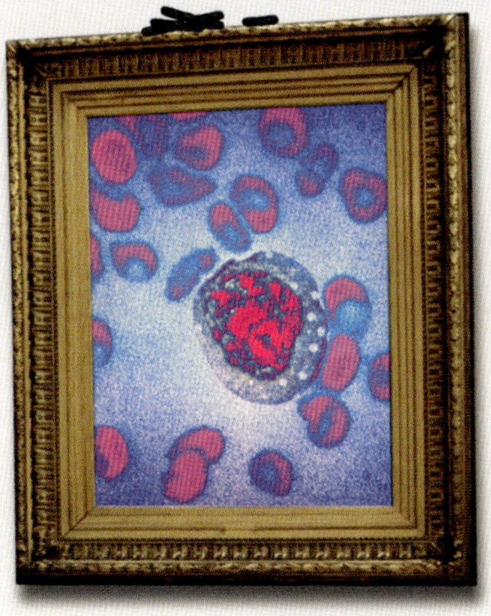

한타바이러스

이 전시물은 설치류와 관련이 깊어요. 한타바이러스는 대개 감염된 생쥐의 말라붙은 배설물에서 떨어진 알갱이를 들이마시면 감염되거든요. 한타바이러스는 폐 혈관에 구멍을 뚫어서 호흡 곤란을 일으키고, 심하면 사망에 이르게 해요.

4등급
동물은 들어오면
안 됩니다.

생화학 방호복

입기에는 불편할 수 있지만, 생화학 방호복은 몸을 거의 완벽하게 보호해 줘요. 공기 공급 장치와 쌍방향 무선 통신 장치를 갖춘 방호복은 몸을 완전히 감싸서 유해 생명체를 차단하지요.

프랑켄슈타인의 이상한 동물 가게

들어와서 둘러보세요. 나는 프랑켄슈타인이랍니다. 인간이 만든 괴물이라고나 할까요. 그런 의미에서 나도 오늘 연구소들에서 온 별난 동물들과 비슷해요. 여기에는 특수하게 교배시켜 나온 동물도 있고, 유전자를 변형시켜서 만든 동물도 있어요. 귀가 달린 생쥐는 교배하고 변형해 만든 작품이지요! 좀 이상하게 생겼지만 이 동물들도 따뜻한 심장이 있어요. 그리고 과학 연구를 위해 몸 바친 동물들인 만큼 좋은 집에서 편하게 살 자격이 있지요.

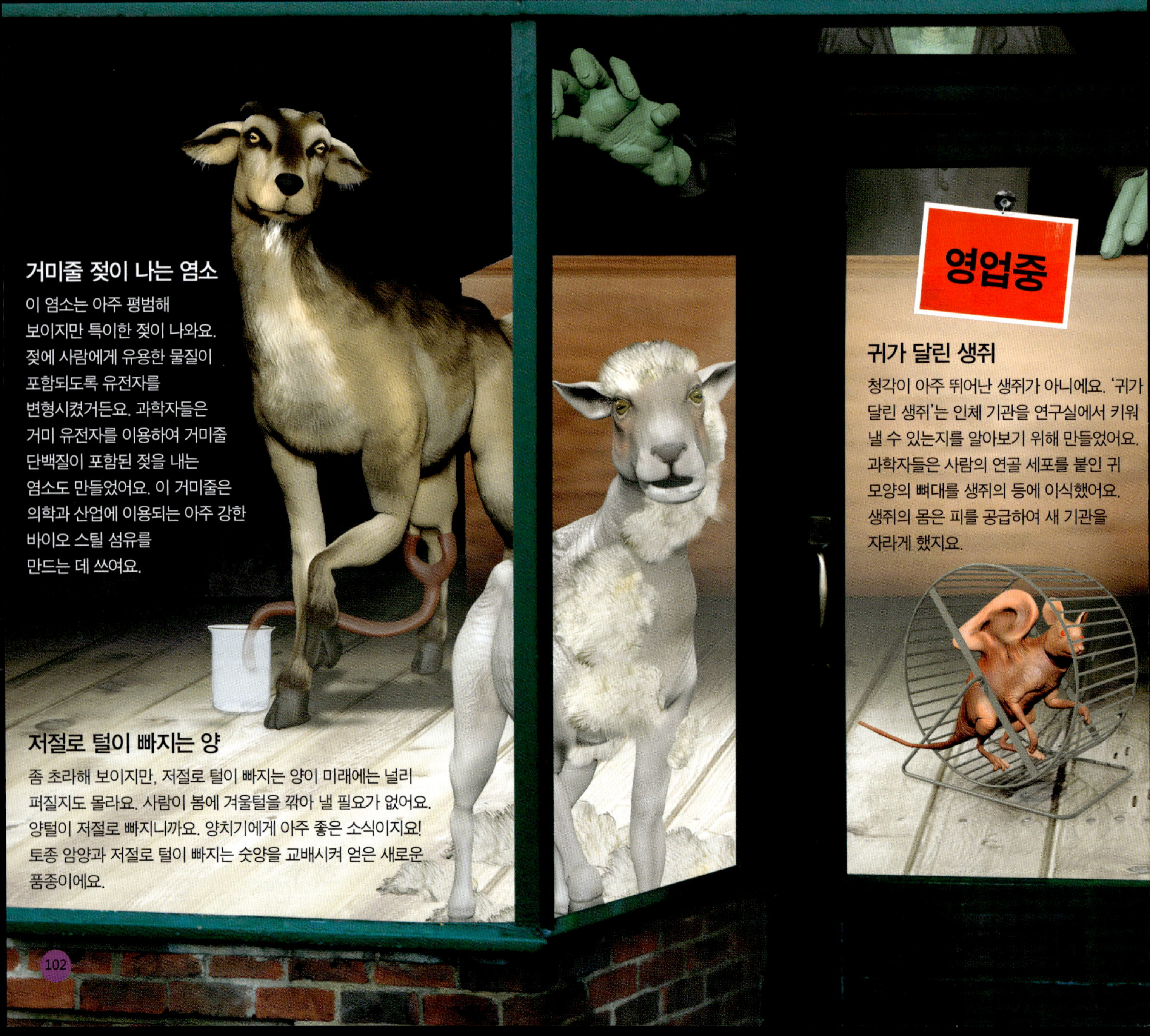
영업중

거미줄 젖이 나는 염소

이 염소는 아주 평범해 보이지만 특이한 젖이 나와요. 젖에 사람에게 유용한 물질이 포함되도록 유전자를 변형시켰거든요. 과학자들은 거미 유전자를 이용하여 거미줄 단백질이 포함된 젖을 내는 염소도 만들었어요. 이 거미줄은 의학과 산업에 이용되는 아주 강한 바이오 스틸 섬유를 만드는 데 쓰여요.

귀가 달린 생쥐

청각이 아주 뛰어난 생쥐가 아니에요. '귀가 달린 생쥐'는 인체 기관을 연구실에서 키워 낼 수 있는지를 알아보기 위해 만들었어요. 과학자들은 사람의 연골 세포를 붙인 귀 모양의 뼈대를 생쥐의 등에 이식했어요. 생쥐의 몸은 피를 공급하여 새 기관을 자라게 했지요.

저절로 털이 빠지는 양

좀 초라해 보이지만, 저절로 털이 빠지는 양이 미래에는 널리 퍼질지도 몰라요. 사람이 봄에 겨울털을 깎아 낼 필요가 없어요. 양털이 저절로 빠지니까요. 양치기에게 아주 좋은 소식이지요! 토종 암양과 저절로 털이 빠지는 숫양을 교배시켜 얻은 새로운 품종이에요.

카마

이 동물은 낙타와 라마를 교배시켜 얻은 카마예요. 낙타는 아프리카와 아시아, 라마는 남아메리카에 멀리 사니까 보통은 교배할 수 없지요. 하지만 두바이의 과학자들은 보통 라마보다 털과 고기를 더 많이 얻기 위해 낙타의 정자와 라마의 난자를 수정시켰어요. 집에 카마를 데려갈 만한 공간이 있나요?

복제 개

당신이 기르는 개가 늙었다면 똑같지만 더 젊은 복제 개로 바꾸겠어요? 과학자들은 세포를 꺼내어 배아를 만들어서 대리모 개의 몸에 넣을 수 있어요. 운이 좋으면 9주 뒤에 당신의 소중한 개와 똑같이 생긴 강아지들이 태어나지요. 지금까지 래브라도와 아프간하운드를 비롯해 여러 품종들이 복제되었어요.

대형 연어

연어를 정말 좋아한다면, 보통 연어보다 두 배 빨리 자라고 일곱 배 더 큰 연어도 맛보고 싶겠지요? 과학자들은 성장 호르몬 분비량을 크게 늘리는 유전자를 양식 연어에 넣었어요. 대형 연어는 몸집이 크고 빨리 자라서 양식업자의 소득을 높여 주지요.

스핑크스 고양이

원하는 특징을 지닌 고양이들을 교배시켜 새로운 종류의 고양이를 얻을 수 있어요. 스핑크스 고양이의 가장 뚜렷한 특징은 털이 없다는 거예요. 유전자 하나에서 돌연변이가 일어났기 때문이지요. 사육사들은 돌연변이 고양이들을 교배시켜서 스핑크스 고양이라는 새로운 품종을 얻었어요.

발광 생쥐

발광 생쥐는 어둠 속에서도 찾아내기가 아주 쉬워요. 자외선을 비추면 녹색으로 밝게 빛나니까요. 발광 생쥐는 다른 생물의 유전자를 넣어 변화시킨 형질 전환 쥐예요. 생쥐에 형광 해파리의 유전자를 넣어 빛나게 만들었어요. 유전학에서 큰 발전을 이루었다고 할 수 있지요.

방사능

우리가 방사능에 관해 아는 모든 내용은 겨우 지난 100여 년 사이에 발견된 거예요. 방사선은 방사성 물질의 방사능 현상을 통해 방출된 매우 작은 알갱이들이에요. 사실 많은 양의 방사선은 지금까지 발견된 것들 중 가장 위험한 축에 속해요. 하지만 시행착오를 거친 뒤 아주 적은 양의 방사선은 생명을 구하는 데 이용할 수 있다는 사실을 알았어요.

방사능이란?

대부분의 원자는 안정한 원자핵을 가져요. 원자핵 안에 있는 중성자와 양성자의 수는 같아요. 하지만 우라늄 같은 원자는 중성자와 양성자의 수가 다르지요. 그래서 불안정하여 쪼개지기 쉬워요. 불안정한 원자는 쪼개질 때, 원자핵에서 입자를 내보내요. 이 방출 현상을 방사능이라고 해요.

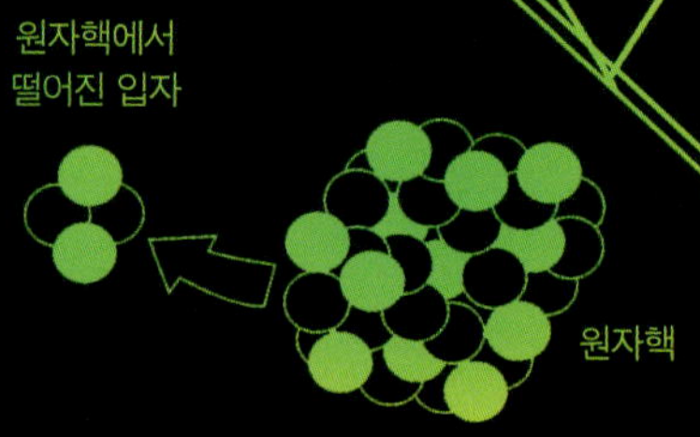

원자핵에서
떨어진 입자
원자핵

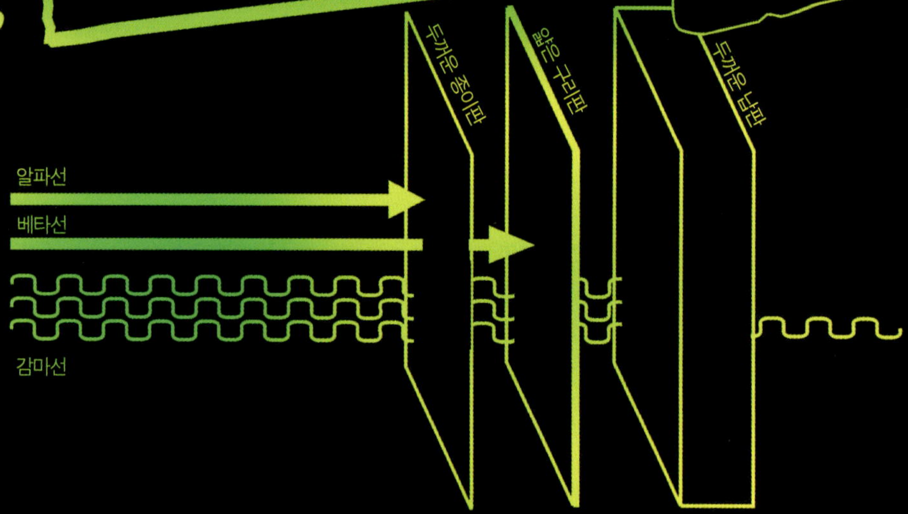

두꺼운 종이판
얇은 구리판
두꺼운 납판
알파선
베타선
감마선

강력한 입자

주요 방사선은 알파선, 베타선, 감마선 세 종류예요. 알파선은 가장 약하며 두꺼운 종이판도 통과하지 못해요. 베타선은 좀 더 강하지만 얇은 구리판에 막히지요. 에너지가 높은 감마선은 가장 투과력이 좋아서 두꺼운 납판이나 콘크리트로만 막을 수 있어요.

방사능의 발견

프랑스의 과학자 앙투안 앙리 베크렐은 1896년 우라늄염이 검은 종이를 통과하는 광선을 방출한다는 것을 알아차렸어요. 우연히 방사능을 발견한 것이었지요. 베크렐의 연구실에서 일하던 마리 퀴리와 남편 피에르 퀴리는 1897년 실험을 다시 해 보았고, 그 현상에 '방사능'이라는 이름을 붙였지요. 퀴리 부부는 방사능 연구에 몰두했고, 1903년 세 사람은 함께 노벨 물리학상을 받았어요.

건강하게 빛난다고?

20세기 초 사람들은 방사선에 노출되면 인체 조직이 손상되고 유전자가 돌연변이를 일으킨다는 사실을 알지 못했어요. 그래서 방사성 물질, 특히 라듐이 만병통치약이라고 믿고서 온갖 제품에 첨가했지요. 방사성 음료수, 치약, 얼굴 크림, 목욕 용품, 의약품이 화학자의 선반에 가득했어요.

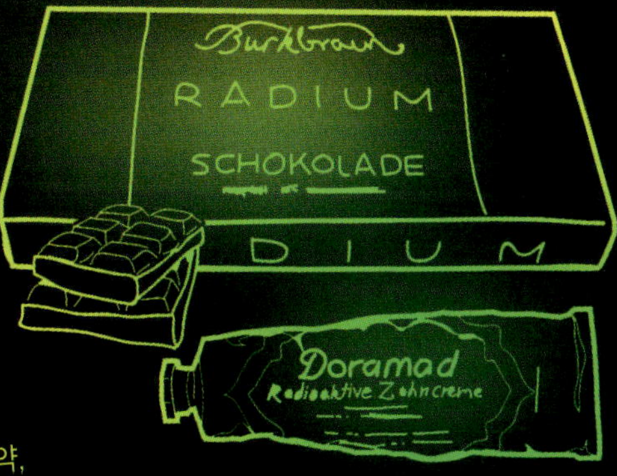
Burkbraun
RADIUM
SCHOKOLADE
Doramad
Radioaktive Zahncreme

에벤 바이어스

미국의 사업가이자 골프 선수였던 에벤 바이어스(1880년~1932년)는 방사성 제품 열풍을 끝장냈어요. 바이어스는 다친 팔을 치료하기 위해 의사가 권한 대로 라듐이 든 물을 하루에 두세 병씩 마셨어요. 몇 달이 지나자, 라듐이 뼈에 쌓여서 머리뼈에 구멍을 내기 시작했어요. 바이어스는 2년 만에 죽었고, 흙이 오염되지 않도록 납으로 감싼 관에 묻혔지요.

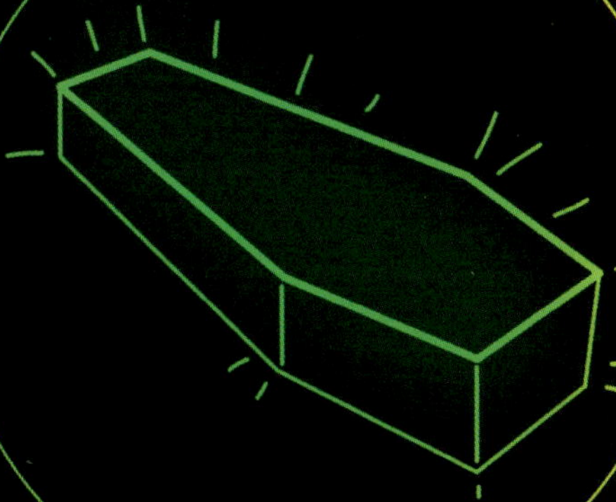

날마다 쬐는 방사선

오늘날 우리는 날마다 조금씩 방사성 물질에 접촉해요. 발전소 옆에 살거나 제트기로 여행을 하거나 야광 시계를 차거나 엑스선 사진을 찍으면 방사선에 노출되지요. 하지만 지금은 안전하게 이용할 수 있는 방사선의 양을 알고 있으니까 에벤 바이어스처럼 생을 마감하지 않을까 걱정할 필요가 없어요.

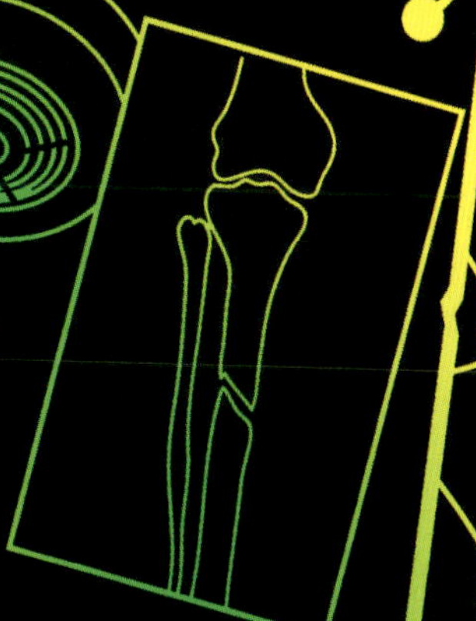

좋은 일에 쓰기

오늘날 방사성 물질은 암 치료제로 널리 쓰여요. 적은 양의 방사성 물질을 몸속에 넣고 그 물질이 돌아다니는 모습을 찍어서 질병을 알아내기도 하지요. 공항 검색대의 엑스선 장치는 테러 무기를 찾아내어 하늘에서 우리를 보호해요. 집에서 화재로부터 우리를 안전하게 지키는 연기 탐지기에도 소량의 방사성 물질이 쓰이지요.

세상에서 가장 위험한 방정식

1905년 12월 30일

안녕, 일기장아.

나 알베르트 아인슈타인에게 올해는 정말 놀라운 해였어. 내 머릿속에서 맴돌던 생각들이 마침내 하나로 연결되었지. 이제 내 방정식의 첫 번째 안을 내놓을 수 있어.

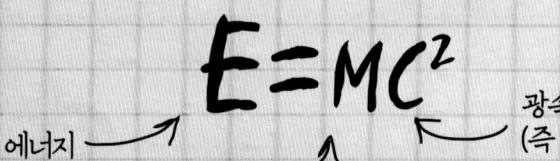

$$E=MC^2$$

에너지 → E

질량(즉 어떤 물체가 지닌 물질의 양) → M

광속의 제곱 (즉 광속에 광속을 곱함) → C^2

설명할 테니 잘 들어 봐. 수세기 동안 과학자들은 에너지와 질량이 서로 전혀 관련이 없다고 믿어 왔어. 하지만 내 생각에……. 둘은 같은 것이 아닌가 싶어. 질량은 에너지로 전환되고 에너지는 질량으로 전환될 수 있지 않을까?

나는 에너지의 양을 알아내기 위해서 내 질량에 광속의 제곱을 곱하는 독창적인 방정식을 세웠어. 광속은 엄청난 양이고, 제곱하면 믿기지 않을 만큼 어마어마해져. 따라서 내 방정식은 원자만 한 아주 작은 질량조차도 엄청난 양의 에너지를 만들 수 있음을 보여 주지. 일기장아, 너와 나만의 이야기인데 말이지, 나는 찬사를 받아 마땅한 것 같아.

오늘 밤 한 해가 저물고 있어. 내 방정식이 미래에 어떤 의미가 있을까? 산업 시대는 지금 정점에 이르렀지만, 우리는 더 많은 에너지를 이용하게 될 거야. 언젠가는 질량 안에 갇힌 에너지를 방출하여 세계에 동력을 공급할 수도 있을까? 일기장아, 이만 안녕.

1911년

안녕, 일기장아. 너를 잊은 것은 아니야. 지난 6년은 너무 바빴고, 너무나 많은 놀라운 발전이 이루어져서 생각할 것이 많았어. 케임브리지 대학교 출신의 명석한 동료 어니스트 러더퍼드가 올해 멋진 생각을 내놓았어. 원자는 양전하를 띤 단단한 핵을 지니고,

원자의 질량은 대부분 그 핵에 있다고 주장했거든. 그리고 질량이 작고 음전하를 띤 작은 전자들의 구름이 핵을 주심으로 돈다는 거야. 멋지지 않니? 내 방정식을 기억해 봐!

원자핵
전자

1932년

안녕, 일기장아. 내 옛 친구야, 오래도록 펼쳐 보지 않은 나를 용서해 줄래? 너무나 흥미진진한 시대거든. 러더퍼드의 동료인 제임스 채드윅이 원자핵(원자의 심을 지금은 그렇게 불러.)에 전하가 없는 중성자라는 입자가 있다는 것을 발견했어.

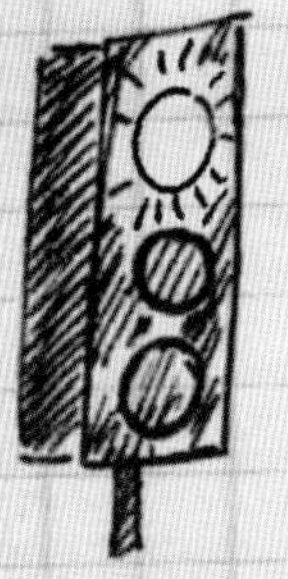

1933년

안녕! 이제 곧 뭔가 일이 벌어질 거야. 우리는 마치 신호등의 빨간불이 바뀌는 순간을 기다리고 있는 것 같거든. 헝가리에서 온 물리학자 레오 실라르드가 한 가지 생각을 했어. 원자핵이 질량을 지닌다면, 원자를 쪼개서 에너지를 얻는 것이 가능하지 않겠느냐는 거야. 그렇다면 아주 많은 원자가 핵분열이라는 연쇄 반응을 거쳐 각각 원자핵의 에너지를 방출할 수 있어. 그럼 엄청나게 파괴적인 양의 에너지가 방출되겠지? 교통을 마비시킬 정도로 엄청난 생각이 분명해!

1939년

안녕, 일기장아. 실라르드와 연락하며 지내고 있어. 몇몇 독일 과학자들이 작년에 핵분열 실험을 했대. 우라늄 원자가 쪼개질 때까지 중성자를 충돌시켰는데, 예측한 대로 폭발하면서 엄청난 양의 에너지가 방출되었다는 거야. 실라르드는 핵폭탄이 얼마나 엄청난 파괴력을 발휘할 수 있는지 설명하는 편지를 루스벨트 미국 대통령한테 보내겠대. 편지가 주목을 받아야 하니까 나보고 편지에 서명을 해 달라고 했어. 내가 노벨 물리학상을 받고 요즘 꽤 잘 나가거든. 대통령이 경고에 주의를 기울여 주면 좋겠다. 어쨌든 그건 그저 방정식일 뿐이야. 나는 이토록 위험한 일로 이어질 줄은 상상도 못 했지.

미국 워싱턴 백악관
프랭클린 D. 루스벨트 대통령 귀하

비행기와 배

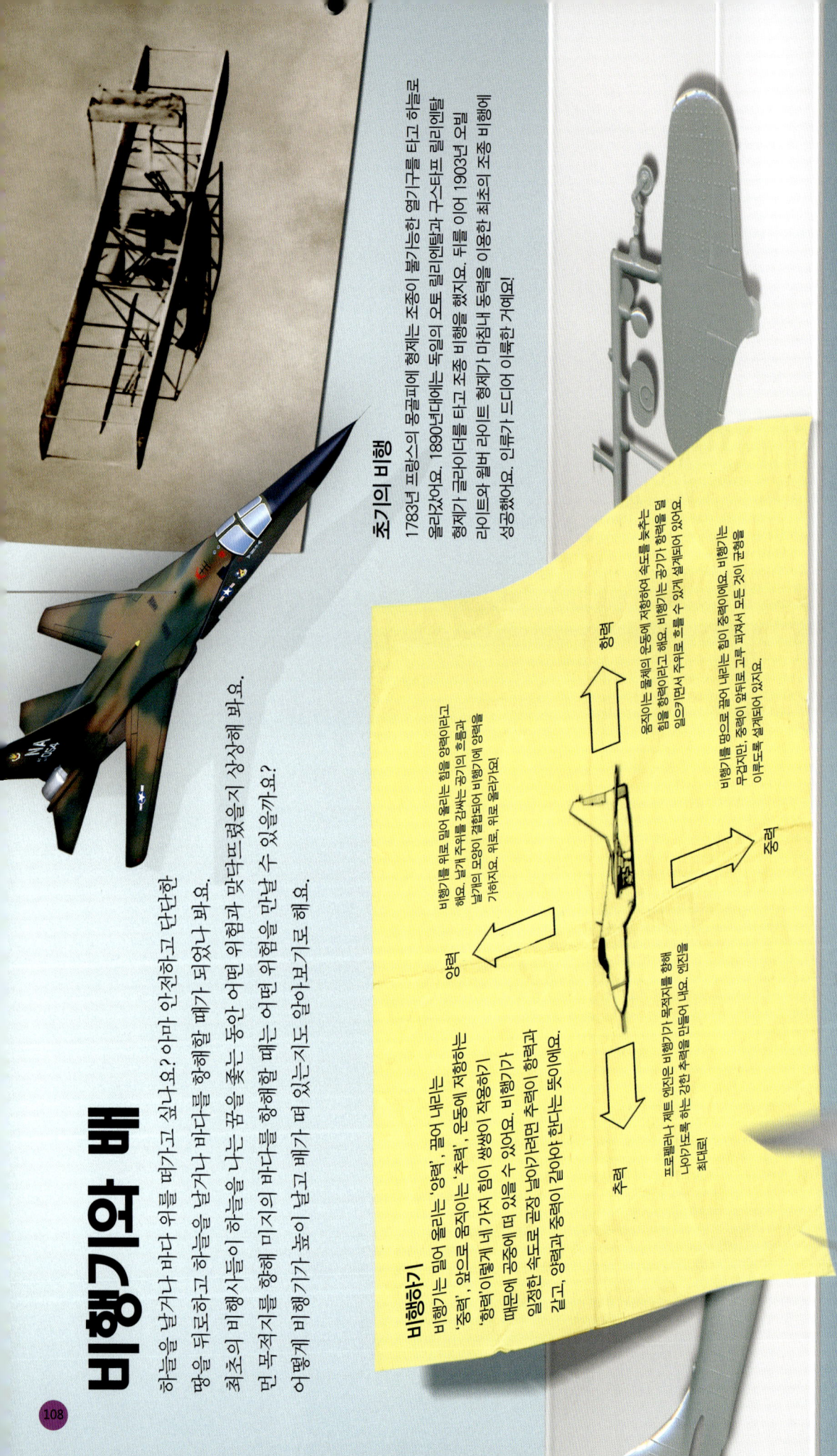

하늘을 날거나 바다 위를 떠가고 싶나요? 아마 안전하고 단단한 땅을 뒤로하고 하늘을 날거나 바다를 항해할 때가 되었나 봐요. 최초의 비행사들이 하늘을 나는 꿈을 좇는 동안 어떤 위험과 맞닥뜨렸을지 상상해 봐요. 먼 목적지를 향해 미지의 바다를 항해할 때는 어떤 위험을 만날 수 있을까요? 어떻게 비행기가 높이 날고 배가 떠 있는지도 알아보기로 해요.

NA
054

초기의 비행

1783년 프랑스의 몽골피에 형제는 조종이 불가능한 열기구를 타고 하늘로 올라갔어요. 1890년대에는 독일의 오토 릴리엔탈과 구스타프 릴리엔탈 형제가 글라이더를 타고 조종 비행을 했지요. 뒤를 이어 1903년 오빌 라이트와 윌버 라이트 형제가 마침내 동력을 이용한 최초의 조종 비행에 성공했어요. 인류가 드디어 이룩한 거예요!

비행하기

비행기는 밀어 올리는 '양력', 끌어 내리는 '중력', 앞으로 움직이는 '추력', 운동에 저항하는 '항력'이렇게 네 가지 힘이 쌍쌍이 작용하기 때문에 공중에 떠 있을 수 있어요. 비행기가 일정한 속도로 곧장 날아가려면 추력이 항력과 같고, 양력과 중력이 같아야 한다는 뜻이에요.

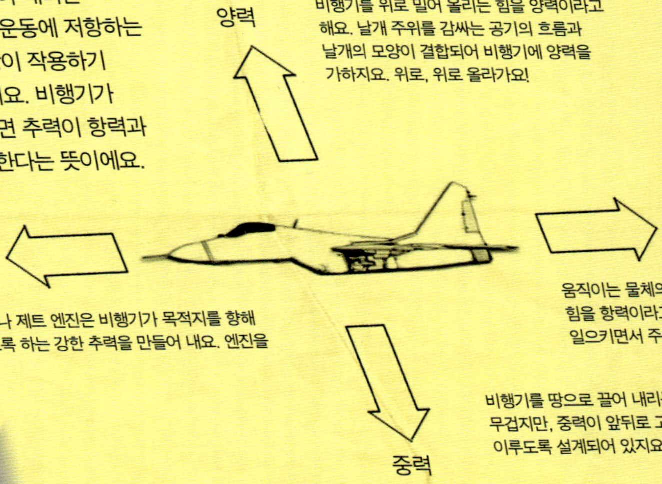
양력
추력
항력
중력

비행기를 위로 밀어 올리는 힘을 양력이라고 해요. 날개 주위를 감싸는 공기의 흐름과 날개의 모양이 결합되어 비행기에 양력을 가하지요. 위로, 위로 올라가요!

프로펠러나 제트 엔진은 비행기가 목적지를 향해 나아가도록 하는 강한 추력을 만들어 내요. 엔진을 최대로!

움직이는 물체의 운동에 저항하여 속도를 늦추는 힘을 항력이라고 해요. 비행기는 공기가 항력을 덜 일으키면서 주위로 흐를 수 있게 설계되어 있어요.

비행기를 땅으로 끌어 내리는 힘이 중력이에요. 비행기는 무겁지만, 중력이 앞뒤로 고루 퍼져서 모든 것이 균형을 이루도록 설계되어 있지요.

비행기 추락

비행 중에 무엇인가 잘못되면 어떤 일이 벌어질까요? 다행히도 비행기 추락으로 목숨을 잃는 사고는 많지 않아요. 1980년에서 2000년까지 미국에서 568건의 비행기 추락 사고가 있었는데, 90퍼센트는 살아남았어요. 비행기 추락 때 뒤쪽에 탄 승객이 살아남을 확률이 40퍼센트 더 높다는 것을 알아 둬요.

항해

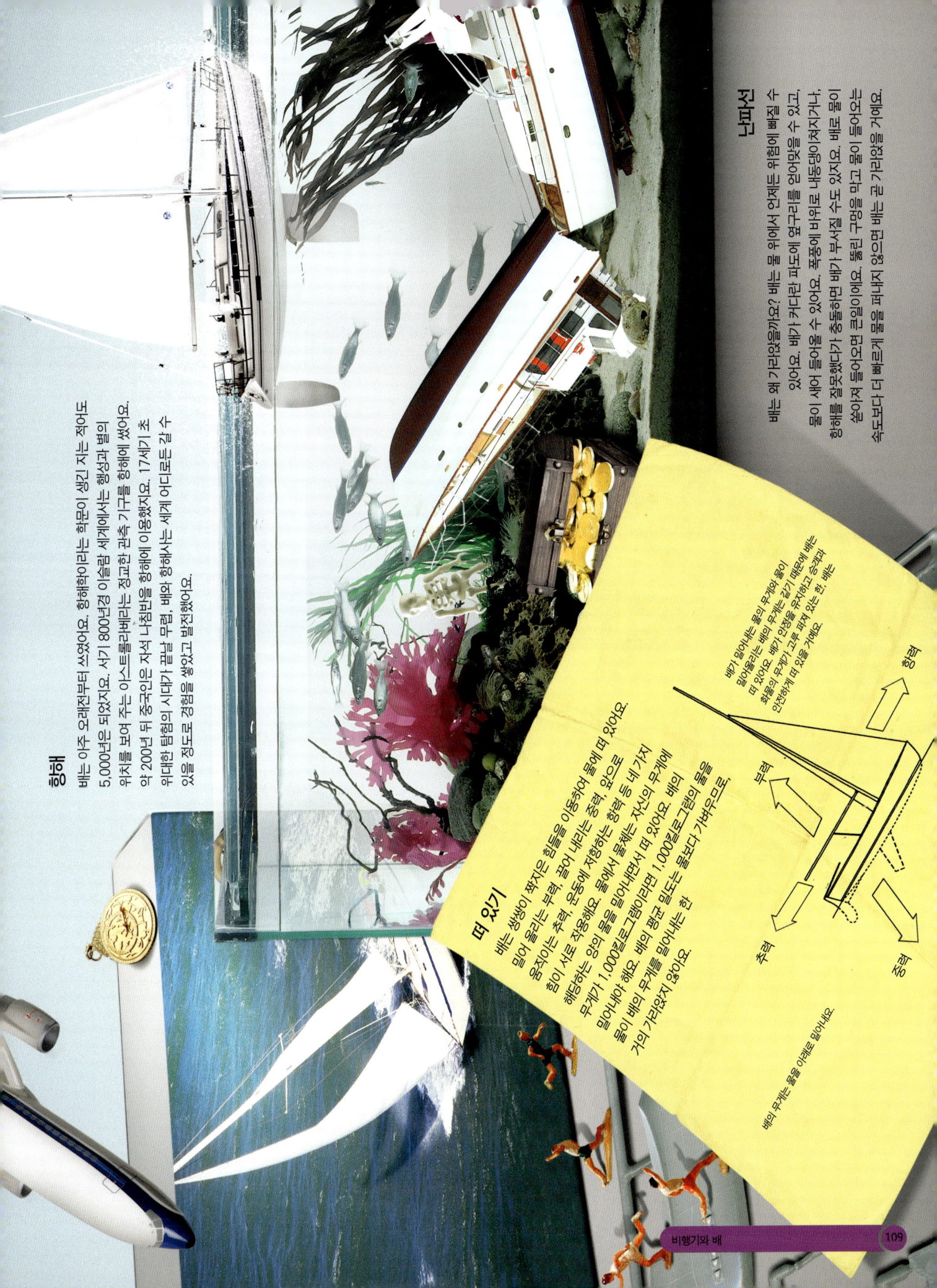

배는 아주 오래전부터 쓰였어요. 항해학이라는 학문이 생긴 지는 적어도 5,000년은 되었지요. 서기 800년경 이슬람 세계에서는 행성과 별의 위치를 보여 주는 아스트롤라베라는 정교한 관측 기구를 항해에 썼어요. 약 200년 뒤 중국인은 자석 나침반을 항해에 이용했지요. 17세기 초 위대한 탐험의 시대가 끝날 무렵, 배와 항해사는 세계 어디로든 갈 수 있을 정도로 경험을 쌓았고 발전했어요.

떠 있기

배는 쌍쌍이 짝지은 힘들을 이용하여 물에 떠 있어요. 밀어 올리는 부력, 끌어 내리는 중력, 앞으로 움직이는 추력, 운동에 저항하는 항력 등 네 가지 힘이 서로 작용해요. 물에서 물체는 자신의 무게에 해당하는 양의 물을 밀어내면서 떠 있어요. 배의 무게가 1,000킬로그램이라면 1,000킬로그램의 물을 밀어내야 해요. 배의 평균 밀도는 물보다 가벼우므로, 물이 배의 무게를 밀어내는 한 거의 가라앉지 않아요.

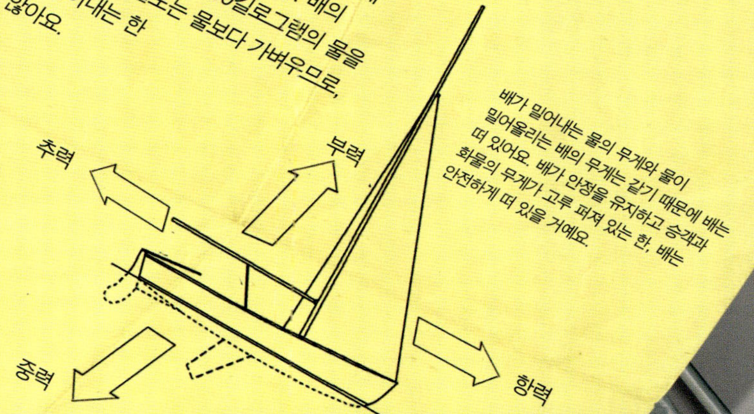

추력
부력
중력
항력
배가 밀어내는 물의 무게와 물이 밀어올리는 배의 무게는 같기 때문에 배는 떠 있어요. 배가 안정을 유지하고 승객과 화물의 무게가 고루 퍼져 있는 한, 배는 안전하게 떠 있을 거예요.
배의 무게는 물을 아래로 밀어내요.

난파선

배는 왜 가라앉을까요? 배는 물 위에서 언제든 위험에 빠질 수 있어요. 배가 커다란 파도에 옆구리를 얻어맞을 수 있고, 물이 새어 들어올 수 있어요. 폭풍에 바위로 내동댕이쳐지거나, 항해를 잘못했다가 충돌하면 배가 부서질 수도 있지요. 배로 물이 쏟아져 들어오면 큰일이에요. 뚫린 구멍을 막고 물이 들어오는 속도보다 더 빠르게 물을 퍼내지 않으면 배는 곧 가라앉을 거예요.

에너지의 힘

에너지와 힘은 협력하여 사물을 움직이고 멈추게 해요. 운동 에너지는 차를 움직여요. 차가 콘크리트 벽에 충돌한다면, 벽은 차가 달리는 방향과 반대 방향의 힘을 가하지요. 벽의 질량이 차의 질량과 속도보다 크면, 벽은 차를 멈추게 할 거예요. 하지만 차가 멈출 때 운동 에너지는 그냥 사라지지 않고 몇 가지 형태로 바뀌어요.

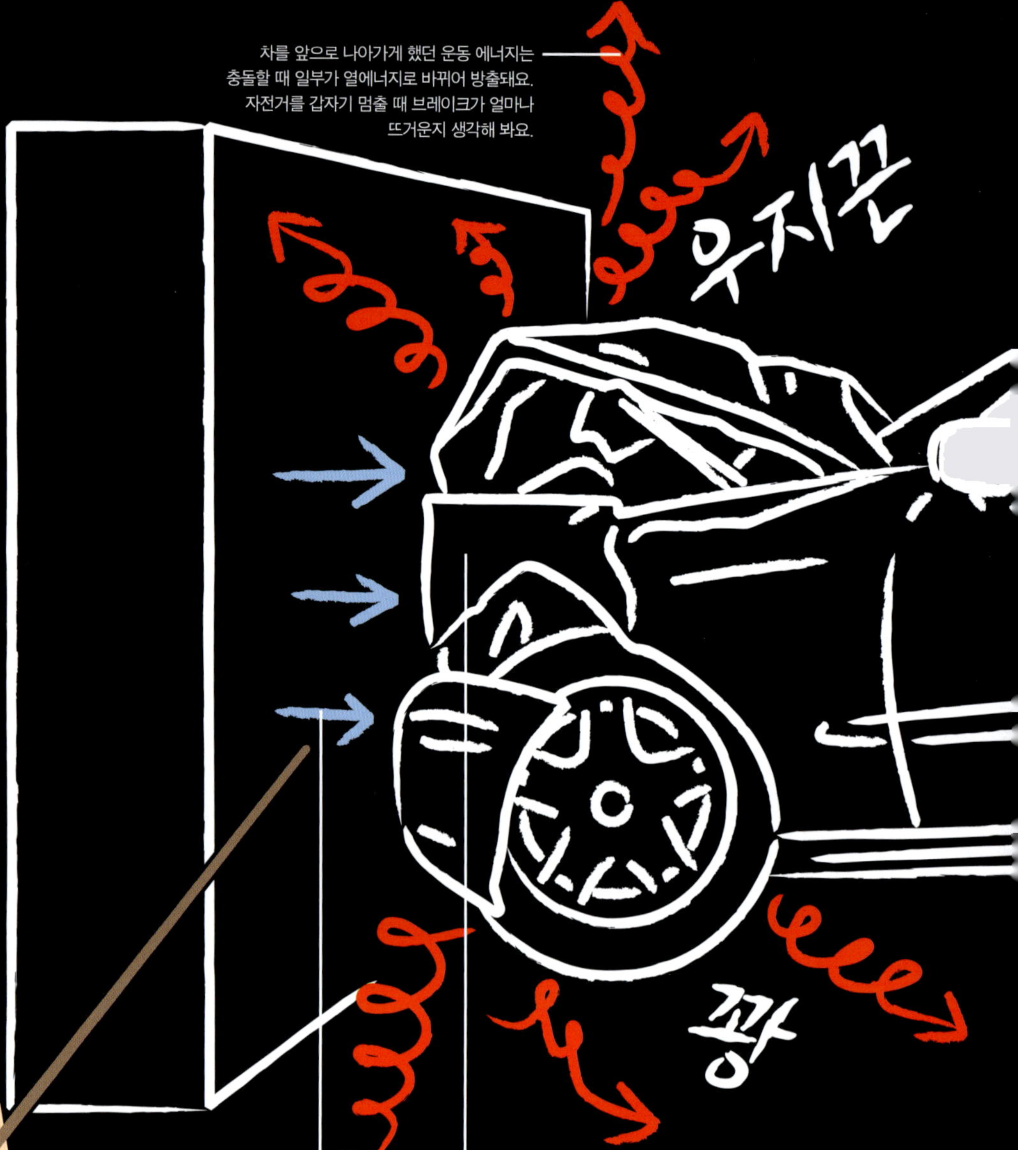

우지끈
쾅

차를 앞으로 나아가게 했던 운동 에너지는 충돌할 때 일부가 열에너지로 바뀌어 방출돼요. 자전거를 갑자기 멈출 때 브레이크가 얼마나 뜨거운지 생각해 봐요.

차가 벽을 치는 힘은 벽이 차를 쳐서 멈추게 하는 힘과 같아요. 차가 정지한 물체와 충돌하면 차의 속도는 1초도 안 되어 속도가 0으로 떨어지지요.

운동 에너지의 일부는 차체를 구부리고 찌그러뜨려요. 일부는 충돌하면서 나는 소리를 내는 데 쓰여요.

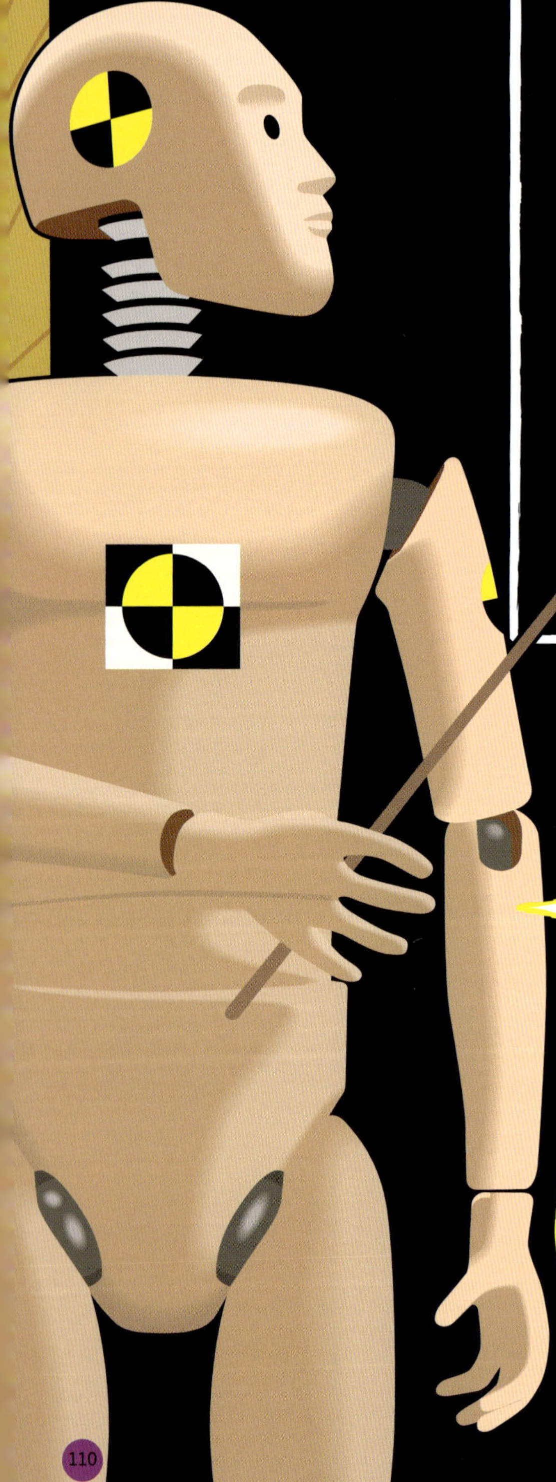

자동차 충돌 시험

안녕하세요, 여러분. 오늘 수업 시간에는 자동차를 충격에 견디게 하고 승객을 안전하게 보호하는 방법을 살펴볼 거예요. 자동차 충돌 사고로 사상자가 처음 발생한 지 100년이 넘었어요. 그 뒤 약 2,000만 명이 자동차 사고로 사망했어요. 자동차 충돌 시험을 위한 인체 모형인 나는 울퉁불퉁한 길을 달리는 것이 어떠한지 잘 알지요. 안전띠를 단단히 매요!

충격 완화 영역

운동 에너지가 클수록 차는 더 빨리 움직이고,
더 세게 충돌하고, 충돌할 때 더 많은 에너지가
방출돼요. 속도가 약간만 높아져도 목숨을 잃는
결과가 생길 수 있어요.

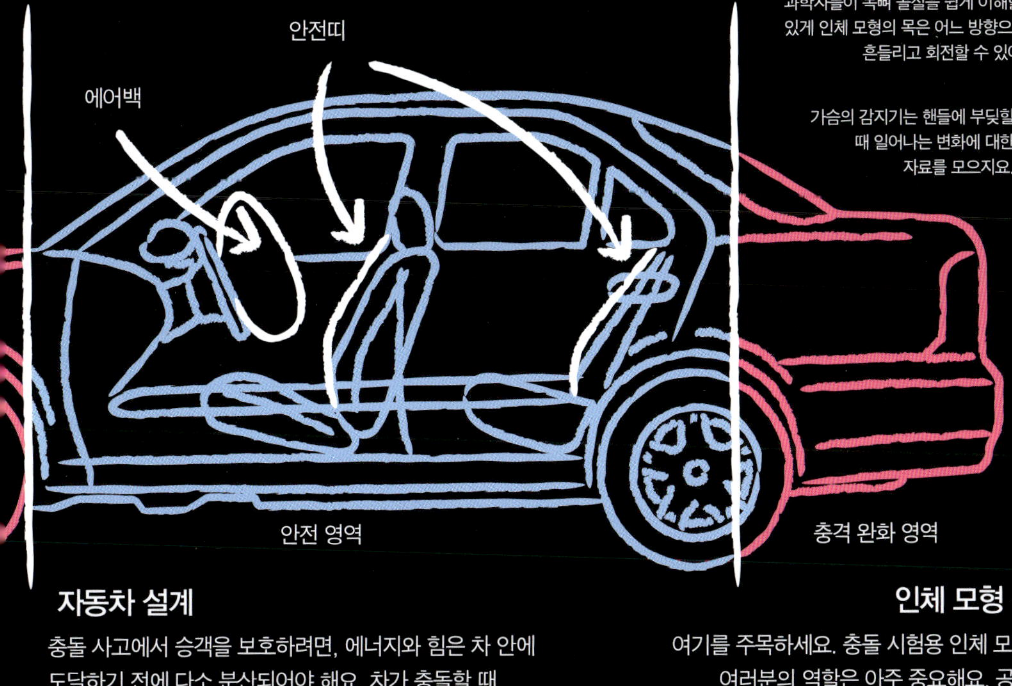
안전띠
에어백
안전 영역
충격 완화 영역

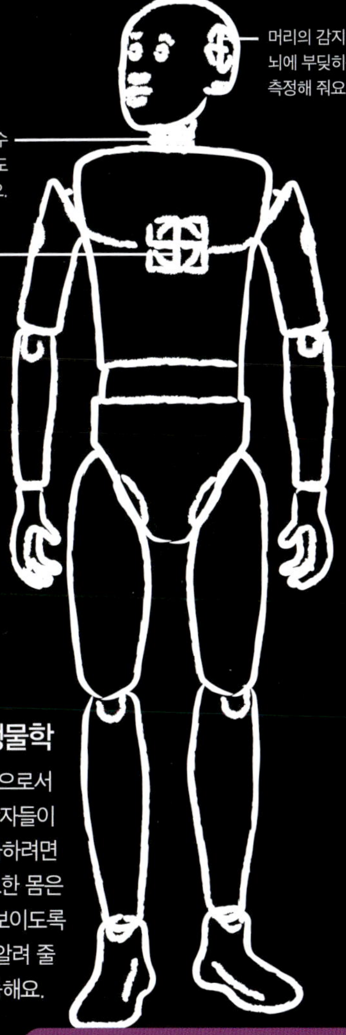
머리의 감지기들은
뇌에 부딪히는 힘을
측정해 줘요.
과학자들이 목뼈 골절을 쉽게 이해할 수
있게 인체 모형의 목은 어느 방향으로도
흔들리고 회전할 수 있어요.
가슴의 감지기는 핸들에 부딪힐
때 일어나는 변화에 대한
자료를 모으지요.

자동차 설계

충돌 사고에서 승객을 보호하려면, 에너지와 힘은 차 안에 도달하기 전에 다소 분산되어야 해요. 차가 충돌할 때 찌그러지면서 많은 에너지를 흡수하는 충격 완화 영역은 단단한 안전 영역의 양끝에 있어요. 충돌로 차가 멈추어도 사람의 몸은 계속 앞으로 나아가려 해요. 안전띠는 머리가 앞 유리창에 충돌하지 않게 막아 주고, 에어백은 펼쳐져서 머리가 푹신하게 닿을 곳을 제공하지요.

인체 모형 생물학

여기를 주목하세요. 충돌 시험용 인체 모형으로서 여러분의 역할은 아주 중요해요. 공학자들이 자동차가 안전하게 설계되었는지 검사하려면 여러분의 도움이 필요하거든요. 여러분의 정교한 몸은 충돌할 때 인간의 몸이 겪는 현상을 선보이도록 설계되어 있고, 충돌이 몸에 미치는 영향을 알려 줄 자료를 모으는 감지기들이 가득해요.

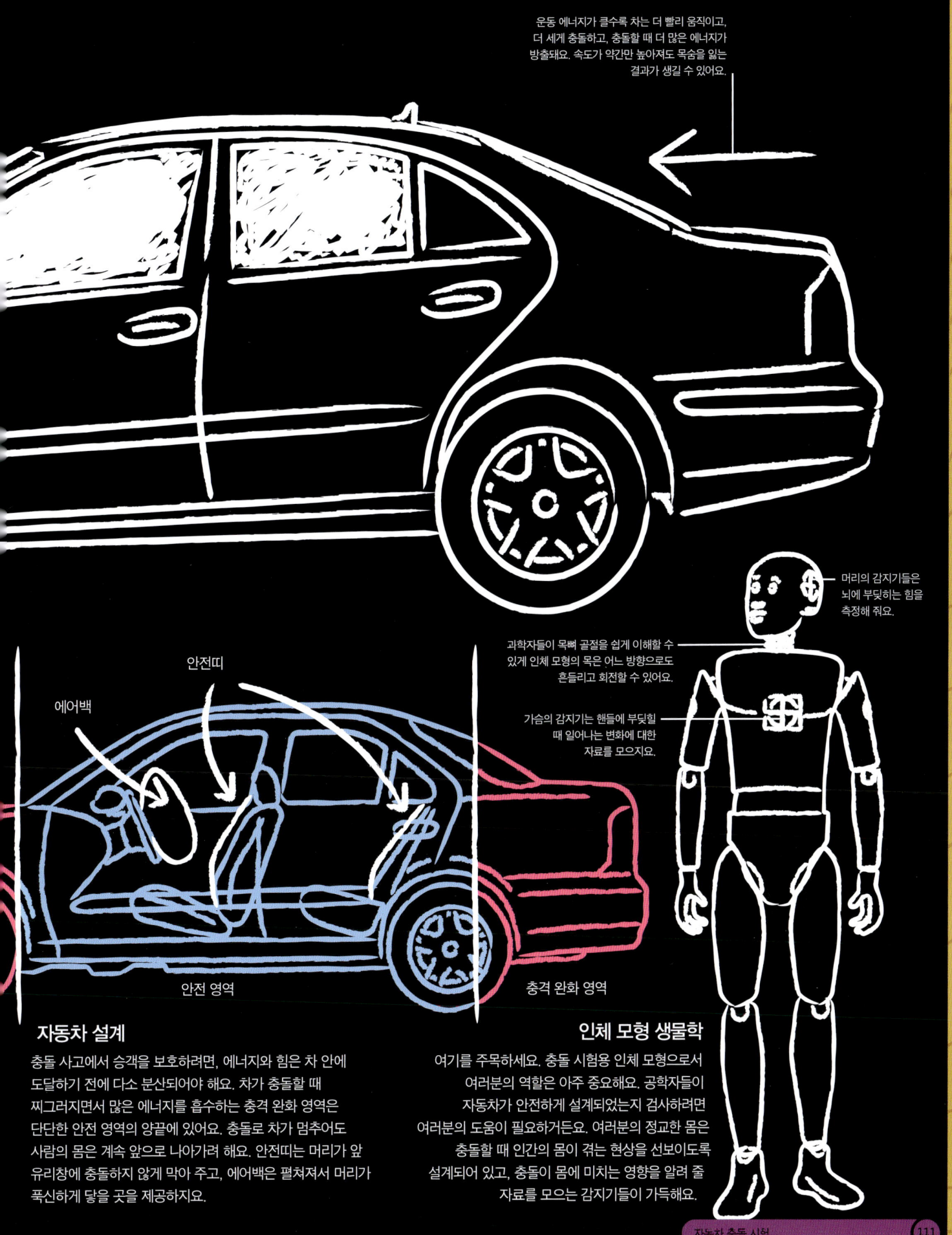

존 폴 스탭

지구에서 가장 빠른 사람의 놀라운 모험

1946년 봄, 미국 공군 B-17 폭격기가 차가운 성층권을 뚫고 하늘 높이 치솟았어요.

제2차 세계 대전은 이미 끝났는데, 중요한 임무가 있는 걸까요?

폭격기는 위험한 높이인 고도 1만 2,216미터에 이르렀어요. 비행 고도가 3,000미터를 넘어서면 뇌는 산소가 부족해지고, 몸과 정신의 능력은 빠르게 떨어져요. 죽을 위험이 아주 높아지는데, 왜 높이 날까요?

엉덩이가 얼어붙었다, 오버!
스탭이 얼마나 성깔을 부릴지 궁금해지는군.
가끔은 제정신이 아닌 것 같아.

존 폴 스탭은 에어로메드 연구소의 의사이자 임원이었어요. 높은 고도에서 인간이 어떤 반응을 보이는지 연구했지요. 누구를 연구했을까요? 자기 자신이었어요.

어이 비행사, 다 들리거든.

스탭은 인간의 한계를 시험했어요. 높은 고도에서 인체는 제 기능을 하며 결빙과 탈수를 피할 수 있을까요? 갑자기 기압이 낮아져서 혈액에 작은 공기 방울이 생겨서 일어나는 감압병은 어떻게 피할 수 있을까요? 스탭은 나름대로 생각이 있었지요.

방법을 알아낸 것 같아. 이륙하기 전부터 30분간 비행하는 내내 산소마스크를 썼더니 어떤 이상도 없어.
기분 최고야. 땅으로 돌아가자.

스탭의 발견은 비행 연구에 돌파구가 되었어요. 에어로메드 연구소는 탁월한 성과를 세웠지요.

스탭 씨, 우리는 인체 감속 계획이란 아주 중요한 일을 당신에게 맡기고 싶소.
인체가 견딜 수 있는 중력 가속도가 정확히 얼마인지 알아내야 하오.
좋습니다.

중력 가속도는 중력이 땅으로 몸을 끌어당길 때, 가속이나 감속이 일어날 때 몸에 작용하는 힘이에요. 당시에는 중력의 18배가 넘는 힘을 받으면 살아남을 수 없다고 생각했어요. 항공기 조종석도 중력 가속도를 견디도록 만들어졌지요. 하지만 전쟁 때 조종사들은 더 심한 상황에서도 살아 돌아왔어요. 스탭은 한계를 알아내야 했어요.

1947년 봄, 인체 감속 계획의 연구를 위해 길이가 610미터에 달하는 긴 로켓 썰매 트랙을 설치했어요. 680킬로그램의 로켓 추진 차량이 트랙을 따라 달렸어요. 제동 장치는 5분의 1초 만에 관성력을 만들어 내어 속도를 절반으로 줄일 정도로 강력했어요.

지휘즈를 잘 봐 둬.

4월 30일 연구원들은 지휘즈라는 썰매에 충돌 시험용 인체 모형인 오스카 에잇볼을 태워 첫 번째 실험을 했어요.

오스카 에잇볼이 두통인가 봐.
머피, 오스카가 잘 못하면 나랑 교체될지 몰라.

시험은 실패했어요. 제동 장치가 고장 났고 지휘즈는 트랙을 벗어나서 사막에 충돌했어요.

아직은 지휘즈를 탈 수 없어. 오스카, 트랙으로 돌아와.

12월, 35번의 시험 가동을 마친 스탭은 이제 사람이 타도 되겠다고 확신했어요. 스탭은 오스카 에잇볼 대신 썰매에 탔어요. 관성력을 줄이고자 뒤를 보고 앉았지요. 로켓은 하나만 달았어요.

머피, 안 될 일은 뭘 해도 안 된다고. 하지만 오늘은 될 거야.

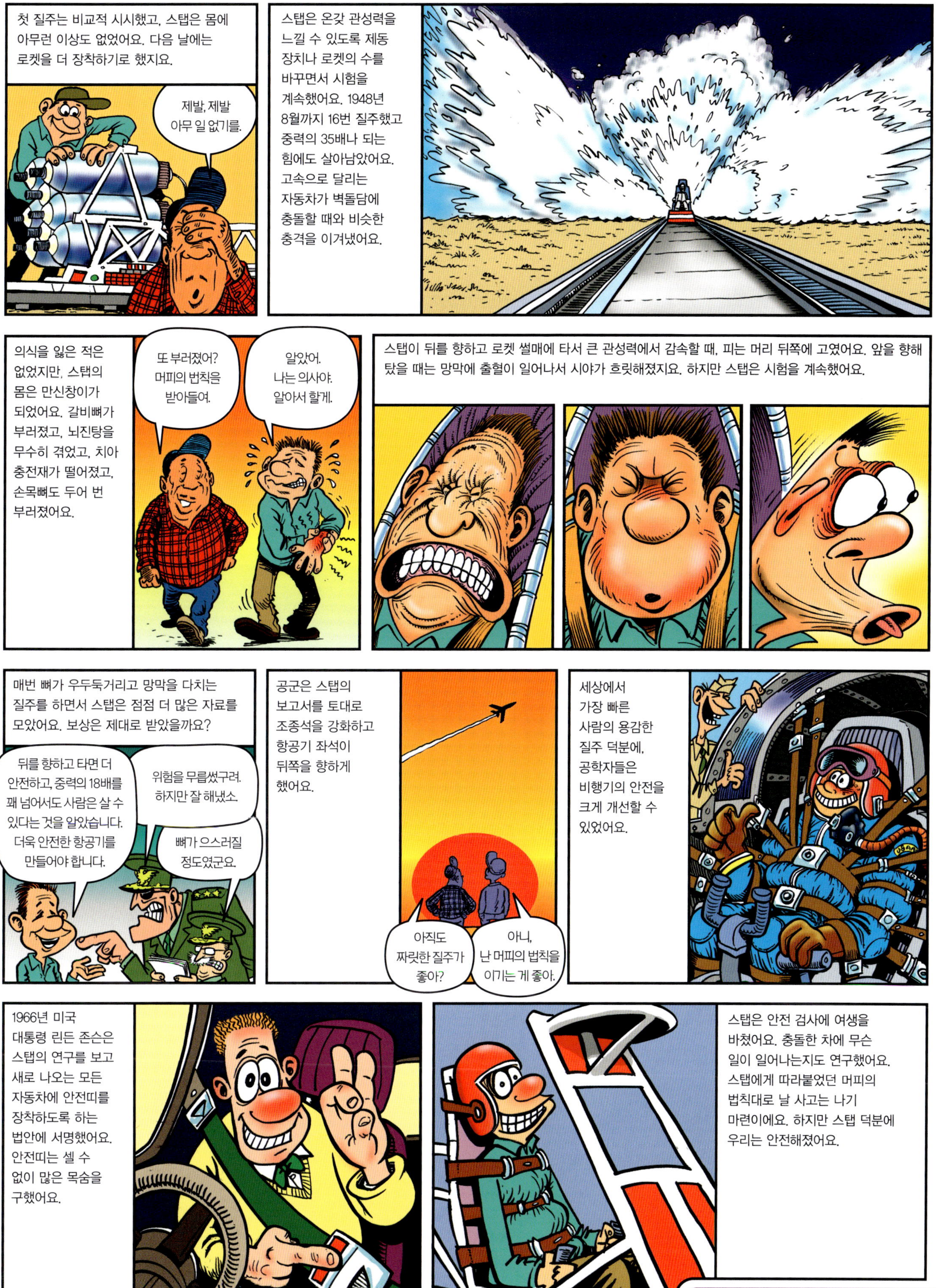
첫 질주는 비교적 시시했고, 스탭은 몸에 아무런 이상도 없었어요. 다음 날에는 로켓을 더 장착하기로 했지요.
제발, 제발 아무 일 없기를.
스탭은 온갖 관성력을 느낄 수 있도록 제동 장치나 로켓의 수를 바꾸면서 시험을 계속했어요. 1948년 8월까지 16번 질주했고 중력의 35배나 되는 힘에도 살아남았어요. 고속으로 달리는 자동차가 벽돌담에 충돌할 때와 비슷한 충격을 이겨냈어요.
의식을 잃은 적은 없었지만, 스탭의 몸은 만신창이가 되었어요. 갈비뼈가 부러졌고, 뇌진탕을 무수히 겪었고, 치아 충전재가 떨어졌고, 손목뼈도 두어 번 부러졌어요.
또 부러졌어? 머피의 법칙을 받아들여.
알았어. 나는 의사야. 알아서 할게.
스탭이 뒤를 향하고 로켓 썰매에 타서 큰 관성력에서 감속할 때, 피는 머리 뒤쪽에 고였어요. 앞을 향해 탔을 때는 망막에 출혈이 일어나서 시야가 흐릿해졌지요. 하지만 스탭은 시험을 계속했어요.
매번 뼈가 우두둑거리고 망막을 다치는 질주를 하면서 스탭은 점점 더 많은 자료를 모았어요. 보상은 제대로 받았을까요?
뒤를 향하고 타면 더 안전하고, 중력의 18배를 꽤 넘어서도 사람은 살 수 있다는 것을 알았습니다. 더욱 안전한 항공기를 만들어야 합니다.
위험을 무릅썼구려. 하지만 잘 해냈소.
뼈가 으스러질 정도였군요.
공군은 스탭의 보고서를 토대로 조종석을 강화하고 항공기 좌석이 뒤쪽을 향하게 했어요.
아직도 짜릿한 질주가 좋아?
아니, 난 머피의 법칙을 이기는 게 좋아.
세상에서 가장 빠른 사람의 용감한 질주 덕분에, 공학자들은 비행기의 안전을 크게 개선할 수 있었어요.
1966년 미국 대통령 린든 존슨은 스탭의 연구를 보고 새로 나오는 모든 자동차에 안전띠를 장착하도록 하는 법안에 서명했어요. 안전띠는 셀 수 없이 많은 목숨을 구했어요.
스탭은 안전 검사에 여생을 바쳤어요. 충돌한 차에 무슨 일이 일어나는지도 연구했어요. 스탭에게 따라붙었던 머피의 법칙대로 날 사고는 나기 마련이에요. 하지만 스탭 덕분에 우리는 안전해졌어요.

인체의 공포

세상에는 우리 몸에 침입할 기회를 노리는 지저분한 벌레들이 가득해요. 손톱 밑에 낀 병원체부터 침대의 기생충에 이르기까지, 우리가 생활하는 곳곳에 숨어 있어요. 하지만 인간의 몸은 작디작은 괴물들에게 결코 호락호락하지 않아요. 생물들의 전쟁터에서 살아남을 수 있는 전략을 찾아볼까요?

지저분한 손

손과 손가락은 물건을 집는 데 아주 쓸모가 있지만, 질병을 일으킬 수 있는 세균과 바이러스도 집게 돼요. 세균이나 바이러스 같은 침입자들은 대개 인체에 해를 끼치지 않고 사는 미생물들과 어울려서 당신의 손바닥을 자신들의 놀이터로 바꿔 놓지요.

리노바이러스

리노바이러스는 감기를 일으켜요. 감염된 사람이 재채기하면서 나온 것을 만지면 끈적거리는 점액에 든 리노바이러스도 집게 돼요. 그런 뒤 코나 입을 만지면 감기에 걸릴 거예요.

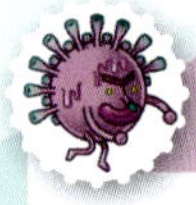

독감 바이러스

독감 바이러스에 감염되면 열, 근육통, 목이 쓰린 통증, 두통이 찾아와요. 바이러스에 오염된 표면을 건드린 뒤 입이나 코를 만지면, 목이 몹시 아파질 수 있어요.

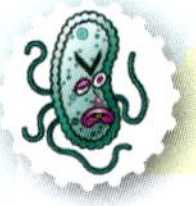

살모넬라균

살모넬라균은 생닭에서 특히 잘 발견되는 세균이에요. 살모넬라균이 묻은 손으로 요리를 하면 음식이 오염되어 위통과 심한 설사가 일어나요.

노로 바이러스

심한 배앓이를 일으키는 흔한 원인인 노로 바이러스는 사람 사이에 들불처럼 퍼져요. 감염된 사람이 막 토하거나 설사를 한 변기를 쓴 뒤에 손을 씻지 않으면, 다음 차례는 당신이에요!

유두종 바이러스

유두종 바이러스는 피부 속으로 들어가서 세포를 증식시켜요. 그러면 피부에 혹이 생기지요. 작은 꽃양배추와 비슷해 보이는 경우도 있어요. 흔히 사마귀라고 하지요.

포도상 구균

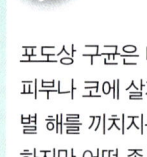

포도상 구균은 대개 피부나 코에 살지만 별 해를 끼치지는 않아요. 하지만 어떤 종류는 피부에 부스럼을 일으키거나 패혈증과 수막염을 일으킬 수 있어요. 그러니까 코를 후비지 말아요!

대장균

대부분의 대장균은 창자에서 아무런 해를 끼치지 않으며 살고 있어요. 하지만 덜 익힌 고기를 먹거나 다른 사람과 접촉해서 해로운 균이 장으로 들어오면 온갖 질병이 생겨요. 신생아의 수막염부터 설사에 이르지요.

프로피오니박테리움

피부 겉에 살면서 먹이를 찾아 기름샘까지 구멍을 뚫곤 하는 세균이에요. 구멍이 막히면 안에 갇힌 채로 증식해서 부풀어 올라요. 이렇게 해서 쓰라린 여드름이 만들어지는 것이지요.

손을 깨끗이

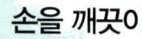

손이 너무너무 지저분한 것 같다고요? 보이지 않는 병균들을 없애고 감염 위험을 줄이려면, 규칙적으로 손을 씻어야 해요. 특히 화장실에 다녀온 뒤, 음식을 먹거나 요리를 하기 전, 돈을 만진 뒤에는 꼭 씻어요. 따뜻한 물과 비누를 묻혀서 20초 이상 두 손을 비비면서 손톱 밑과 손가락 사이를 빡빡 문질러요. 그다음에 깨끗한 수건으로 잘 닦아 말려야 해요. 축축한 손은 병균이 번식하기에 알맞거든요.

숨기 쉬운 곳

반지를 끼는 사람이 많아요. 절대로 빼지 않는 사람도 있지요. 하지만 반지는 피부에 비누 거품이 닿지 않게 막기 때문에, 반지 하나에 수억 마리의 세균과 바이러스가 살 수 있어요. 일주일에 한 번씩 반지를 빼고 잘 씻어서 병균들의 은신처를 없애요.

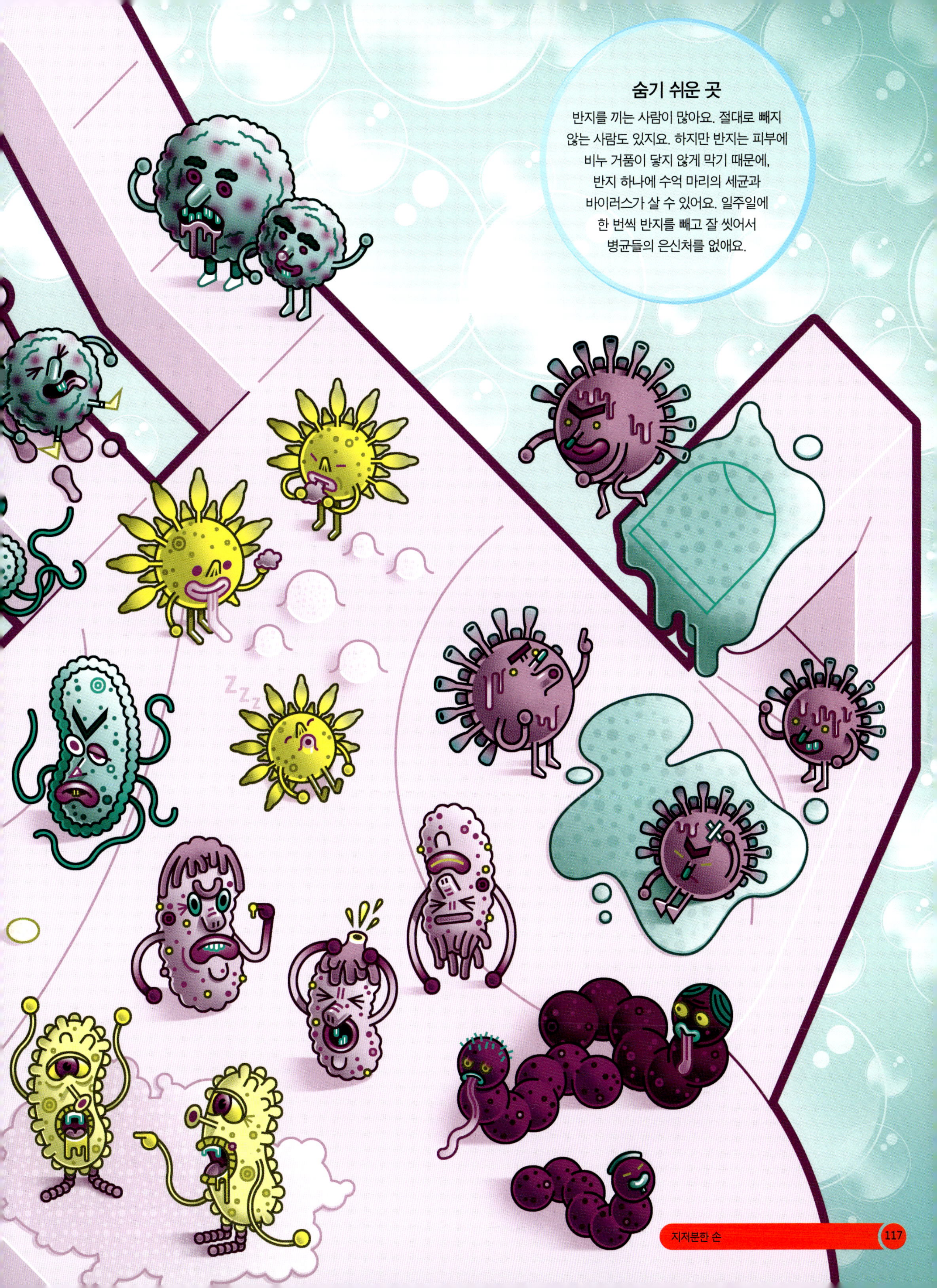
Zzz

성가신 기생 생물들

성가신 기생 생물들이 앞다퉈 열차를 타려고 해요. 사람의 몸으로 향하는 중이지요. 일단 목적지에 도착하면, 기생생물들은 먹고 피를 빨면서 사람의 몸에서 원하는 것을 마음껏 얻어 내요. 그리고 염증이나 질병을 일으키지요. 기생충 여행자들이 어디로 향하는지 살짝 엿들어 볼까요?

시각	타는 곳	가는 곳
10:05	5	입 (잘록창자와 작은창자 행 열차를 갈아타는 역)
10:22	1	눈 (혈액을 통해)
10:31	6	뇌 (혈액을 통해)
10:52	4	피부
10:55	3	간 (승객에게 제공되는 초밥 접시를 통해)
11:02	9	다리
11:30	8	두피 (머리카락을 거쳐)

Unt. NNX 04.05.07

로아사상충

나는 망고파리와 함께 짐에 몰래 탈 거예요. 아마 망고파리는 여행하면서 배가 고파지겠지요. 망고파리가 먹이인 피를 먹을 때 내 애벌레를 인간 숙주의 몸에 집어넣어요. 일단 들어가면 애벌레는 잘 자라서 성체가 된 뒤 혈관 고속도로를 타고 눈으로 가요. 눈에서 꿈틀꿈틀 돌아다니면서 엄청 아프게 만들지요!

요충

안녕! 나는 잘록창자에서 방금 돌아왔어요. 어둡고 질척하고 따뜻한 잘록창자는 나 같은 선충이 살기에 알맞았지요. 지금은 알을 품게 되어서 항문을 통해 빠져나왔어요. 내가 항문에 있으면 몹시 가려워서 사람은 거기를 긁어 대요. 그러면 내 알이 손에 묻어서 다시 입으로 들어갔다가 잘록창자로 내려가지요.

회충

나는 다른 기생충들과 달리 대개는 사람에게 심한 피해를 입히지 않아요. 너무 많이 불어나면 작은창자를 막을 수도 있겠지만요. 지금은 막 알들을 낳은 참이에요. 내 알들도 입을 거쳐 소화기로 들어가서 작은창자에 자리를 잡을 거예요.

브루스파동편모충

나는 단세포로 된 원생동물이에요. 혈관으로 곧장 데려다 줄 체체파리 특급 열차를 기다리고 있어요. 혈관을 통해 뇌로 가서 치명적인 수면병을 일으키지요. 아 졸려요!

밴크로프트사상충
와! 정말 긴 여행을 하는군요! 내 애벌레들은 그저 모기에게 올라타기만 하면 돼요. 우리도 사람의 몸속에서 살아가는 선충이에요. 몸에 들어가면 곧장 림프관으로 가지요. 다 자라면 아주 커져서 림프관을 막을 수 있어요. 림프관이 막히면 사람의 다리는 부어서 피부가 코끼리처럼 딱딱해지는 상피병이 생길 수 있지요.
머릿니
나는 갈고리처럼 굽은 다리 여섯 개로 움켜쥐는 머릿니예요. 출발을 기다리면서 주위를 살펴봤어요. 여기서 곤충이자 수컷은 나뿐이네요. 나는 두피 도시로 가는 중이에요. 머리카락 고속도로를 타고 가서 동네를 피로 붉게 물들일 거예요.
간디스토마
달팽이를 봤나요? 우리는 해변 여행을 계획했어요. 일단 바다에 가서 달팽이가 내 애벌레들을 바닷물에 풀어놓으면 물고기가 애벌레들을 먹을 거예요. 운이 좋으면 그 물고기는 초밥을 먹는 사람의 입으로 들어가겠지요. 내 애벌레들은 간에 도착해서 간을 새 집으로 삼아 맛 좋은 담즙을 마음껏 먹으며 자랄 거예요.
옴진드기
회충의 아이들이 안전하게 여행을 마치기를 바라요. 아무튼 나는 여덟 개의 다리로 움켜쥐며 이동해요. 인간의 피부에 굴을 파고 알을 낳지요. 내 새끼들이 깨어나면 상상할 수도 없이 가려워질 거예요!
두피

우리 몸이 공격당할 때

질병을 일으키는 병원체 무리의 공격 앞에서, 인간의 몸은 병원체를 박멸할 수비 선수들을 앞에 배치해요. 인간의 몸은 신체 조직에 침입하여 파괴를 일삼으려는 세균, 바이러스, 그 밖의 해비급 선수들에 맞설 준비를 해야 해요. 공격자들은 인체의 강력한 방어 전술과 맞서게 될 거예요. 경기는 막상막하로 펼쳐지겠지요.

바이러스

병원체 공격팀에서 가장 공격력이 뛰어난 선수인 바이러스는 특수한 방법으로 몸을 감염시켜요. 막지 않으면 세포에 침입하여 자신을 대량으로 복제한 뒤 세포를 터뜨리고 나와서 새 세포로 침입해요. 감기, 독감, 홍역, 공수병은 다 바이러스가 일으켜요.

세균

세균은 병원체 공격팀의 핵심 선수예요. 일단 몸 안으로 들어온 세균은 독소를 내보내 세포를 죽이거나 세포가 제 기능을 못하게 막아요. 계속 전진하도록 놔두면 수막염이나 폐렴 같은 병을 일으켜요.

원생동물

연못에 사는 아메바 같은 원생동물은 대부분 전혀 해를 끼치지 않아요. 하지만 병원체 공격팀에 속하는 녀석들도 있어요. 예를 들어 편모충은 감염된 음식이나 물을 통해 몸 안으로 들어와서 장에 염증과 심한 설사를 일으키지요.

곰팡이

병원체 공격팀 중에는 해로운 곰팡이도 있어요. 무좀이나 버짐을 일으키는 곰팡이들은 피부에 침입하여 살아 있는 조직을 먹어요. 그렇게 되면 피부가 갈라지거나 붉어지고 쓰리지요.

식세포

인체 방어팀에서 진짜 강력한 선수예요. 식세포는 가장 먼저 싸움에 나서, 병원체를 먹어 치워 없애는 방어 세포이지요. 병원체 공격팀을 무너뜨리기 위해 최선을 다해요. 가장 민첩한 종류는 호중성 백혈구이며, 가장 힘센 종류는 늘 굶주려 있는 대식세포예요.

슈퍼 박테리아

가장 두려운 병원체 공격팀 선수는 항생제에 내성을 지니게 된 세균들이에요. 항생제 내성 세균(MRSA)은 심각한 피부 감염을 일으킬 수 있는 슈퍼 박테리아로서 사람의 면역계가 약할 때 특히 극성을 부려요.

비세포

비세포(B세포)는 티세포와 함께 인체 방어팀의 핵심 선수예요. 병원체 공격팀의 주요 선수들을 찾아 표적으로 삼아요. 비세포는 특정한 세균과 병원체를 무력하게 만드는 항체라는 화학 물질을 분비해요. 팀 동료인 식세포가 공격하기 쉽게 도와주는 것이지요.

티세포

반대편에서 쳐들어오는 바이러스를 공격하는 인체 방어팀의 전문가예요. 티세포(T세포)는 바이러스의 공격을 받아 안에서 바이러스가 증식할 위치에 처한 체세포를 찾아내요. 바이러스에 오염된 체세포에 달라붙어 구멍을 뚫고 화학 물질을 넣어 공격자들을 끝장내요.

백신

모든 팀에는 훈련 담당자가 필요해요. 인체 방어팀에서는 백신이 훈련을 시켜요. 백신은 비세포와 티세포가 총공격을 개시할 수 있도록 준비하지요. 홍역이나 볼거리 같은 병을 일으키는 병원체 공격팀의 지독한 선수들이 우리 몸에 피해를 입히기 전에 싸울 준비를 해 두는 거예요.

항생제

인체 방어팀이 아무리 뛰어나다고 해도, 최종 승리를 거두려면 어느 정도는 외부에서 도움을 받을 필요가 있어요. 바로 항생제가 필요해요. 항생제는 병원체 팀의 세균을 곧장 공격하여 몸속에서 증식하지 못하게 막는 강력한 약물이에요. 세균 증식이 안 되면 감염도 안 돼요!

응급 체계

여느 위험이 닥칠 때처럼, 말벌 무리가 다가오면 몸의 응급 체계가 자동으로 가동돼요. 몸이 위험에 맞서 싸우거나 도피할 수 있게 뇌의 시상 하부가 준비를 갖추는 거예요. 시상 하부는 자율 신경계의 긴급 통신망을 통해 몸의 핵심 기관으로 위험에 대비하라는 신호를 보내지요.

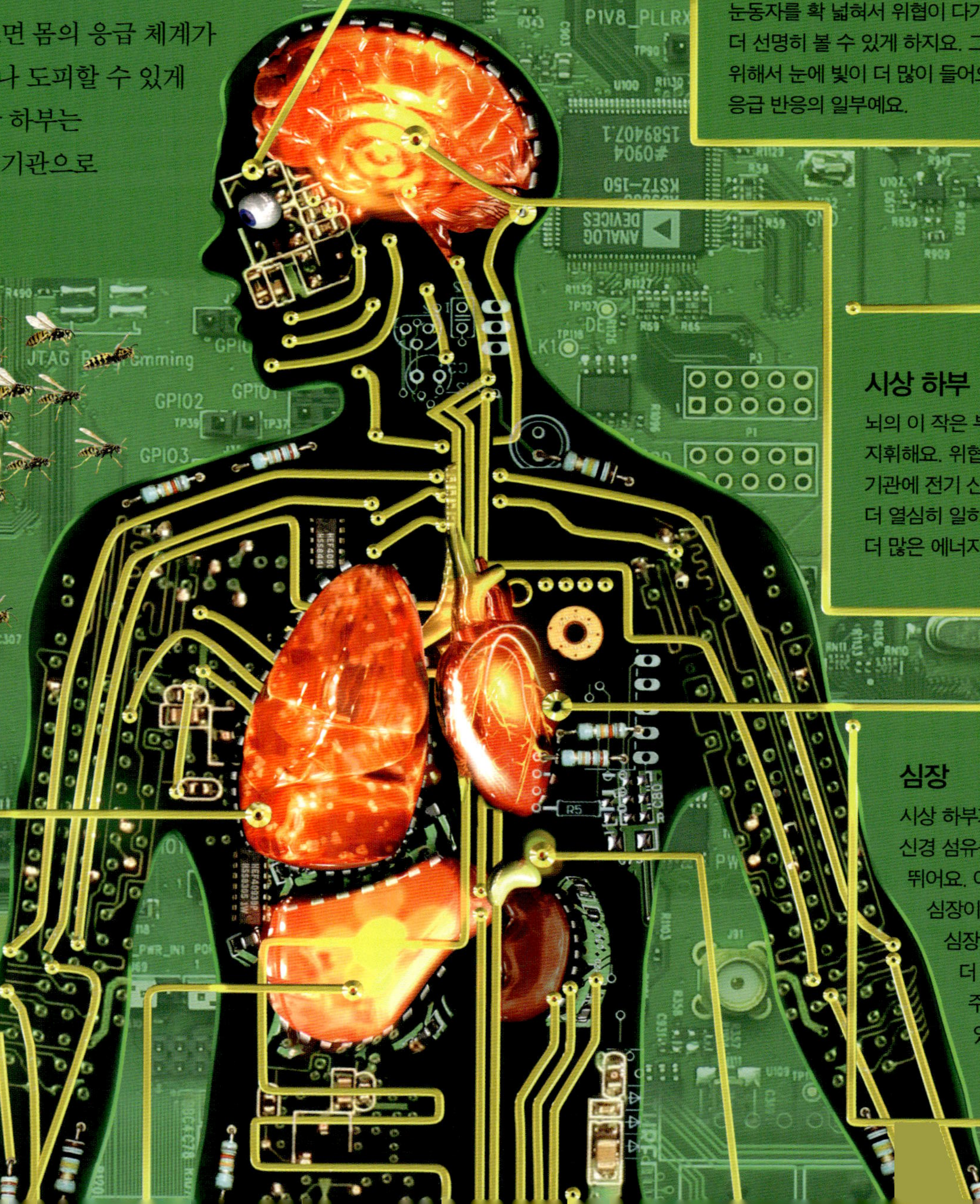

눈

뇌에서 '두려움'을 담당한 부위는 눈에서 오는 신호를 받아 응급 반응을 작동시켜요. 눈동자를 확 넓혀서 위협이 다가오는 상황을 더 선명히 볼 수 있게 하지요. 그렇게 하기 위해서 눈에 빛이 더 많이 들어오게 하는 것도 응급 반응의 일부예요.

시상 하부

뇌의 이 작은 부위에서 몸의 응급 체계를 지휘해요. 위협을 감지하면 시상 하부는 몸의 기관에 전기 신호를 보내요. 특히 심장과 근육이 더 열심히 일하고 포도당과 산소를 더 많이 써서 더 많은 에너지를 만들게 하지요.

심장

시상 하부가 보낸 신호를 자율 신경계의 신경 섬유를 통해 받은 심장은 더 세차게 뛰어요. 이것이 바로 겁을 먹은 사람의 심장이 두근두근하는 이유예요. 심장이 세게 뛰는 만큼 피를 통해 더 많은 포도당과 산소가 몸의 주요 부위, 특히 근육에 갈 수 있게 해 줘요.

폐의 세기관지

양쪽 폐의 모든 부위로 뻗어 있는 공기 통로예요. 세기관지 끝에서 산소는 혈액으로 전달되어 몸 곳곳의 세포로 보내지고, 세포는 산소를 이용하여 포도당에서 에너지를 얻어요. 응급 상황에서는 세기관지가 확장되어 더 많은 산소를 혈액으로 전달해서 세포가 더 많은 에너지를 만들 수 있게 해요.

간

간이 하는 많은 일 중 한 가지는 몸의 주요 연료인 포도당을 저장하는 것이에요. 위험이 닥치면 간은 저장했던 포도당을 풀어 놓아서 혈액의 혈당 수치를 높여요. 혈액은 많아진 포도당을 근육으로 운반하여, 몸이 싸우거나 도피할 에너지를 충분히 갖도록 해요.

피부의 혈관

겁에 질린 사람은 대개 피부가 창백해져요. 뇌의 신호가 피부에 있는 혈관을 좁히기 때문이에요. 혈관이 좁아진 만큼 피부에 피가 덜 흘러서 혈색이 사라져요. 피부로 가던 피는 근육, 뇌, 심장처럼 응급 상황에서 피가 더 필요한 부위로 보내지지요.

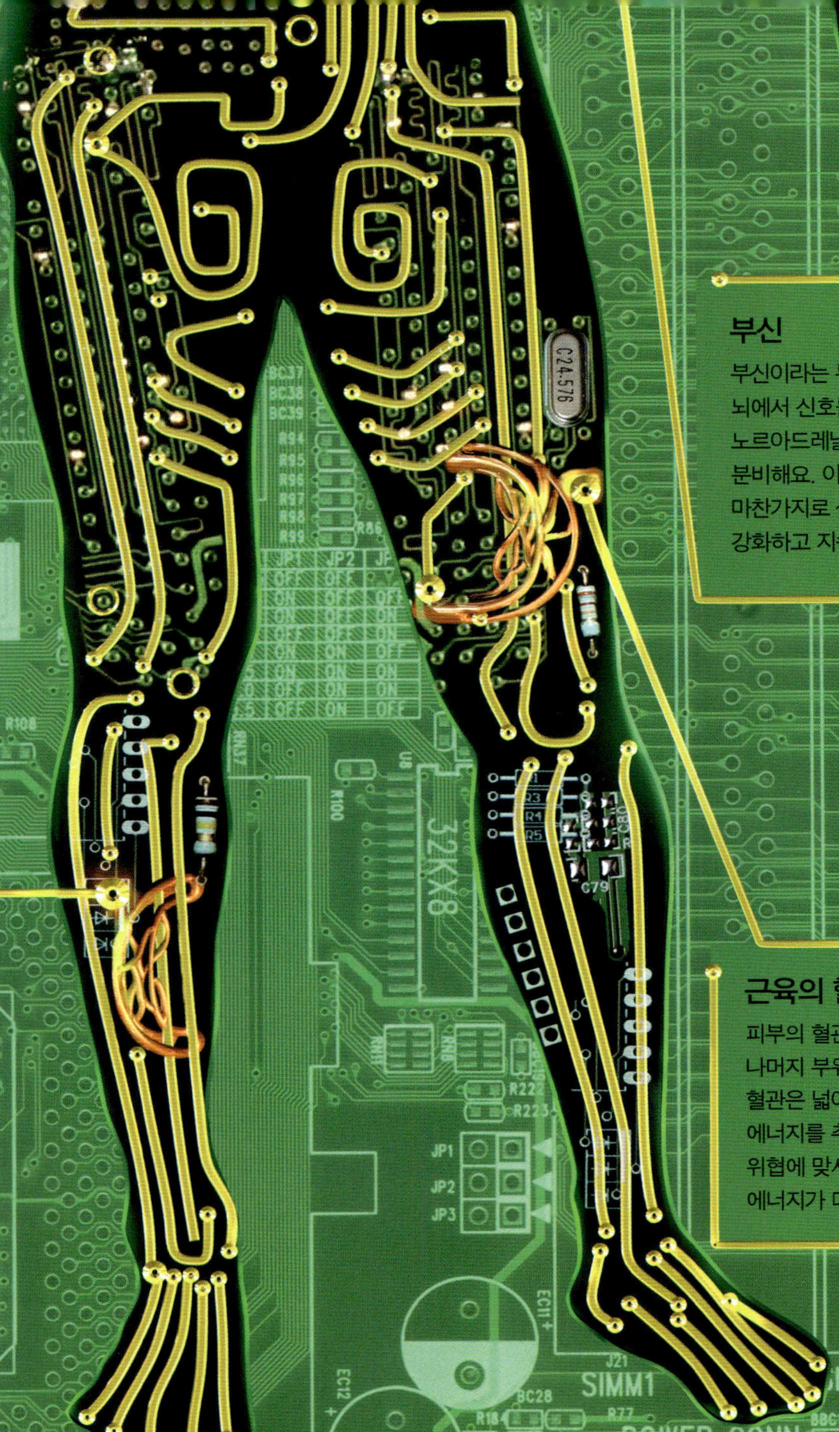

부신

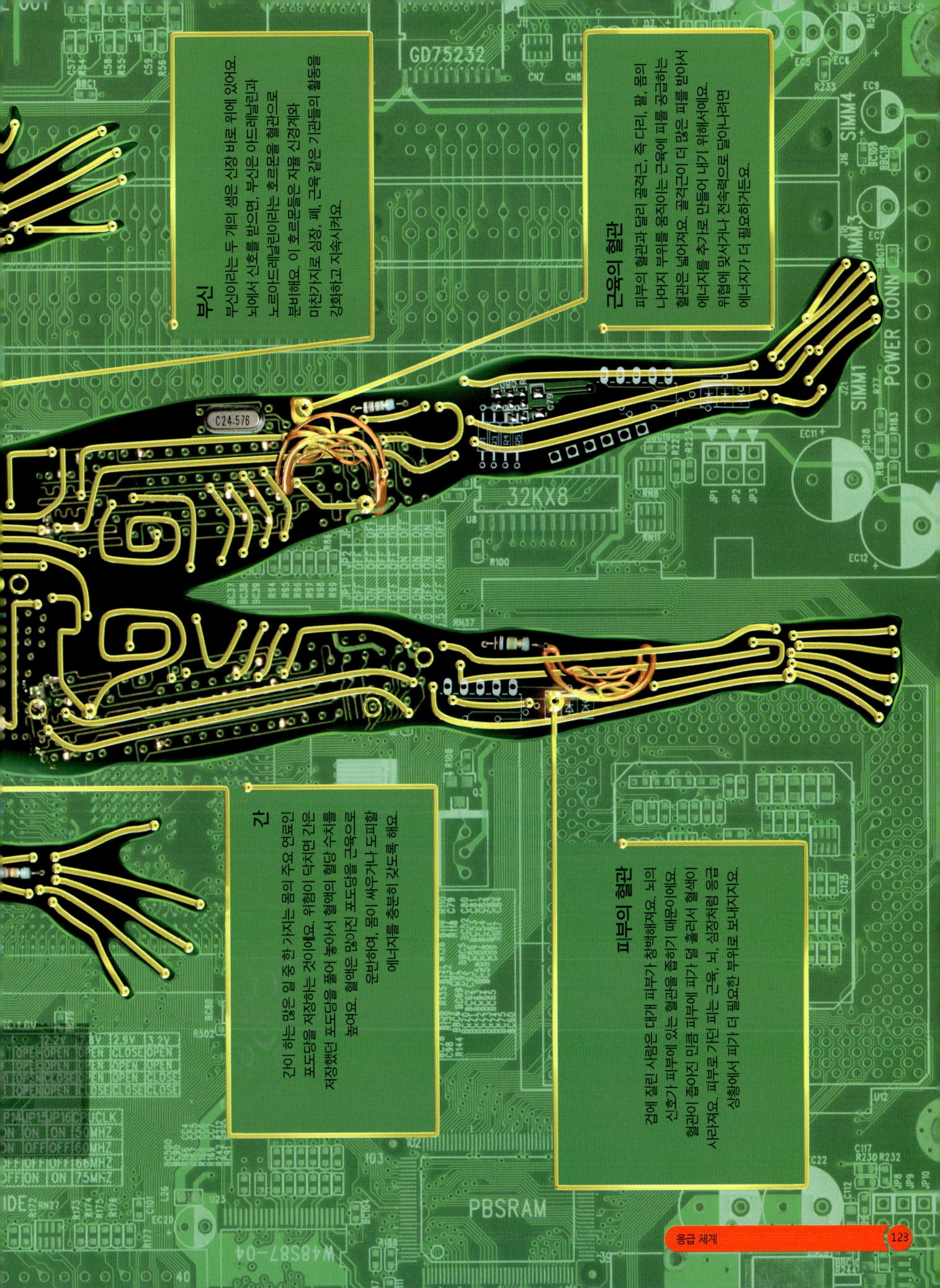

부신이라는 두 개의 샘은 신장 바로 위에 있어요. 뇌에서 신호를 받으면, 부신은 아드레날린과 노르아드레날린이라는 호르몬을 혈관으로 분비해요. 이 호르몬들은 자율 신경계와 마찬가지로 심장, 폐, 근육 같은 기관들의 활동을 강화하고 지속시켜요.

근육의 혈관

피부의 혈관과 달리 골격근, 즉 다리, 팔, 몸의 나머지 부위를 움직이는 근육에 피를 공급하는 혈관은 넓어져요. 골격근이 더 많은 피를 받아서 에너지를 추가로 만들어 내기 위해서예요. 위협에 맞서거나 전속력으로 달아나려면 에너지가 더 필요하거든요.

전염병 발생

인류는 크게 무리 지어 살기 시작한 이래로 전염병의 유행을 겪어 왔어요. 유행병은 일정한 지역에 영향을 미치며, 때로는 전 세계로 퍼지기도 해요. 옛날 사람들은 원인이 무엇인지 몰랐기에 전염병의 발생을 더 두려워했어요. 오늘날 우리는 전염병이 세균과 박테리아 같은 병원체 때문에 일어난다는 것을 알아요. 하지만 원인을 안다고 해도 여전히 전염병의 공격에는 약해요.

천연두가 아메리카를 강타하다

스페인과 포르투갈의 모험가 또는 군인이었던 정복자들이 아메리카를 침략하자 아메리카 원주민들은 재앙을 맞이했어요. 15세기에 금과 은을 찾아온 유럽인들은 원주민이 내성을 갖지 못한 질병을 퍼뜨렸어요. 그중에 가장 치명적인 질병이 천연두였어요. 이미 유럽에서 수많은 사람을 죽인 바이러스 질병이었지요.

아메리카 원주민들은 무장한 스페인 정복자들에게 돌을 던졌어요.

나폴레옹의 군대가 몰락하다

1812년 12월 나폴레옹 황제는 대군 중 남은 패잔병들을 데리고 후퇴했어요.

1812년 4월 시작된 프랑스 황제 나폴레옹 보나파르트의 러시아 침략 전쟁은 재앙으로 끝났어요. 모스크바로 진격한 군인 50만 명 중 겨우 4만 명만이 살아서 프랑스로 돌아왔어요. 전투와 독감과 굶주림으로 죽은 이도 많았지만, 대부분은 유행하는 장티푸스에 걸려 사망했어요. 장티푸스는 비좁고 비위생적인 환경에서 특히 빠르게 퍼져요. 몸에서 피를 빠는 이가 장티푸스균을 옮겨서 발생하는 병이지요.

흑사병

흑사병은 겨우 4년 만에 유럽 전역으로 퍼져서 인구의 절반을 없앴어요. 1347년에 처음 알려진 이 끔찍한 질병은 고열, 출혈, 검은 궤양을 일으키며 고통스러운 죽음을 가져왔어요. 감염된 쥐를 문 벼룩을 통해 사람에게 옮는 세균이 일으키는 가래톳 페스트가 흑사병이라고 여겨져요.

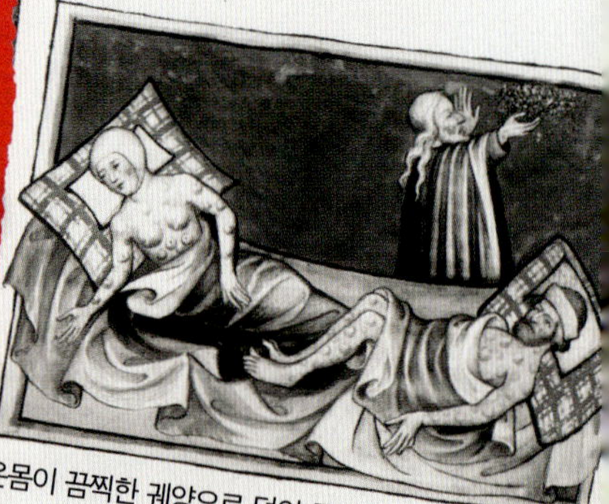

온몸이 끔찍한 궤양으로 덮인 두 명의 흑사병 희생자

콜레라

19세기에 콜레라는 몇 차례 크게 유행했어요. 세균에 오염된 음식과 물을 통해 퍼지는 콜레라는 설사와 구토를 일으키며 때로 사망에 이르게 했어요. 1817년 인도에서 유럽으로 처음 들어왔다가 1830년대에 남북아메리카까지 퍼졌지요. 콜레라는 위생 상태가 나쁘고 식수가 더러운 도시에서 더 자주 발생했어요.

콜레라의 유행을 막기 위해 두 방역 요원이 수레를 끌고 다른 장소로 가는 모습이에요.

스페인 독감

1918년 11월에 끝난 제1차 세계 대전의 희생자가 수백만 명이라고 하지만, 같은 해에 발생한 세계적인 유행성 독감에 희생된 사람이 훨씬 더 많았어요. 바이러스가 일으킨 스페인 독감은 건강한 젊은 어른이 주로 걸렸고 몇 시간 안에 죽을 수도 있었어요. 놀라울 정도로 빠른 속도로 세계 전체로 퍼져서 1919년 사라질 때까지 5,000만 명 이상이 사망했어요.

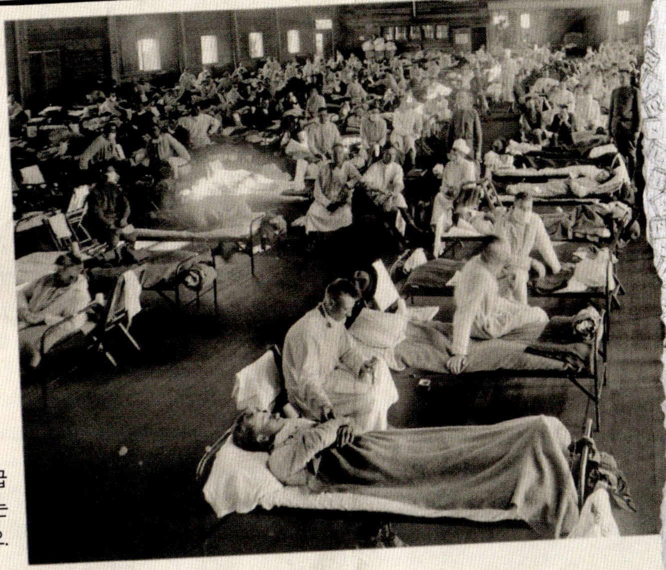

미국 캔자스 군 기지에 설치된 응급 병동에서 스페인 독감 환자들을 돌보는 의사와 간호사들의 모습이에요.

에볼라 출혈열

치명적인 병은 1976년 콩고 민주 공화국에서 처음으로 크게 발생했어요. 그 뒤로도 에볼라 출혈열은 발생하곤 했지만 아프리카에서만 유행했지요. 전염성이 강한 에볼라 출혈열은 침, 피, 기타 체액을 통해 전파되는 바이러스가 원인이에요. 체내에 출혈을 일으키고 대개 사망에 이르게 하지요.

중증 급성 호흡기 증후군(사스)

항공 여행은 새로운 치명적인 질병을 전 세계로 퍼뜨리는 데 도움을 주는 듯해요. 2002년 중국 광둥성에서 처음으로 보고된 중증 급성 호흡기 증후군 '사스'는 처음에 야생 동물로부터 바이러스가 옮아서 발생한 질병이에요. 호흡 곤란, 피로, 설사를 일으키지요. 2년 만에 8,000명이 넘는 사람이 사스에 감염되었어요.

홍콩 주민들이 사스를 일으키는 바이러스에 감염될 위험을 줄이고자 마스크를 쓰고 있어요.

후천 면역 결핍증(에이즈) 치료의 희망이 보이다

무서운 전염병이 된 후천 면역 결핍증(에이즈)은 1981년 처음 출현했어요. 2년 뒤에는 인간 면역 결핍 바이러스(HIV)가 원인으로 밝혀졌어요. 피 같은 체액을 통해 퍼지는 인간 면역 결핍 바이러스는 '도움 티세포'라는 핵심 방어 세포에 침입해요. 그러면 면역계가 약해져서 몸이 온갖 질병에 무너지게 돼요. 전 세계에서 수많은 사람들을 죽게 만든 후천 면역 결핍증의 치료법을 개발하려는 연구가 아직 진행 중이에요.

인간 면역 결핍 바이러스(녹색)는 방어 세포인 도움 티세포를 터뜨리고 나와서 다른 도움 티세포에 들어가 증식해요.

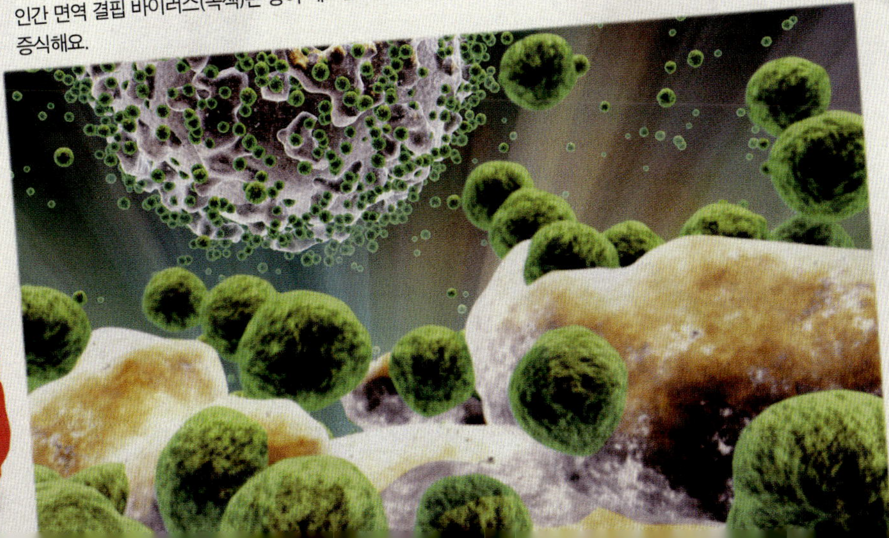

일본의 홍역 대유행

2007년 5월 도쿄 전역에서 홍역 바이러스가 빠르게 퍼지면서 수천 명의 학생이 홍역에 걸리는 바람에 일본 당국은 경악했어요. 대개 어린아이들이 걸리는 홍역 바이러스는 기침과 재채기를 통해 퍼지며 전염성이 강해요. 때로는 치명적일 수도 있지요. 아이들에게 예방 접종을 제대로 하지 않아서 홍역이 크게 발생했다는 비난이 정부에 쏟아졌어요.

믿고 뛰어내리기

육지 다이빙의 진정한 공포를 맛보려면 하늘을 보세요. 태평양의 바누아투라는 나라에서는 풍작을 기원하거나 젊은 남자가 여자 친구에게 좋은 인상을 심어 주기 위해 하는 의식이 있어요! 양쪽 발목을 덩굴에 묶고서 흔들거리는 탑에서 뛰어내리는 것이에요. 운이 좋으면 머리가 땅에 부딪히지 않겠지요!

놀라운 자세

놀랍기 그지없는 '서 있는 남자' 카레시와리를 소개할게요. 카레시와리는 서 있기로 맹세한 인도의 수행자예요. 무려 12년 동안 앉지도 눕지도 않은 채 서 있었다고 해요. 깨어 있거나 잠을 자거나 그네로 몸을 지탱하고, 밧줄로 한 번에 한 다리씩 쉬기도 하지요.

불 위를 걷는 사람

무대 중앙에서 우리의 여주인공이 맨발로 뜨거운 잉걸불 위를 걷고 있네요. 어떻게 전혀 화상을 입지 않을 수 있을까요? 재로 덮인 석탄은 열을 잘 전달하지 않아서, 화상을 입지 않을 정도로 빨리 걷는 것이 비결이에요.

사람의 몸은 얼마나 견딜 수 있을까?

자, 모이세요! 서커스가 왔어요. 사람의 힘과 인내심이 어느 정도인지 확인해 보세요. 몸의 한계를 극한까지 시험한 사람들을 소개할게요. 극도의 열기, 추위, 고통, 압력을 견디는 모습을 보면 숨이 막힐 거예요. 진정한 강인함이 어떤 것인지 알 수 있지요.

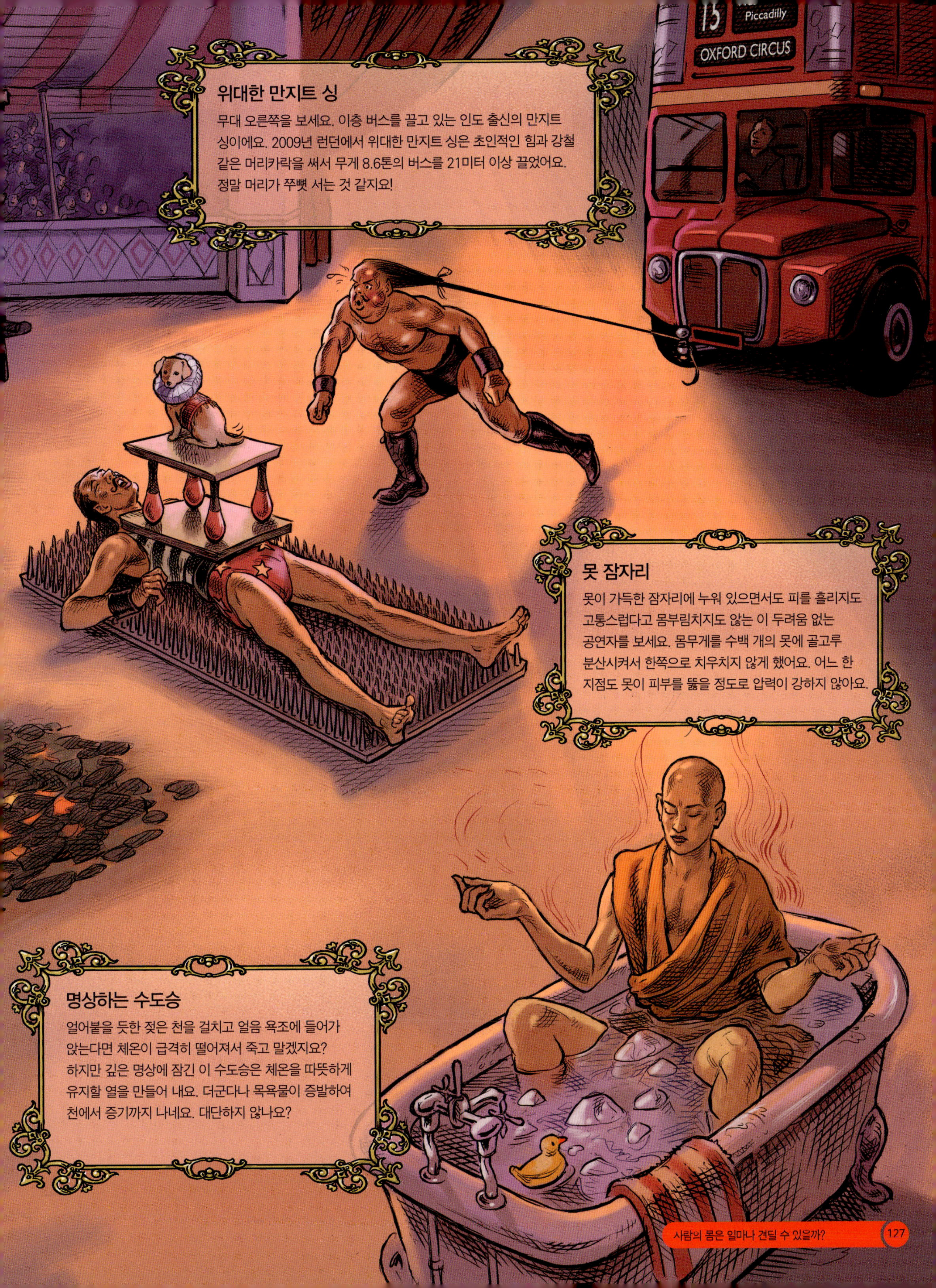
15
Piccadilly
OXFORD CIRCUS

위대한 만지트 싱

무대 오른쪽을 보세요. 이층 버스를 끌고 있는 인도 출신의 만지트 싱이에요. 2009년 런던에서 위대한 만지트 싱은 초인적인 힘과 강철 같은 머리카락을 써서 무게 8.6톤의 버스를 21미터 이상 끌었어요. 정말 머리가 쭈뼛 서는 것 같지요!

못 잠자리

못이 가득한 잠자리에 누워 있으면서도 피를 흘리지도 고통스럽다고 몸부림치지도 않는 이 두려움 없는 공연자를 보세요. 몸무게를 수백 개의 못에 골고루 분산시켜서 한쪽으로 치우치지 않게 했어요. 어느 한 지점도 못이 피부를 뚫을 정도로 압력이 강하지 않아요.

명상하는 수도승

얼어붙을 듯한 젖은 천을 걸치고 얼음 욕조에 들어가 앉는다면 체온이 급격히 떨어져서 죽고 말겠지요? 하지만 깊은 명상에 잠긴 이 수도승은 체온을 따뜻하게 유지할 열을 만들어 내요. 더군다나 목욕물이 증발하여 천에서 증기까지 나네요. 대단하지 않나요?

위험한 슈퍼마켓

음식이 없으면 살 수 없어요. 하지만 음식을 먹는 데에도 위험이 따라요. 어떤 음식들, 특히 가공된 음식에는 건강에 영향을 미칠 수도 있는 첨가제나 불필요한 오염 물질이 들어 있어요. 차라리 몰랐으면 할 성분이 들어 있는 음식도 있지요. 음식에 대해 더 많이 알고 싶다면 으스스 슈퍼마켓을 둘러보세요. 우리가 먹는 음식에 무엇이 들어 있는지 알고 나면 깜짝 놀랄 거예요!

음식은 꼭 씻어 먹을 것!
4,000원
1,500원

우유 속 멜라민

아기의 분유는 안전한 음식이라고 기대하겠지요? 하지만 2008년 중국에서 멜라민에 오염된 분유가 발견되었어요. 실제보다 단백질이 더 많이 들어 있는 것처럼 보이기 위해 유독한 물질을 넣은 것이었지요. 멜라민은 아기에게 신장 장애를 일으키며 때로는 죽게 할 수 있어요.

살충제

건강한 식단에는 하루에 적어도 과일과 채소가 다섯 조각은 들어가야 한다고 말해요. 하지만 식단의 '건강한' 항목에 들어간 음식에 유독한 살충제가 남아 있을 수 있어요. 과일과 채소를 캐울 때 해충을 죽이기 위해 살충제를 점점 더 많이 뿌리고 있거든요.

참치

참치는 통조림에 담기거나 신선한 상태로 널리 이용되는 음식이에요. 뇌와 심장에 좋아요. 하지만 참치에는 바다를 오염시키고 건강에 문제를 일으킬 수 있는 수은 같은 유독한 중금속도 조금 들어 있을 수 있어요. 그래서 참치는 일주일에 두 번 정도만 먹으라고 권하지요.

트랜스 지방

인공 트랜스 지방은 비스킷, 빵, 죽석 식품을 비롯하여 여러 가공 식품을 만들 때 쓰여요. 양을 늘리고 보존 기간을 늘릴 수 있거든요. 불행히도 트랜스 지방을 많이 먹으면 심장 마비와 뇌졸중이 일어날 위험이 증가될 수 있어요.

많이 먹기 대회
빨리 입에 넣어요!

한 가지 음식을 정해서 정해진 시간에 누가 많이 먹는지를 겨루는 대회예요.

한 가지를 고르세요:
닭 날개
아스파라거스
팬케이크

경고: 한 러시아인은 크림과 바나나를 얹은 팬케이크 43개를 마구 삼킨 뒤 쓰러져 사망했어요. 한꺼번에 너무 많은 음식을 넣으면 목이 막힐 위험이 있어요.

물 조심

물이 없이는 오래 살 수 없어요. 매일 땀, 소변 등으로 잃는 물만큼 마셔서 보충해야 해요. 하지만 물을 너무 많이 마셔도 위험할 수 있어요. 피가 묽어지고 뇌세포가 팽창되어서 혼수상태, 경련이 일어나고 죽을 수도 있거든요.

건강한 식사를 하는 만큼 얻는 것이 있어요.

3,600원

특제 연골 포함

햄버거

치명적인 대장균에 오염되고 덜 익힌 값싼 햄버거가 아이들을 심하게 앓게 만드는 사례가 있었어요. 일부 지역에서는 햄버거 고기를 만드는 데 쓰이는 소에게 성장 촉진 호르몬을 투여하기도 해요. 이러한 햄버거는 아이들의 성장에도 영향을 끼칠 수 있어요.

으스스 씨의 도움말:

"먹기 전에 잘 생각해요. 아무거나 먹으면 끙끙 앓을 테니."

1,800원

소금이 많이많이 들었어요!

소금

맛을 내고자 소금을 첨가한 가공 음식은 아주 많아요. 토마토케첩, 피자, 삶은 콩, 감자칩, 즉석 음식, 수프, 빵 등이 포함돼요. 어른이 소금을 너무 많이 먹으면 혈압이 높아지고 심장 마비 위험도 커져요.

2,500원

핫도그

다음에 핫도그나 값싼 고기 식품을 입에 넣을 때는 꼭 생각해 봐요. 어쩌면 기계로 거둔 고기인 '기계 회수육'이 들어 있을지 모르거든요. 기계 회수육은 값나가는 고기를 다 떼어 낸 뒤에 남은 지방, 연골, 조직을 잘게 갈아서 만든 거예요.

응급실의 별난 환자들

여기 있는 응급 환자들은 무슨 일로 병원 응급실을 찾았을까요? 사고로 온 사람도 있고, 그저 운이 나빠서 온 사람도 있어요. 응급실 의사는 무슨 일인지 알아내고, 어디가 어떻게 다쳤는지 살펴보고, 치료를 하거나 전문의에게 보내 더 치료를 받을 수 있게 도와줘요. 이런 사고들이 기이해 보일지 모르지만 대부분은 놀라울 정도로 흔하게 일어나요.

물건을 삼키는 바람에

사람들은 문 열쇠에서 날붙이, 의치에서 건전지에 이르기까지 온갖 것을 삼켜서 응급실에 와요. 의사는 엑스선 사진을 찍어서 무엇을 삼켰는지 알아내지요. 동전 같은 작은 물건은 대개 안전하게 몸 밖으로 나오지만, 뾰족한 핀 같은 날카로운 물건은 목숨을 위태롭게 할 수도 있어요.

기계 사고

엄격한 안전 규제가 있다고 해도, 작업장에서 기계를 다루다가 사고로 다쳐서 응급실에 온 사람들이 많아요. 베이거나 화상을 입거나 뼈가 부러지거나 손가락이 잘릴 수도 있어요. 감염이나 팔다리를 잃는 일을 막기 위해 급히 수술을 해야 할 때도 종종 있지요.

치어리더 응원

예전에는 그저 폴짝폴짝 뛰고 다리를 들어 올리는 것이 전부였지만, 지금의 치어리더 응원은 위험한 운동이에요. 체조 선수 같은 곡예와 인간 피라미드와 공중회전 같은 묘기가 으레 쓰여요. 발 하나만 삐끗해도 골절, 뇌진탕, 심지어 마비까지 일어날 수 있어요.

왼손잡이용 도구

전체 인구의 약 10퍼센트는 왼손잡이예요. 왼손잡이는 오른손잡이용 도구를 쓰다가 다쳐서 응급실에 오곤 하지요. 보통 가위도 왼손잡이가 쓰면 잘 미끄러져서 베이거나 찔릴 수 있거든요.

번갯불에 맞다

번개가 땅을 칠 때, 사람도 번개에 맞아서 화상을 입거나 신경계에 손상이 일어날 수 있어요. 응급실 의사들은 번개로 인한 상처를 살펴보고 적절한 치료를 하지요. 희소식은 번개에 맞을 확률이 300만 분의 1에 불과하다는 거예요.

침대에서 떨어지다

침대에서 떨어져서 응급실에 오는 사람이 얼마나 많은지 알면 놀랄 거예요. 혹이나 타박상이 생기고 베이거나 부러질 수 있거든요. 그중에는 균형 감각이 떨어지는 나이든 사람이 특히 많아요. 어린아이들도 침대에서 떨어지는 일이 많지요.

파티의 꽃불

실을 당기면 작은 화약이 터지면서 종이테이프들이 공중으로 확 퍼지는 파티용 폭죽이 있지요. 하지만 폭죽 때문에 사고가 날 수도 있어요. 응급실 의사들은 폭죽이 터질 때 뚜껑에 눈을 맞은 어른과 아이들을 종종 봐요.

쫓아오는 소

소 목장 옆 시골길을 걷는 일이 위험해 보이지는 않지요. 하지만 소는 위협을 느끼면, 특히 지킬 송아지가 있다면 성난 반응을 보일 수 있어요. 특히 개를 데리고 걷는 사람은 소에게 쫓겨서 짓밟힐 수 있지요. 소 때문에 심한 상처를 입어서 응급실에 오는 경우가 종종 있어요.

떨어지는 코코넛

모래 해안에 따라 서 있는 키 큰 코코야자들은 참 멋지지요? 하지만 야자나무도 위험할 수 있어요. 코코넛은 무게가 4킬로그램까지 커질 수 있고 나무의 키도 25미터까지 자랄 수 있거든요. 떨어지는 코코넛에 맞은 사람은 뇌진탕이나 심하면 뇌 손상을 입을 수 있지요.

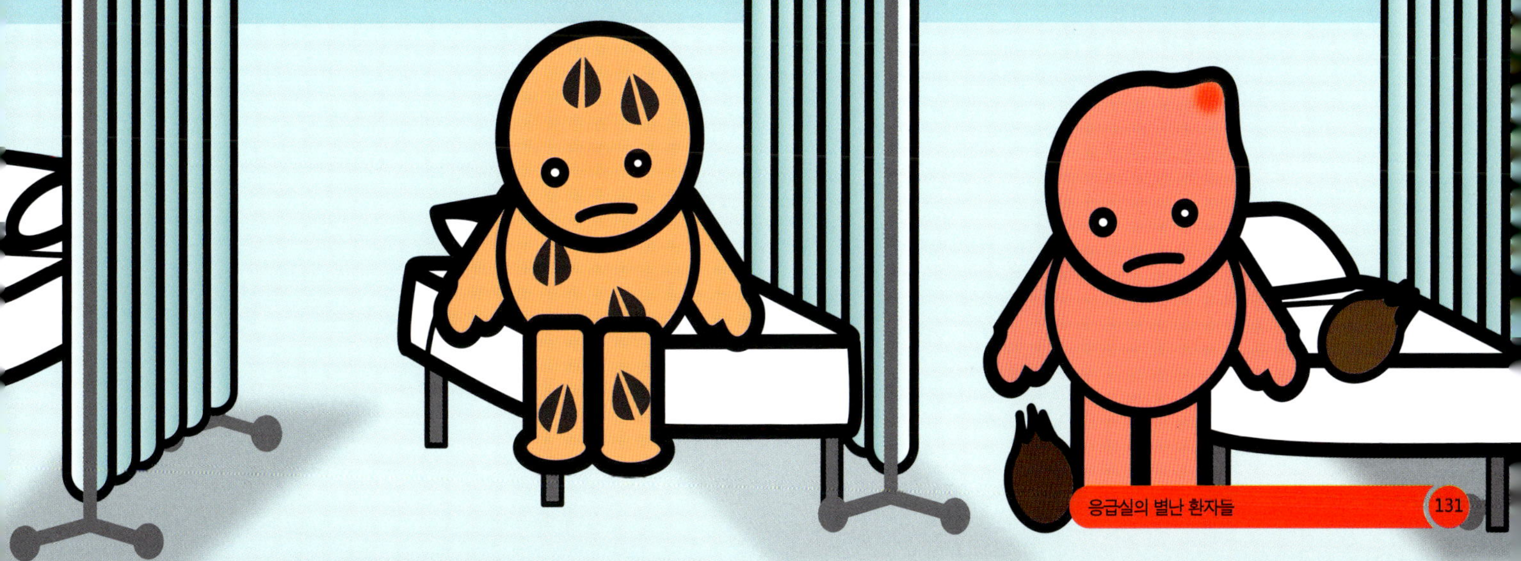

www.tourist-terrors.com

기본 화면 | 동영상 | 사진 | 게시판 | 토론방

여행 주의보 | 로그인 | 가입하기

여행 주의보

공포스러운 휴가의 세계에 온 것을 환영합니다. 여기 여행 주의보 사이트에는 세계 각지의 여행자들이 올린 글들이 가득해요. 세계 곳곳의 여행지에 숨어 있는 위험과 질병에 관해 생생한 정보를 제공하지요. 그러니 피부를 파고드는 구더기가 넌더리 나거나, 설사가 날까 걱정되거나, 공수병에 걸릴까 꺼려지거나, 촌충에 겁이 난다면 이 사이트를 둘러보면서 여행 계획에서 어디를 뺄지 알아보아요. 안전한 여행 하세요!

목적지로 찾기

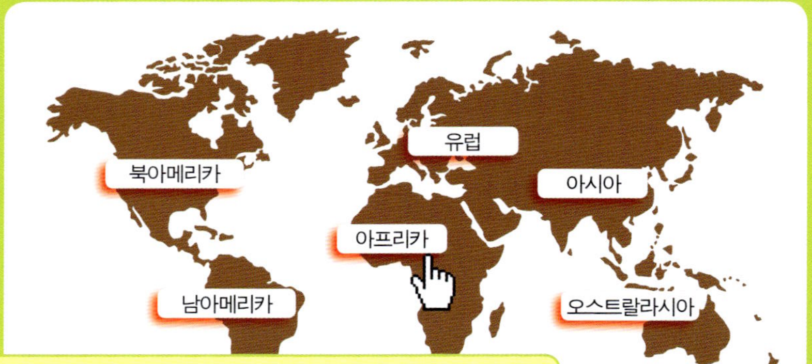

북아메리카
유럽
아시아
아프리카
남아메리카
오스트랄라시아

공수병 목장 휴양지

우리는 아프리카를 여행하다가 입에 거품을 물고 짖어 대는 개와 마주쳤어요. 광견병에 걸렸다는 징후였지요. 예방 접종을 안 했는데, 광견병에 걸린 개에게 물리면 큰일 나요. 신경계가 공수병바이러스에 감염되어 뇌에 염증이 생기고, 물을 두려워하게 돼요. 결국에는 사망할 거예요.

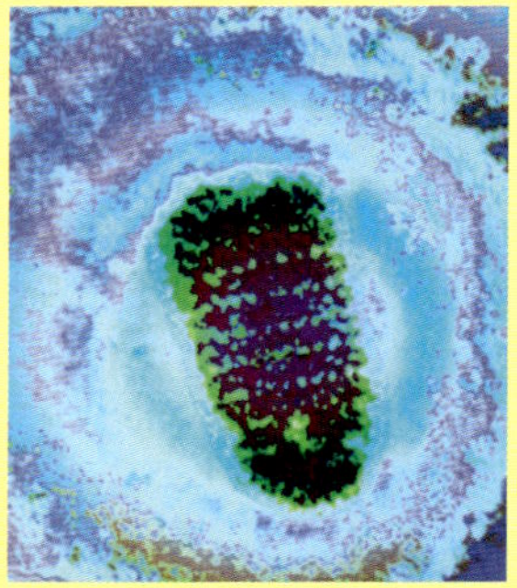

상세 검색

대륙

질병

나라

여행자들의 경고

1–20 of 468 « 1 2 … 25 »

구더기 세상

호텔 사진 / 위치 / 증상 / 세부 사항

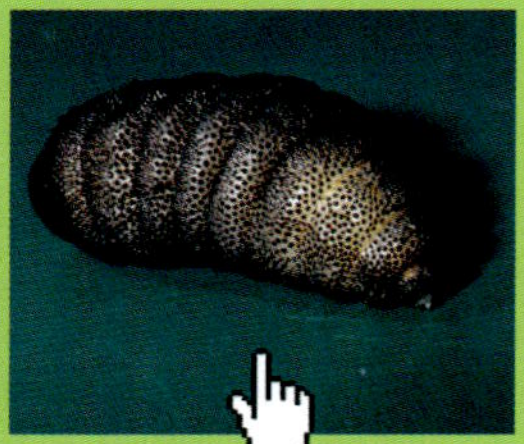

#1 휴가의 공포 8가지

376개의 글이 있습니다.

내 살갗 밑에서 꿈틀거려요. 2010 / 08 / 30

우리는 멕시코의 장원에서 충격적인 일을 겪었어요. 사나워 보이는 말파리가 내 동료의 피부에 알을 낳은 거예요. 피부의 온기에 알이 부화했어요. 애벌레들은 살갗 밑에 굴을 파서 통통한 구더기로 자랐지요. 집에 돌아와서야 혹처럼 부어서 아픈 것을 깨달았어요. 의사가 집게를 써서 꽉 박혀 있는 구더기들을 힘들게 꺼냈지요.

화젯거리: 먹지 말아야 할 곳 – 식당의 재앙

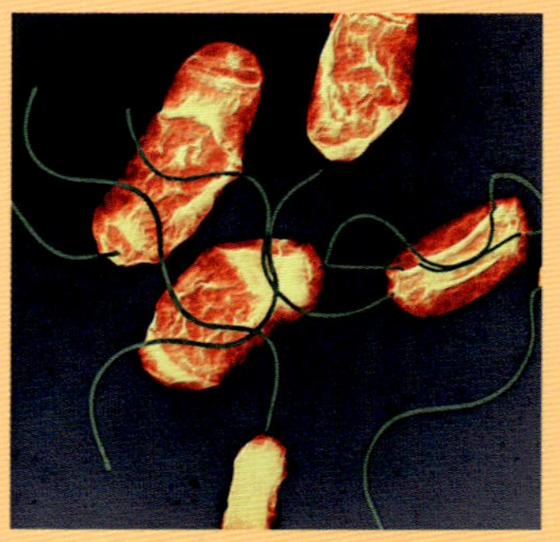

글쓴이:다시는가지않으리88

2010 / 06 / 25

굴 석호

우리는 식당에서 생굴을 먹었어요. 굴 때문에 모처럼 떠난 카리브 해 휴가가 엉망이 되리라는 것을 미처 몰랐지요. 굴은 비브리오 불니피쿠스 세균에 오염되어 있었어요. 몇 날 며칠을 토하고 설사하고 열나고 오한에 떨며 보냈어요. 살을 먹혀서 죽은 사람도 있다지만, 다행히 우리는 괜찮았어요.

벌레의 은신처

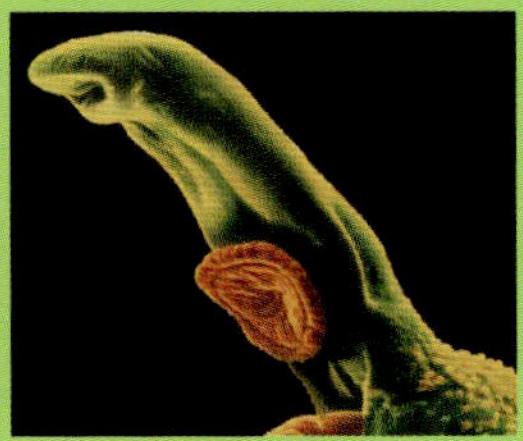

#2 휴가의 공포 8가지

376개의 글이 있습니다.

호수를 피하라 2010 / 08 / 09

열대 오지를 방문하겠다면, 호수와 강을 피해요. 주혈흡충의 애벌레는 피부 밑에 굴을 파고 주혈흡충증을 일으킬 수 있어요. 이 애벌레는 방광이나 창자 주위의 혈관에서 자라나 성충이 되면 알을 낳아요.

설사 호수

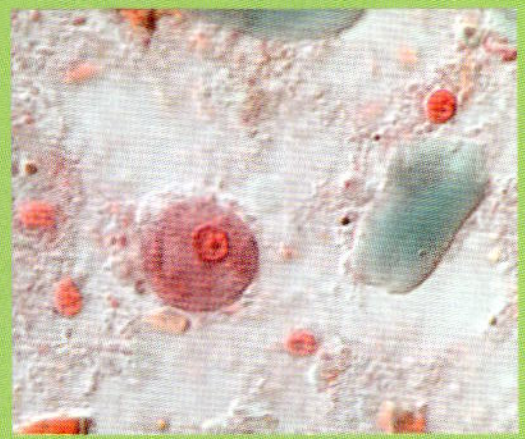

#3 휴가의 공포 8가지

376개의 글이 있습니다.

끔찍한 고통 2010 / 07 / 30

우리는 음식이 좋았다고 생각했는데, 음식 때문에 서아프리카 휴양지 여행을 망쳤어요. 나는 끔찍한 위통과 피 섞인 설사에 지쳐 드러누웠어요. 작은 원생동물이 든 물에 씻은 샐러드를 먹고 아메바성 이질에 걸린 거예요.

물혹 스파

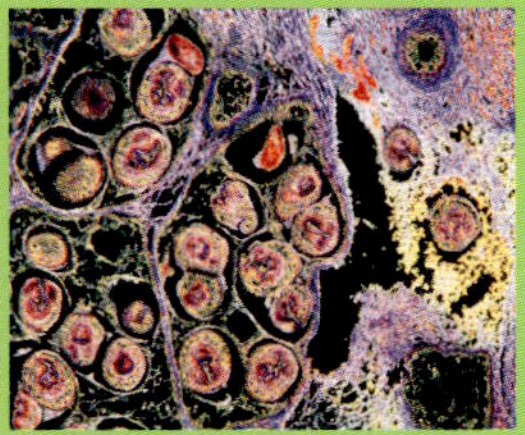

#4 휴가의 공포 8가지

376개의 글이 있습니다.

폐의 물혹 2010 / 07 / 27

이곳은 어디에나 개와 양이 있는 비위생적인 환경이었어요. 우리 중 한 사람은 개의 배설물에 오염된 음식을 먹고 말았어요. 그런데 보통은 양의 몸속에 물혹을 만드는 촌충 알이 그 배설물에 들어 있었던 거예요. 그 바람에 폐에 배만 한 물혹이 생겼어요.

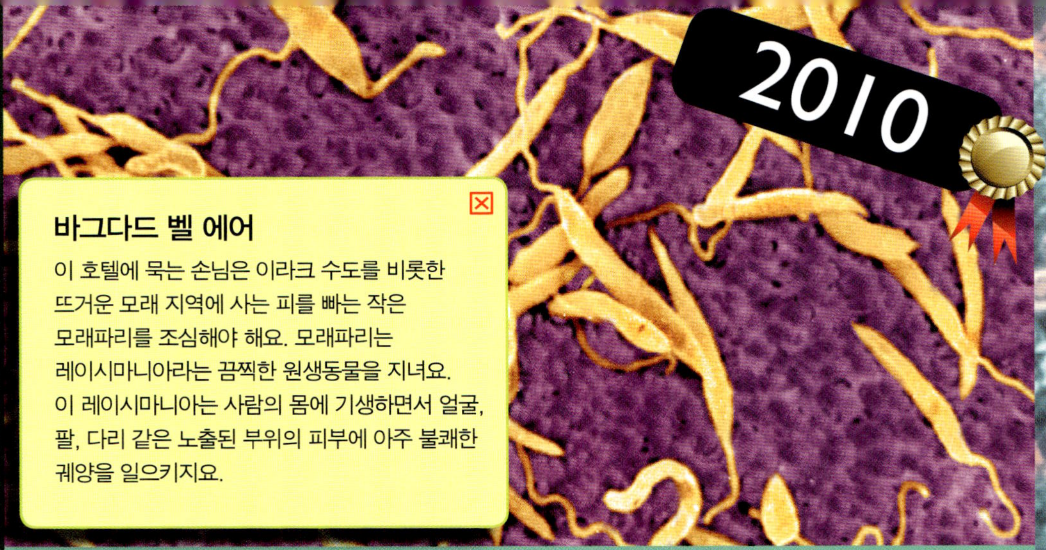
2010

바그다드 벨 에어

이 호텔에 묵는 손님은 이라크 수도를 비롯한 뜨거운 모래 지역에 사는 피를 빠는 작은 모래파리를 조심해야 해요. 모래파리는 레이시마니아라는 끔찍한 원생동물을 지녀요. 이 레이시마니아는 사람의 몸에 기생하면서 얼굴, 팔, 다리 같은 노출된 부위의 피부에 아주 불쾌한 궤양을 일으키지요.

여행자들이 추천한 글

여행자 비디오 추천

0.45/2.01

작성자: 벌레는싫어55

키스벌레 여관

칠레에서 배낭여행을 하던 중에 내 남자 친구의 휴대 전화로 찍었어요. 어느 날 밤 내 남자 친구는 벌레에 물리는 것을 느꼈어요. 들여다보니 이 키스벌레가 살갗을 뚫고 피를 빨면서 배설을 하고 있는 거예요. 배설물에는 원생동물 기생충이 들어 있었어요. 긁다가 기생충이 핏속으로 들어가면 심장과 소화기에 장애를 일으키는 샤가스병에 걸릴 수 있지요. 다행히도 내 남자친구는 긁지 않았어요.

그 밖에 성가신 것들

1. 열대의 말라리아
2. 북반구의 골치 아픈 진드기
3. 북아메리카의 지아르디아증
4. 온대의 십이지장충
5. 모든 지역의 여행자가 겪는 설사

해충 없는 여행 안내

끔찍한 휴가 공포를 피하는 최고의 비법!

PDF 내려 받기

자신도 모르게 장티푸스를 퍼뜨린 사람
장티푸스 메리
아일랜드 감자 기근(1845년~1852년)을 겪고 가난과 굶주림에 지친 수백만 명은 아일랜드를 떠났어요. 14세의 메리 맬런도 1883년 좀 더 나은 삶을 찾아 미국으로 향했지요.
믿어지지 않아. 이제 감자는 안 먹을 거야.
메리는 거의 아무것도 모른 채 작은 옷 보따리 하나만 들고 떠났어요.
메리는 곧 임금이 낮은 가정부 일자리를 얻었어요. 세월이 흐르면서 몸집이 큰 유능한 여성으로 자란 메리는 성미가 대단하다고 알려졌지요.
쥐꼬리만 한 돈을 받으면서 온갖 일을 하는구나. 이런 게 더 나은 생활이라고 생각했다니.
조심해, 메리.
메리는 일을 싫어하고 쥐꼬리만 한 봉급은 더욱 싫어했어요.
시간이 흐르면서 메리는 요리에 재능이 있음을 깨달았어요. 요리사로서 명성을 쌓으면서 훨씬 더 많은 봉급을 받게 됐지요.
이런 게 바로 아일랜드 여성다운 삶이지!
고용주들은 메리의 깔끔한 음식을 마음에 들어 했어요. 또 메리는 늘 건강했고 휴가를 요청하는 일이 없었지요.
하지만 뉴욕의 부엌들이 다 좋은 것은 아니었어요. 메리의 개인위생은 요리 솜씨에 미치지 못했지요. 장티푸스는 감염된 사람의 배설물에 오염된 음식이나 물을 통해 걸려요.
그냥 하자. 손 씻을 시간도 없고 어차피 더러워질 테니까.
메리 때문에 아일랜드 인상이 나빠져.
저렇게 지저분한 손톱 본 적 있어?
메리는 자신도 모르게 고용주와 가족들, 하인들을 장티푸스에 감염시켰어요. 사람들은 고열과 오한, 땀, 발진, 쇠약, 심한 배앓이, 설사 등 장티푸스의 증상을 나타냈어요.
생선을 먹지 말걸.
내 몸이 뜨거운 거야, 여기가 더운 거야?
죄송해요, 주인님. 몸이 안 좋네요.
꾸르륵
하지만 아무도 메리를 의심하지 않았어요.
1906년 뉴욕의 은행가 찰스 워렌과 가족들은 롱아일랜드 오이스터 만에 있는 여름 별장을 빌렸어요. 메리가 만드는 아이스크림은 아주 인기가 있어서 여름 요리사로 고용했지요.
찬 음료를 위해서라면 무엇이든 할 것 같아요.
난 아이스크림을 얻기 위해 죽을 수도 있어요.
하마터면 아이스크림과 죽음을 맞바꾸는 일이 일어날 뻔했어요! 아이스크림을 만들 때는 불을 쓰지 않기 때문에 어떤 세균도 파괴되지 않지요.
너무 아파. 최악의 여름 일자리야.
나도 뻐뻐해지는 느낌이군.
겨우 일주일 사이에 별장에 있던 11명 중 워렌 부인과 두 딸, 하녀 둘, 정원사 한 명이 장티푸스에 걸렸어요.
동네 의사들은 오이스터 만의 상류 사회에서 장티푸스는 드문 일이라며 걱정했어요. 사람들이 더 이상 자신들의 집을 빌리지 않게 될까 걱정한 집주인들은 위생 기사인 조지 소퍼에게 조사를 부탁했어요. 1906년 겨울 소퍼가 한 집을 방문했지요.
특이한 점은 없네.
그렇다면 뭐가 잘못된 거지?
마침내 소퍼는 어떤 요리사를 고용하면 반드시 장티푸스가 발병한다는 것을 알아차렸어요.
아일랜드에서 왔고
키는 이만해요.
성깔이 대단해서
다혈질 메리예요.
어디 있나요?
사람들은 그 요리사가 아일랜드 출신이고, 약 40세이며, 독신이고, 건강 체질이라고 말했어요. 소퍼는 메리가 건강한 장티푸스 보균자라고 확신했지요.
소퍼는 메리를 찾아내어 대변이나 소변 시료를 요청했어요.
뭐라고? 한마디만 더 하면 파이로 만들어 버릴 거야!
이크!
메리는 화가 나서 소퍼를 내쫓았어요. 사실 메리는 자신이 장티푸스의 보균자임을 알지 못했을 테니 부당하게 괴롭힘을 당한다고 느꼈을 거예요.

메리에게서 시료를 얻지 못하자, 소퍼는 메리가 어디어디에서 일했는지를 추적하기 시작했어요.
어디 보자. 22명이 앓고 한 명이 죽었는데, 모두 뭘 먹었나 하면…….
PARK AVENUE
FORT GREE
소퍼는 메리가 지난 6년 동안 여덟 집에서 일했는데, 그중 일곱 집에서 장티푸스가 발병했으며, 지금 일하고 있는 맨해튼의 파크애비뉴 집도 끼어 있다는 것을 알아냈어요.
뉴욕 시 보건 공무원 조세핀 베이커 박사는 경관 다섯 명, 구급차 한 대와 함께 메리를 찾아왔어요. 메리는 베이커를 치고 달아났지요.
날 풀어 줘. 아무 짓도 안 했단 말이야!
부인, 한 번만 더 나를 물면…….
베이커는 다섯 시간이 걸려서야 벽장 속에 숨은 메리를 찾아냈어요.
구급차는 메리를 근처 병원의 유치 시설로 데려갔어요. 가는 동안 계속 공격하는 메리를 베이커가 꽉 잡고 있었어요.
이 나쁜…….
알았다니까요!
마침내 메리가 장티푸스균을 많이 지니고 있다는 것이 드러났어요.
메리는 브롱크스와 라이커스 섬 사이의 노스브라더 섬에 있는 전염병 전문 병원으로 옮겨졌어요.
여기서 내보내 줘!
메리는 3년 동안 작은 시골집에서 지냈어요. 오직 자기를 위해서만 요리를 했지요.
1909년 메리는 자신을 풀어달라고 뉴욕 시를 상대로 소송을 걸었지만 졌어요. 그해 늦게 메리는 한 잡지에 실리면서 대중의 주목을 받았어요. 기자들은 메리에게 '장티푸스 메리'라는 별명을 붙여 줬어요.
맙소사! 나도 메리의 아이스크림을 먹었는데.
어쩐지, 쥐 냄새가 나는 것 같았어.
장티푸스 메리
장티푸스 메리의 모든 것이 실렸어요!
메리는 리버사이드 병원에서 3년간 홀로 지냈어요. 하지만 사람들이 동정심에 메리의 편을 들면서 풀려났고 뉴욕의 한 세탁소에서 일하게 됐어요.
아이고, 내 팔자야.
다시 밑바닥으로 추락했네.
메리는 보잘것없는 처지와 쥐꼬리만 한 봉급에 다시 한 번 분개했어요.
1915년경 메리는 보건 당국의 감시망에서 사라진 지 오래였어요. 메리는 다시 요리사로 일하고 있었어요. 이번에는 산부인과 병원에서 말이에요.
의사 선생님, 샌드위치예요.
고마워요, 메리.
먹지 마요!
우리를 위해서 먹지 말아요!
몇 주 사이에 의사, 간호사, 직원 가릴 것 없이 적어도 25명이 장티푸스에 걸리고 두 명이 사망했어요.
메리는 무고한 사람들을 위험에 빠뜨렸다는 죄로 노스브라더 섬으로 돌아가 홀로 지내게 됐어요. 메리는 병원 세균학 연구실에 병을 씻는 일자리를 얻었지요. 또 케이크를 구워 파는 일도 계속했어요!
시시하게 이따위 병이나 씻는 일이라니. 아직 199개나 더 씻어야 해!
세월이 흐르면서 메리의 건강도 나빠지기 시작했어요. 메리는 뇌졸중에 걸렸어요. 하지만 빵을 구울 수 있을 만큼 회복됐지요.
기가 막힌 케이크를 구웠는데, 더 있다 가세요.
고맙지만 사양할게요. 안 먹을래요.
메리를 찾아오는 손님은 거의 없었고, 누가 찾아오더라도 언제나 식사 시간이 되기 전에 떠났어요!
메리가 70세에 폐렴으로 사망했을 때, 신문에는 장티푸스 보균자 237명이 보호 감시 하에 지내고 있다는 기사가 실렸어요. 메리만큼 심한 대우를 받은 사람은 없지만, 메리만큼 적극적으로 이 치명적인 병을 퍼뜨린 사람도 없었지요.
메리 맬런
1869-1938
메리는 뉴욕 브롱크스의 세인트레이먼드 묘지에 묻혔어요.

무서운 장소와 죽음의 문화

무서운 일을 겪기 위해 멀리 떠날 필요는 없어요. 악몽에 가위눌리거나 영화에서 등골이 오싹한 귀신을 만나기도 하니까요. 우리가 사는 세상은 뜻밖의 위험으로 가득해서 집에 있다가도 들것에 실려 나가는 일이 생길 수 있어요. 그래도 스릴을 느끼고 싶다고요? 번지 점프, 뱀의 독 짜기, 복어 요리를 체험해 보면 어떨까요?

과연 안전한 곳일까?

아마 아닐 거예요. 일상생활을 담은 그림 속 장면들은 아주 안전해 보이지만 자세히 들여다보면 그렇지 않아요. 보이지 않는 재앙은 가장 뜻밖의 장소에 도사리고 있어요. 조심성 없는 사람을 기다리는 죽음의 함정은 구석에 숨겨져 있는 것이 아니라 해변, 부엌, 교실 등 어디에나 있어요. 늘 하는 말이지만, 위험에 대비해야 해요!

끝까지 달리면 큰일

높은 절벽과 스케이트보드는 정말 안 어울려요. 경고판이 있는지 잘 봐요. 너무 빨리 달리다가는 못 보고 지나칠지 몰라요. 그러면…….

의자

의자를 한껏 기울이는 게 너무너무 재미있다고요? 그렇다면 바닥에 머리를 부딪혀 아프고 창피할 때까지 의자를 기울여 봐요.

거센 물살을 타고

제발 고양이가 헤엄을 칠 수 있기를! 수면을 흔드는 거센 물살을 조심해요. 고무 오리를 곧장 먼 바다까지 데려갈 테니까요.

해안의 바위 조심

물에 젖지 않은 높은 바위라고 오래 있지 말아요. 바위 웅덩이 사이에서 헤엄칠 때는 늘 밀물이 들어오는지 살펴봐야 해요. 자칫하다가는 해안에서 멀어질 테니까요.

가라앉는 몸

흐르는 모래, 유사에 빠지면 대처할 시간조차 없어요. 게다가 빠져나오려 몸부림칠수록 더 깊이 가라앉지요. 몸을 눕혀 헤엄치려고 해 봐요.

깨진 유리

발가락 사이에 모래가 낀 것 같다고요? 깨진 유리에 발이 베이지 않도록 조심해요. 금빛 모래 알갱이 사이에 뭐가 숨어 있는지 절대로 알 수 없거든요.

발을 거는 가방

가방을 바닥 한가운데로 냅다 내팽개치면 사고가 일어날 게 뻔해요. 오래 기다릴 필요도 없어요.

감기를 옮기는 책상

기침과 재채기는 병균을 공중에 퍼뜨려요. 책상은 오래되거나 새로운 온갖 감기와 독감 바이러스로 득실거리지요. 에취 하고 재채기할 때는 꼭 입을 휴지로 가리고 해요.

너무너무 아픈 문구

스테이플러, 가위, 칼 등등. 쓰다가 다칠 수 있는 물건들이 교실에는 아주 많아요. 그러니 딴짓하지 말고 수업에 집중해요.

던지면 안 돼!

책이나 물건을 미사일 쏘듯이 집어던지면 다른 사람이 다칠 수 있어요. 당연히 책도 아프지요.

위험한 병

아기가 있는데 유독성 세제가 든 찬장 문을 연 채 놔두는 것은 위험해요. 아기는 경고 표지를 읽지 못하거든요. 게다가 병을 흔드는 걸 아주 좋아하지요. 부글부글 뻥! 터질지 몰라요.

끓어 넘치는 냄비

끓고 있는 냄비는 언제든 넘칠 수 있어요. 다행히 높은 곳에 있어서 아기는 손잡이를 잡을 수 없겠지만, 손잡이는 늘 안쪽을 향해 놓는 게 안전해요.

세탁기에서 빙빙

애완동물이 세탁기 옆에서 놀 때는 잘 지켜봐야 해요. 햄스터가 세탁기 안에 들어가 비눗물을 먹으면서 빙글빙글 돌지도 모르거든요.

질병의 온상

날 음식이 담긴 그릇을 뚜껑을 덮지 않고 그냥 놔두면 파리와 세균을 초대하는 것과 같아요. 식구들이 그 음식을 먹을 때 병에 걸리지 않기를 바라자고요.

위험한 식사

목숨을 걸고서라도 새로운 음식을 맛보고 싶다면, 여기 있는 별난 요리를 먹어 봐요. 이 음식들을 먹는 것은 오늘이 처음이자 마지막이 될 수도 있어요. 전 세계에서 가장 위험한 음식이 차려져 있거든요. 아무거나 집어 먹으면 안 돼요!

카사바

아프리카와 남아메리카의 여러 지역에서는 카사바라는 식물의 뿌리가 식탁에 꼭 올라와요. 카사바는 반찬으로도 먹고, 갈아서 타피오카라는 가루로도 쓰지요. 하지만 풋내기가 먹을 채소는 아니에요. 날것에는 치명적인 독소인 청산가리가 들어 있어서 비명횡사하지 않으려면 잘 조리해야 하거든요.

복어

복어는 세계에서 가장 치명적인 음식이에요. 평균적으로 해마다 약 네 명이 복어 요리 때문에 죽어요. 복어의 피부와 내장에는 테트로도톡신이라는 강력한 독이 있어요. 복어 한 마리의 독은 30명을 죽일 수 있지요. 일본에서는 여러 해 동안 훈련한 조리사만이 복어를 요리해요. 노련한 조리사는 혀를 기분 좋을 정도로 얼얼하게 할 만큼의 독만을 남길 수 있다고 하지요.

복어
특별 요리!
한 마리 사면 한 마리 공짜!
(한 마리를 먹고 살아남는다면)

아프리카 황소개구리

프랑스인은 개구리 다리를 먹는 것으로 유명하지만, 나미비아 사람들에 비하면 아무것도 아니에요. 나미비아 사람들은 황소개구리를 통째로 먹어요. 아주 맛있다고 해요. 피부의 독 때문에 신장이 망가질 수도 있는데 말이에요.

약일까 독일까?

아주까리에서 얻는 기름은 오랜 세월 동안 세계 곳곳에서 만병통치약으로 쓰여 왔어요. 화상, 베인 상처, 두통, 심지어 종기에 이르기까지 온갖 병을 고칠 수 있다고 여겨졌지요. 하지만 아주까리의 씨에는 자연에서 가장 치명적인 독에 속하는 리시닌이 들어 있어요. 아주까리 씨를 여덟 개 먹으면 죽을 수도 있어요.

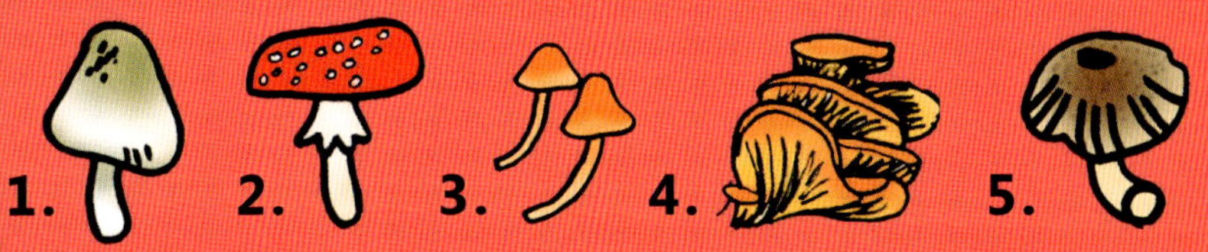
1.
2.
3.
4.
5.

맛있어 보이는 버섯 요리

군침 돌게 하는 버섯 요리 중 한 가지를 골라 봐요.

1. 독버섯 – 먹는 버섯처럼 보이지만, 이름을 잘 봐요.
2. 붉은점박이광대버섯 – 화려한 색깔의 이 버섯을 열 개만 먹으면 숨이 넘어가요.
3. 갈레리나 버섯 – 작지만 독을 가득 품고 있어요.
4. 호박등 버섯 – 밝은 오렌지색으로 어둠 속에서 빛나는 이 버섯을 먹으면 배를 움켜쥐고 구르게 돼요.
5. 광대버섯 – 치명적인 독인 무스카린이 많이 들어 있어요.

산낙지

한국에서는 아주 인기 있는 요리지만, 마음이 약한 사람은 먹지 마요. 살아 있는 낙지를 토막 내어 접시에 내놓아서 촉수가 꿈틀거리거든요. 충분히 씹지 않으면 목 안에 달라붙어 질식할 수 있어요!

구더기 치즈

이탈리아 사르데냐의 별미인 카수 마르주 치즈를 맛보겠어요? 양젖으로 만든 이 치즈는 몇 개월 동안 바깥에 놔두어 곤충의 애벌레가 우글거리게 해요. 구더기들은 치즈 속을 꿈틀꿈틀 돌아다니며 치즈를 무르고 부드럽게 만들지요. 이 치즈를 먹을 때는 눈을 가려야 해요. 튀어나온 구더기를 보면 입맛이 싹 달아날 테니까요! 게다가 구더기들이 신이 나서 장 속을 돌아다닐지도 모르지요.

도구 창고의 공포

어두컴컴한 도구 창고는 위험한 곳이에요. 사람들이 자기 손으로 만들기 위해서 사용하는 도구들은 종종 위험한 사고를 일으킬 수 있거든요. 미국에서는 응급 환자들 중 4분의 1이 직접 무언가를 고치다가 사고로 다친 사람이고, 그런 사람들이 한 해에만 400만 명에 달해요. 다음번에 무엇이든 집에서 고칠 때에는 '도구는 인간을 저버리기 일쑤'라는 단순한 진리를 기억하세요.

너무 멀리 뻗은 사다리

사다리에서 떨어지는 바람에 머리에 나무가 박혀 병원에 간 사람의 이야기를 들은 적이 있나요? 이런 일은 드물지 않아요. 사다리는 도구 창고에 있는 그 어떤 도구보다도 더 많은 사고를 일으킬 수 있지요.

잔디 깎는 기계

잔디 깎는 기계에 끼는 것을 조심해요! 전원을 넣은 채 칼날을 조정하거나 샌들을 신은 채 잔디를 깎지 말아요. 손가락이나 발가락을 잃을 수도 있거든요. 잔디밭에 장난감이 떨어져 있는지도 잘 살펴야 해요. 장난감이 튕겨서 얼굴을 때릴 수도 있으니까요!

끈적거리는 접착제

접착제는 집에서 여러모로 쓰이지만 접착제를 바를 때는 조심해야 해요. 몸이 온갖 물체에 달라붙어서 병원에 오는 사람들이 많아요. 변기 뚜껑에 접착제를 흘렸다가 엉덩이가 붙은 사람도 있어요.

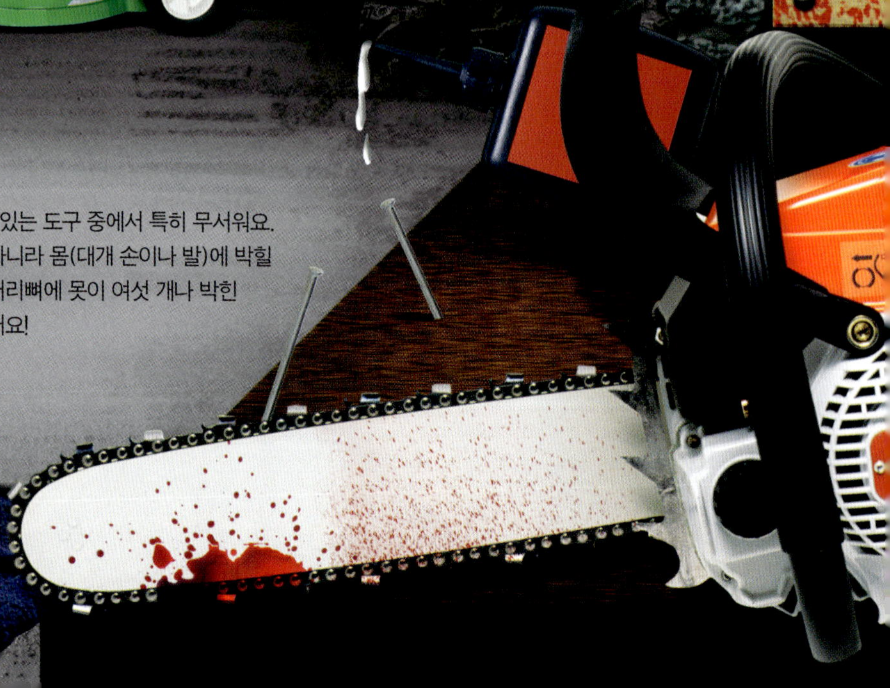

못총

못총은 자기 손으로 만들기를 할 때 사용할 수 있는 도구 중에서 특히 무서워요. 자칫 손에서 미끄러지면 못이 벽이나 바닥이 아니라 몸(대개 손이나 발)에 박힐 수 있거든요. 캘리포니아에서는 못총 사고로 머리뼈에 못이 여섯 개나 박힌 사람도 있었어요. 다행히 그 남자는 살아남았어요!

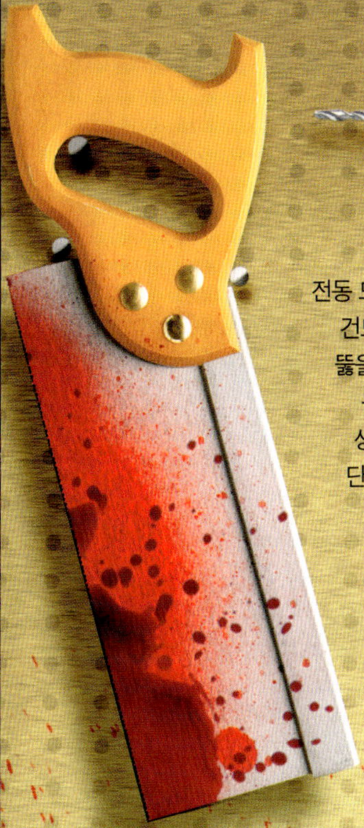

전동 드릴

전동 드릴을 사용하다가 종종 전선을 건드려 감전되거나 수도관에 구멍을 뚫을 수 있어요. 보안경을 쓰지 않으면 눈이 다칠 수 있어요. 전동 드릴로 생기는 피해는 계속 늘어나요. 단순한 대책이 하나 있어요. 전원을 끄는 거예요!

손에 쥐는 도구

나사돌리개로 페인트 통의 뚜껑을 따지 마요! 손이 미끄러져서 다치기 일쑤예요. 망치는 어디에 뒀나요? 발판 사다리 위에 있다면 올라갈 때 조심해요. 집에서 도구를 사용하다 다치는 사고의 대부분은 망치, 나사돌리개, 칼 같은 손에 쥐는 도구를 잘못 다루어 일어나거든요.

날카로운 톱

작은 손톱부터 사슬톱에 이르기까지, 날카로운 도구들은 정중하게 다뤄야 해요. 사슬톱은 대개 다리와 무릎에 상처를 입힐 수 있어요. 미끄러지거나 떨어뜨리거나 통제력을 잃기 때문이에요. 사슬톱에 다치면 평균적으로 110바늘을 꿰맨다고 해요. 윽!

점화 도구

토치램프로 낡은 페인트 얼룩을 태워 없애겠다고요? 그러다가 지붕 전체에 불이 붙어 소방차가 오고 난리가 날지 몰라요. 불이 나는 건 순간이에요.

구급상자

구급상자는 도구 창고에 꼭 필요해요. 도구를 사용하다 발생하는 사고들 중 가장 많이 일어나는 일은 손이나 손가락이 베이는 것이고, 그다음이 먼지나 마른 페인트 조각이 눈에 들어가는 사고예요. 유리창이나 문에 손이 끼는 사람도 놀라울 정도로 많아요. 정말 아프겠죠?

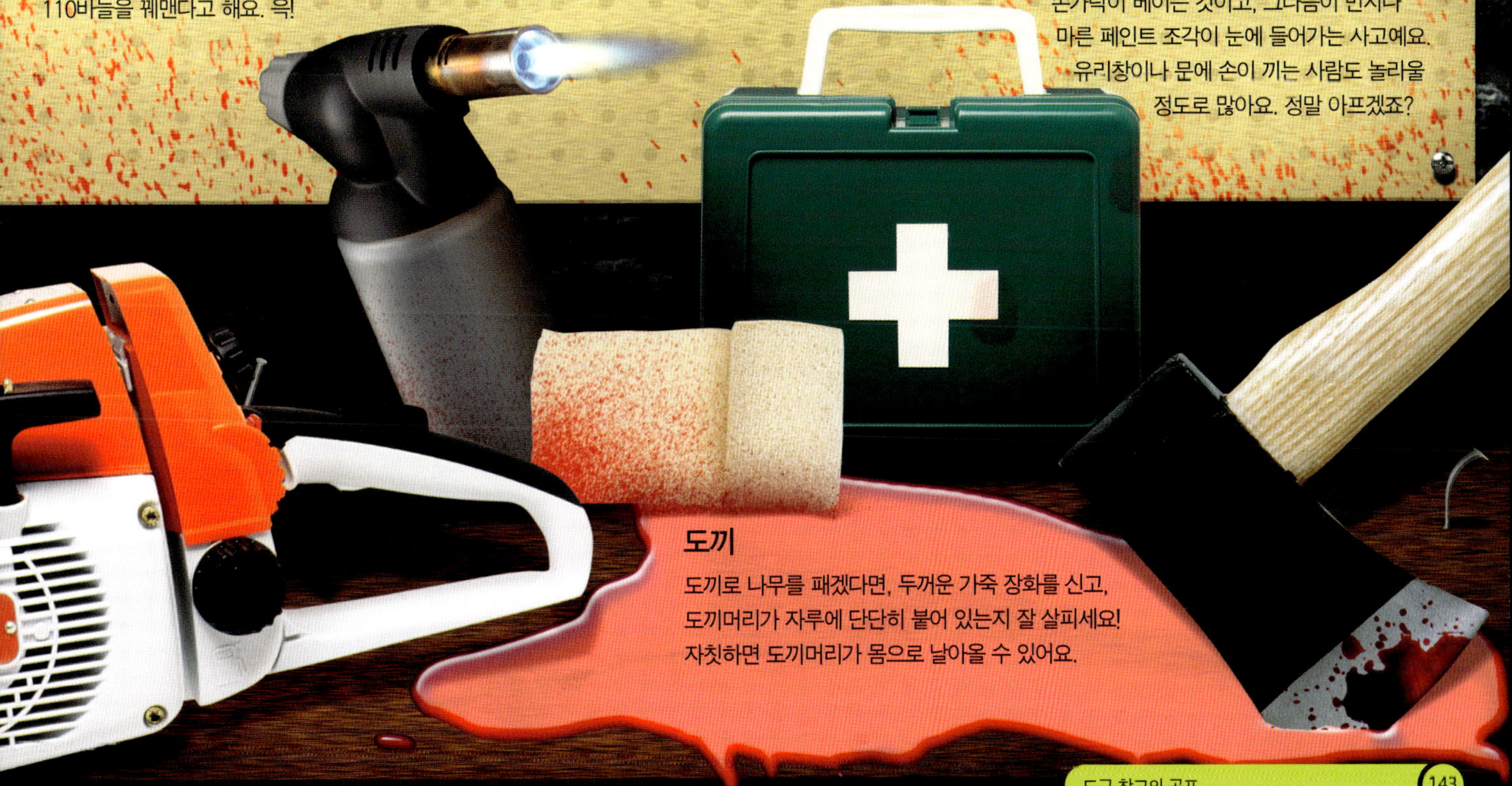

도끼

도끼로 나무를 패겠다면, 두꺼운 가죽 장화를 신고, 도끼머리가 자루에 단단히 붙어 있는지 잘 살피세요! 자칫하면 도끼머리가 몸으로 날아올 수 있어요.

어리석은 죽음

삶은 숨겨진 위험으로 가득해서 언제 어떤 사건이 일어날지 몰라요. 한편 자신이 얼마나 어리석은 행동을 하는지 알아차리지 못한 채 위험을 무릅쓰며 행복하게 살아가는 사람들도 있지요. 여기서는 진짜 어리석은 방식으로 갑작스레 삶을 끝낸 사람들에게 '안타까운 죽음상'을 주기로 해요.

대단한 창유리

이 상은 손님들 앞에서 창유리가 절대 깨지지 않는다는 것을 증명하기 위해 24층 사무실에서 창문으로 몸을 던진 사람에게 줄 거예요. 두 번째로 시도했을 때 유리창이 깨지면서 남자는 밖으로 추락하고 말았어요.

서로 똑같은 생각

다가오는 열차보다 먼저 지나가겠다고 철로 건널목 차단기 앞에서 차를 몰았다가 죽은 성급한 운전자에게 이 상을 보내요. 이 운전자는 마주 오던 차와 충돌했어요. 반대편 운전자도 같은 생각을 했거든요! 열차는 아무 탈 없이 지나갔지요.

뱀 앞에서 메롱 하기

미국 캘리포니아에 방울뱀에게 시비를 걸던 남자가 있었어요. 뱀을 향해 혀를 내밀고 메롱 하는 순간, 화난 뱀이 남자의 혀에 독니를 푹 박아서 앙갚음을 했지요. 가여운 남자는 혀와 목이 부어서 질식해 죽었어요.

땅바닥이 너무 가까워

어떤 남자가 번지 점프를 하기 위해 땅으로부터 몇 미터 위에서 멈추도록 밧줄 길이를 세심하게 조절했어요. 하지만 불행히도 남자는 밧줄의 탄성을 잊고 말았지요. 남자가 뛰어내리자 밧줄이 쭉 늘어나서 땅바닥에 머리를 부딪히고 말았어요.

높이높이 너무 멀리

브라질에서 어느 가톨릭교 사제가 헬륨 풍선 1,000개를 의자에 묶은 뒤 하늘로 날아올랐어요. 교구를 위한 모금 활동이었지요. 하지만 날씨가 도와주지 않았어요. 강풍 때문에 예정된 항로에서 벗어나 바다 쪽으로 떠갔지요. 두 번 다시 사제를 볼 수 없었어요.

꼬꼬댁 꼬꼬 꽥!

1626년 어느 추운 겨울날, 시대를 앞서 간 영국의 과학자 프랜시스 베이컨은 눈을 채워서 닭고기를 보존할 수 있는지 알아보기로 했어요. 베이컨은 감기에 걸렸고 폐렴으로 일주일 뒤에 결국 사망했어요. 역사책에 실린 이야기예요.

하필 전화가 와서

이 상은 침대 옆에 놓은 전화기의 벨이 울리자 잠에서 깨 전화를 받으려던 사람을 위한 거예요. 이 사람은 잠결에 전화기 쪽으로 손을 뻗었다가 그만 실수로 권총을 움켜쥐었어요. 그러고는 귀에 대고 말하려는 순간, 권총이 발사되어 총알이 머리를 관통했어요.

찌릿찌릿한 충격

두더지가 흙을 밀어 올리는 바람에 잔디밭이 엉망이 되자, 화가 난 남자는 금속 막대를 땅속에 꽂고 고압 전선을 연결했어요. 다음 날 남자는 두더지를 제대로 해치웠는지 알아보기 위해 잔디밭으로 갔다가 그만 감전되어 죽고 말았어요.

위험한 직업

책상 앞에만 앉아 있으면 하품이 나오나요? 사무실로 9시에 출근해서 5시에 퇴근하는 일보다 더 도전거리가 가득한 일을 찾는다고요? 그렇다면 우리 유격 훈련소를 통해 세상에서 가장 위험한 일들을 겪어 보아요. 모두 다치거나 사고로 죽을 가능성이 아주 높은 직업들이에요. 그러니 안전모 끈을 단단히 조여요!

출발

벌목꾼

사슬톱을 놓치지 않도록 주의하고, 쓰러지는 나무도 잘 지켜봐야 해요! 숲의 나무를 베는 벌목꾼은 위험한 직업 중에서 특히 위험한 직업이에요. 야외 활동을 좋아하면 좋은 선택이겠지만, 구급상자를 늘 가까이 두어야 해요.

폭탄 해체 전문가

이번 장애물에는 폭탄 해체 전문가가 필요해요. 폭탄 해체 전문가는 어떤 폭발물도 안전하게 바꾸는 훈련을 받아요. 급조 폭발물(IED), 제2차 세계 대전이 남긴 불발탄, 지뢰, 자동차 폭탄 등을 해체하지요. 이 일에는 인내와 실력, 엄청난 용기가 필요해요.

심해 잠수부

다음 훈련은 바다 밑에 들어가는 거예요. 심해 잠수부는 어두컴컴한 물에서 석유나 가스를 찾거나 손상된 송유관을 수리하는 위험한 일을 해요. 그래도 수면으로 너무 빨리 올라오면 안 돼요. 피 속에 공기 방울이 생겨서 잠수병이라는 치명적인 증상을 일으킬 수 있거든요.

뱀독 짜는 사람

독사를 잡은 뒤 독샘을 문질러서 독을 병에 짜내요. 해독 혈청을 곁에 두는 것을 잊지 말아요. 독을 짜는 동안 뱀에 물릴 가능성이 높으니까요. 해독 혈청을 구할 수 있다면 독니 짜기에 나서도 괜찮겠지요!

송전선 기술자

송전선 기술자는 줄 하나에 목숨을 걸어요. 고압 송전선을 설치하고 수선하는 일은 짜릿해요. 때로는 말 그대로 짜릿하지요. 눈보라와 폭풍우 속에서 일할 준비도 해야 해요. 충격을 견디는 강인함과 높은 곳을 좋아하는 것도 필수 조건이에요.

게잡이

미국 정부의 발표에 따르면, 통계로 봤을 때 세상에서 가장 위험한 직업은 알래스카 해안에서 왕게를 잡는 일이라고 해요. 집채만 한 파도가 들이닥치고, 자칫 미끄러지기라도 하면 죽게 되거든요. 얼어붙을 듯한 바닷물에 빠지면 아무도 살아남을 수 없어요.

광부

석탄, 금, 다이아몬드 등의 광물을 캐러 땅속 깊이 들어가는 일은 온갖 위험으로 가득해요. 땅속은 산소가 부족하고, 경고도 없이 바위가 무너지거나 가스 폭발이 일어나 갇히기 쉽지요. 폐쇄공포증이 있다면 알맞은 직업이 아니에요.

사파리 경비대

대형 고양잇과 동물은 그다지 우호적이지 않고, 화난 코뿔소와 입을 덥석 닫는 악어도 마찬가지예요. 게다가 무장한 상아 밀렵꾼도 조심해야 해요. 사파리 경비대원에게는 재치와 생존 기술이 필요해요.

삼림 소방대원

산불은 빠르게 번져요. 어떻게 해야 산불을 잡을 수 있을까요? 삼림 소방대가 출동해요. 헬리콥터를 타고 날아가서 낙하하여 산불을 끄지요. 낙하하다가 잘못되면 어쩌지요?

건설 노동자

사다리에서 추락하거나 기계 사고가 일어나기도 하고, 비계가 무너져 다칠 수 있는 건설 현장은 위험해요. 40층이 넘는 고층 건물에서 떨어진다고 상상해 봐요. 실제로 있을 수 있는 일이지요.

도착

자유 다이빙

숨을 깊이 들이마신 뒤 물속에 들어가 약 8분, 혹은 그 이상을 참아요. 자유 다이빙은 폐를 순수한 산소로 채운 뒤 호흡 기구 없이 잠수하는 거예요. 물고기에 가장 가깝게 헤엄치는 것이지요. 어떤 자유 다이빙 선수들은 무려 수심 100미터 깊이까지 내려가요.

번지 점프

발에 탄성이 있는 줄 하나만 묶은 채 허공으로 뛰어서 반동을 기다려요. 미친 짓 같다고요? 최초로 번지 점프를 뛴 사람은 발목에 리아나 덩굴을 묶고 절벽에서 뛴 태평양의 섬 주민들이었어요. 오늘날 사람들은 세계 곳곳의 높은 구조물에서 번지 점프를 하러 뛰어 내려요.

더트보드

스노보드를 타기에는 날씨가 너무 따뜻한가요? 더트보드를 타 보면 어때요? 더트보드는 마운틴보드라고도 해요. 바퀴가 네 개고 잔디밭, 경주로, 콘크리트 등 어떤 표면에서든 달릴 수 있어요. 육상 카이트 서핑에도 쓸 수 있지요.

스노보드

슈우우…… 우아! 보드를 타고 눈을 흩날리며 산비탈을 미끄러져 봐요. 아드레날린이 솟구치면서 굉장히 짜릿할 거예요. 스케이트 타기, 파도타기, 스키 타기를 합친 것과 같아요. 하지만 어리석게 위험을 무릅쓰지는 않는 편이 좋아요. 산사태가 나고 마구 뒹굴다가는 목숨이 위태로울 수 있으니까요.

자전거 모터크로스 프리스타일

쉬워 보이지만, 자전거 모터크로스 프리스타일은 엄청난 힘과 기술이 필요해요. 경기에 참가한 선수들은 반원통(램프)을 수직으로 올라가면서 공중에서 뛰고 곡예를 부리거나 놀라운 균형 감각과 재주로 계속해서 자신의 한계를 넘어서지요. 당신도 도전해 보고 싶나요?

파쿠르

오직 자신의 몸만으로 벽을 뛰어넘고, 건물을 기어오르고, 지붕 위를 건너뛰고, 장애물에서 장애물로 뛰어넘어요. 프랑스에서 시작된 이 거친 스포츠는 도시 프리플로라고도 해요. 어쨌든 빠르게 움직이는 도시인에게 값싼 여행 방식이에요. 아드레날린만 있으면 되니까요.

짜릿한 스포츠!

모든 극한 스포츠는 짜릿함을 맛보게 해요. 위험과 두려움을 접하는 순간 스트레스가 치솟으면서 아드레날린이 왈칵 뿜어 나와요. 또 심장이 마구 쿵쾅거리고 근육이 극도로 팽팽해져 가슴이 터질 듯한 기분을 느끼게 되지요. 이런 스포츠는 온순한 사람에게는 맞지 않아요. 늘 안전 규칙을 지켜야 하니까요.

날개 옷 비행

팔과 다리 사이에 천으로 만든 날개를 붙인 옷을 입고 비행기나 헬리콥터에서 자유 낙하를 시도해요. 천이 펼쳐지면서 몸을 띄우면 독수리처럼 높이 자유롭게 활공해요. 새 인간이지요. 땅에 부드럽게 내리려면 낙하산을 펼쳐야 한다는 점을 기억해요. 새처럼 보는 광경이 어때했는지 이야기해 줘요!

거대한 파도타기

'총' 또는 '코뿔소 사냥꾼'이라는 서프보드를 타고 집채만 한 파도를 타요. 파도가 부서지는 엄청난 힘에 빙빙 돌며 날아가서 물속에 빠졌다가 다음 파도가 오기 전에 재빨리 빠져 나오는 거예요. 파도가 세 번 밀려들 때까지 물 밖으로 나오지 못하면 영영 안녕할 가능성이 높아요.

스트리트루지

언덕을 빠르게 내려가고 싶나요? 썰매에 누워서 중력에 몸을 맡겨요. 스트리트루지는 1970년대에 스케이트보드를 타던 사람들이 시작했어요. 노련한 사람은 시속 128킬로미터 정도까지 낼 수 있어요. 몸을 지상에서 겨우 5센티미터 띄운 채로 말이에요. 굉장하지요!

모터크로스

부릉부릉 요란한 모터크로스의 세계에서 짜릿함과 환호를 맛보아요. 선수들은 무거운 산악 오토바이를 조종하기 위해 혼신의 힘을 다해요. 비포장도로를 전속력으로 달리거나 달리기 어렵게 설계된 코스에서 죽음을 무릅쓰고 달려요. 뒤로 공중제비를 넘고 뛰고 곡예를 하지요. 자, 가볼까요? 부릉부릉!

1번 채널: 탈출의 달인

맹꽁이자물쇠로 잠근 강철 상자를 강에 가라앉혔어요. 상자 안에는 해리 후디니가 사슬에 묶여 있어요. 놀랍게도 3분 만에 탈출하여 수면으로 헤엄쳐 올라오네요. 후디니는 스턴트맨의 아버지라 불리는 마술사로 1900년대 초에 활약했어요.

2번 채널: 매달려 있기

1923년 무성 영화 「안전지대」에서 당대의 스타 해럴드 로이드가 거리 위 높은 시계탑의 시계 바늘에 매달린 장면을 결코 놓치지 마요. 스턴트 영화의 고전이거든요. 이 점잖은 배우는 직접 스턴트를 계획하고 실행했어요.

3번 채널: 뛰어내리기 선수

스턴트계의 거장 알랭 프리외르(1949년~2007년)는 오토바이로 버스 16대를 뛰어넘고, 낙하산도 없이 4,000미터 상공에서 뛰어내렸어요. 프리외르는 불행히도 위아래로 나는 두 글라이더 사이를 뛰어내리다가 낙하산에 문제가 생겨 죽었어요.

4번 채널: 멀리 뛰기

1997년 중국 황하에서 커서우량이 미츠비시 경주용 자동차로 후커우 폭포를 뛰어넘는 순간을 다시 한 번 생생하게 보아요. 영화배우 겸 스턴트맨이었던 커서우량은 1992년 중국의 만리장성을 오토바이로 뛰어넘으면서 처음으로 언론의 표지를 장식했어요.

5번 채널: 제트기 인간

새일까요, 비행기일까요? 둘다 아니에요. 제트 엔진이 달린 날개를 등에 멘 스위스의 비행사 이브 로시는 최대 시속 299킬로미터까지 속도를 낼 수 있어요. 2008년 9월 26일 로시가 10분도 안 걸려 영국 해협을 건너는 놀라운 광경을 지켜보아요.

6번 채널: 내려다보지 말 것

고개를 높이 들고 올려다보아요. 에스킬 로닝스바켄이 노르웨이의 피오르에서 상공 1,000미터 높이에 매어 놓은 밧줄 위를 건너는 중이에요. 놀랍게도 뒤집힌 자세로 자전거를 타고 있지요. 절묘한 균형 감각을 필요로 하는 이 대담한 행위는 중력 법칙을 거스르는 듯해요.

7번 채널: 도시 등반가

누가 창문을 두드리는 걸까요? 프랑스의 스파이더맨 알랭 로베르예요. 로베르는 고층 빌딩을 오르는 일에 미친 사람이에요. 로베르가 창밖으로 비둘기나 보던 사무실 직원들의 환호성을 받으며 세계에서 가장 높은 건물들의 꼭대기까지 벽을 타고 올라가요.

1번
채널

4번
채널
IRICO

7번
채널

2번
채널

3번
채널

5번
채널

6번
채널

목숨을 건 모험

스턴트 방송의 모든 채널을 세계 최고의 스턴트맨들과 스턴트맨들이 죽음을 무릅쓰고 이룬 놀라운 업적에 바칩니다. 미친 듯한 영웅들이 차분하게 손가락 끝으로 고층 건물에 매달려 있거나 까마득한 협곡을 두려움 없이 뛰는 경이로운 광경을 보면 숨이 막혀요.

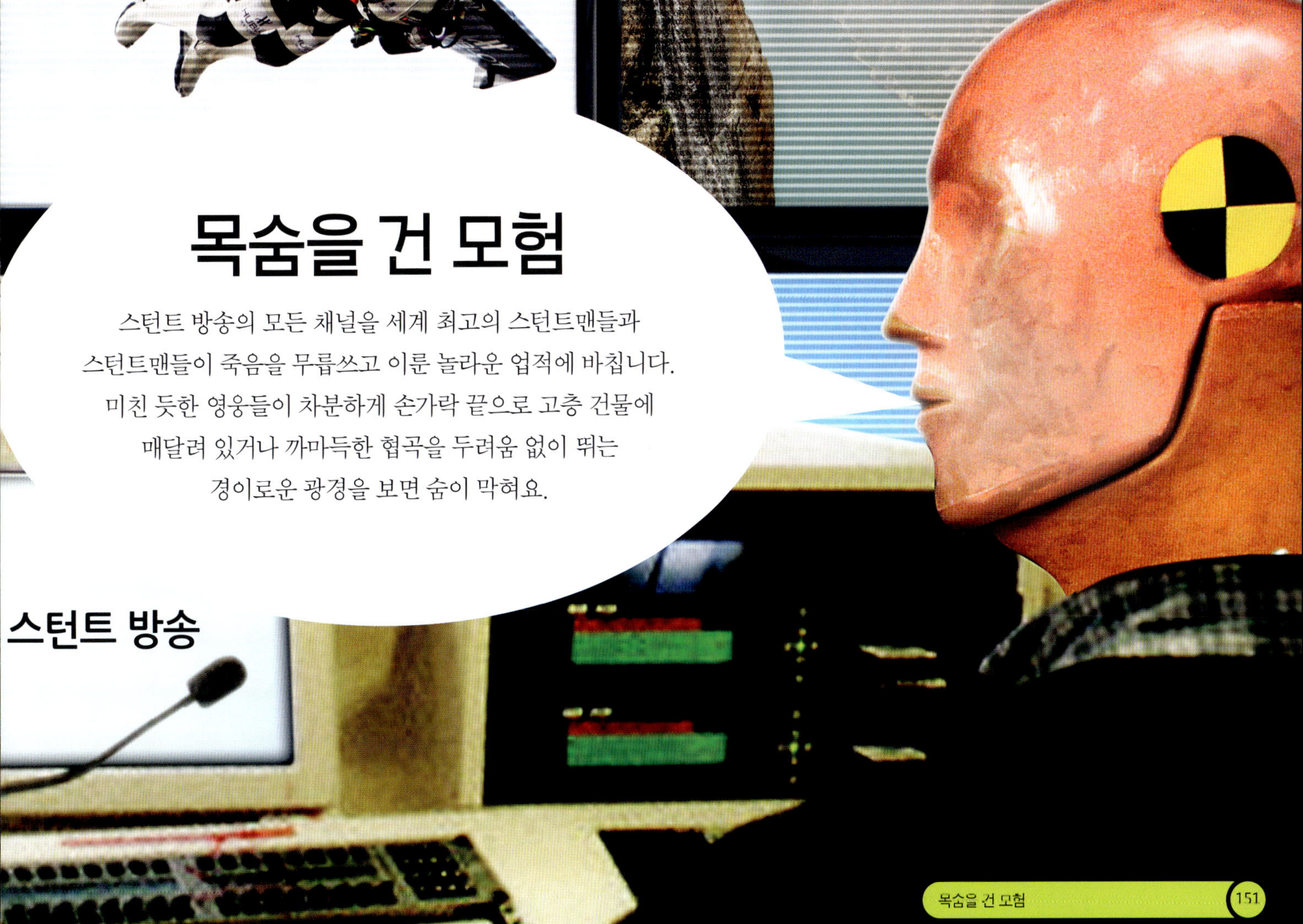

스턴트 방송

필리프 프티

뉴욕의 하늘을 걸은 사람

필리프 프티는 십 대 때 파리의 거리에서 저글링을 하며 고공 줄타기 곡예사로 일했어요. 어느 날 프티는 이가 아파서 치과에 갔다가 깜짝 놀랄 꿈을 꾸게 됐지요.

6년 뒤
건물을 거의 다 지었네. 110층 높이야.
멋지군. 이제 내가 걸을 때가 왔어.
미쳤니?

프티는 6년 동안 고공 줄타기 곡예사로서 기술을 완벽하게 다듬었어요. 쌍둥이 건물이 완공되기 직전, 프티는 뉴욕 시로 향했어요.

옥상
출입증

1974년 8월 6일 오후, 프티와 친구들은 월드트레이드센터 건물 안으로 몰래 밧줄을 가져갔어요. 승강기를 타고 104층까지 간 뒤 지붕으로 올라갔지요.

프티와 친구들은 밤을 새워 두 건물 사이에 밧줄을 설치했어요. 맨해튼의 새벽안개가 걷히자, 프티는 지상 400미터 높이에 놓인 가느다란 강철 밧줄 위로 발을 내디뎠어요.

프티는 온 정신을 집중하고 한쪽 건물에서 다른 쪽 건물로 밧줄을 타고 걸어갔다가 다시 돌아왔어요.

저 친구 저기서 뭘 하는 거지?
안전 장비도 없어!
아슬아슬해! 떨어질 것 같아.
너무 떨려서 쳐다보지도 못하겠어!

아래쪽 거리에서 출근하던 뉴욕 사람들은 위를 쳐다보고 깜짝 놀랐어요. 자기 눈을 믿을 수 없었지요.

이봐. 돌아와!
헬리콥터를 불렀어요. 너무 위험하니 당장 돌아와요.
응?

그사이에 경찰관들이 옥상에 나타났어요. 경찰을 본 프티는 춤을 좀 추더니……

zzzzzzzz

밧줄에 드러누웠어요.

프티는 비가 내리기 시작한 뒤에야 줄에서 내려왔어요. 그 즉시 경찰관들이 프티를 붙잡았지요.

이봐요, 밀지 마요. 나를 죽일 셈이에요?

5일 뒤……
고소는 기각합니다.
대신 뉴욕의 어린이들을 위해 길거리 공연을 하도록 하세요.

대담한 프티는 하루아침에 전 세계에 이름을 알렸어요. 고공 줄타기 스턴트의 세계로 본격적으로 뛰어든 것이었어요.

왜 그랬죠?
나는 오렌지가 세 개 보이면 저글링을 해요. 건물 두 채가 나란히 서 있으면 그냥 그사이를 걷고요.

이블 니블

스네이크 강 협곡을 오토바이로 날아 건넌 사람

오토바이에 미친 이블 니블은 승용차, 트럭, 버스 위를 오토바이로 날아오르는 죽음을 무릅쓴 짓을 종종 했어요. 뼈가 얼마나 많이 부러졌는지 셀 수도 없어요.

이블, 저기를 뛰겠다고?
응!
엥! 1.2킬로미터는 될 텐데?

이블 니블은 아이다호의 스네이크 강 협곡을 뛰어넘기로 결심했어요. 보통 오토바이로는 불가능한 일이었어요.

미쳤나 봐.
고치는 데 15만 달러 넘게 들었대.
무모하군!
이블 니블
EK

그래서 이블 니블은 로켓을 단 스카이사이클을 만들었어요. 지금껏 했던 스턴트보다 훨씬 대담한 도전이 될 터였지요.

성공하기를 빌어.
이런 일은 직감에 맡기는 거야!
이블 니블

스카이사이클이 높이 기울인 발사대에 설치되었어요. 이전에 시험했던 오토바이들로는 협곡을 건너지 못했어요.

날아간다!
우아!
앗!
야아!
이블 니블

이블 니블이 단추를 누르자 스카이사이클은 시속 563킬로미터의 속도로 발사대를 날아올랐어요. 하늘 높이 솟았지요.

충돌할 것 같아.
익사할 거야.
날개가 더 낫다고 말해줄걸.

그런데 그만 낙하산이 너무 일찍 펴졌어요. 스카이사이클은 바람에 협곡 안으로 밀려서 200미터 아래 소용돌이치는 강물을 향해 내려갔어요.

EK

스카이사이클은 다행히 강 바로 옆의 바위에 떨어졌어요. 기적적으로 이블 니블은 약간 베이고 멍든 것 외에는 멀쩡하게 걸어 나왔어요.

버스나 뛰어넘어 볼까.
다음에는 뭘 할 거야?
$ 6,000,000
EK

이블 니블은 협곡을 뛰어넘는 스턴트로 600만 달러를 벌었어요. 몇 달 뒤에는 런던의 웸블리 경기장에서 버스 13대를 뛰어넘다가 골반뼈가 부러지고 말았어요. 그 뒤에도 더 많은 뼈를 부러뜨리면서 스턴트를 계속했지요.

인내에 도전하기

자신의 육체를 인내의 한계까지 또는 그 이상으로 내몰 준비가 되었나요? 기록을 깬 운동선수들과 탐험가들은 바로 그렇게 해 왔어요.

로알드 아문센

1911년 노르웨이의 탐험가 로알드 아문센은 스키와 개 썰매로 남극 대륙을 횡단하여 남극점에 도착했어요. 영국 탐험가 로버트 팰콘 스콧보다 며칠 빨랐지요.

거트루드 에이덜리

거트루드 에이덜리는 1926년 영국 해협을 헤엄쳐 건넌 최초의 여성이에요. 14시간 39분이라는 기록을 세웠어요. 성공을 기념하여 에이덜리는 고향인 뉴욕 시에서 화려한 거리 행진을 펼쳤지요.

마르틴 스트렐

슬로베니아의 수영 선수였던 마르틴 스트렐은 햇볕과 피로를 이겨내며 아마존 강을 따라 헤엄쳤어요. 피라니아, 아나콘다, 악어, 살을 파고드는 기생 어류에 맞서 5,000킬로미터가 넘는 엄청난 거리를 헤엄친 거예요.

제이슨 루이스

근력만으로 지구를 돈다고 상상해 봐요. 영국의 모험가 제이슨 루이스는 자전거, 롤러블레이드, 카약, 페달 보트를 타면서 13년 동안 세계 일주를 했어요. 무려 7만 4,000킬로미터가 넘는 거리였지요. 루이스는 말라리아, 악어의 공격, 거의 죽을 뻔한 교통사고를 극복하고 살아서 집으로 돌아왔어요. 아주아주 피곤한 여행이었지요.

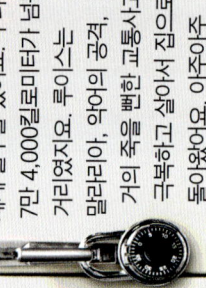

마크 앨런

미국의 운동선수 마크 앨런은 하와이 트라이애슬론 경기에서 여섯 번이나 우승했어요. 트라이애슬론은 체력과 인내력의 한계를 시험하는 경기예요. 선수들은 바다에서 헤엄친 뒤, 자전거로 180킬로미터를 달리고, 49킬로미터 마라톤을 뛰어야 해요. 생각만 해도 피곤해져요.

토마스 돌트

엠파이어스테이트빌딩에서는 해마다 계단을 오르는 경기가 열려요. 2010년 독일의 토마스 돌트는 10분 16초 만에 엠파이어스테이트빌딩의 86층 계단을 올라갔고, 다섯 번째 우승을 했어요. 2011년에는 10분 10초의 기록으로 여섯 번째 우승을 거두었지요.

데이비드 헴플먼애덤스

꺾이지 않는 영국인 탐험가 데이비드 헴플먼애덤스는 자북과 진북, 자남과 진남을 다녀왔고, 각 대륙의 최고봉을 올랐어요. 헴플먼애덤스는 여기에 만족하지 않고 열기구로 상공 9,906미터까지 날아오르는 최고 기록도 세웠지요.

엘런 맥아더

영국의 요트 항해사인 엘런 맥아더는 2005년 단독 무정박 세계 일주를 해서 세계 기록을 세웠어요. 맥아더는 돌풍과 산더미 같은 파도에 맞서 자신의 기술만으로 71일에 걸쳐 4만 3,000킬로미터를 항해했어요. 엘리자베스 여왕은 맥아더의 업적을 인정해 남성의 기사에 해당하는 데임 작위를 주었어요.

미우라 유이치로

1970년 일본의 등반가 미우라 유이치로는 스키를 타고 에베레스트 산을 내려온 최초의 인물이 되었어요. 미우라는 스키로 2분 동안 약 2,011미터를 내려온 뒤 다시 402미터를 더 내려오다가 멈추었지요. 2008년 미우라는 75세의 나이로 다시 정상에 올랐고, 80세 생일에도 다시 오를 것이라고 해요.

광란의 축제

우리 주변 어딘가에서는 지금 축제가 열리고 있어요. 광란의 축제에 참여해 볼까요? 무시무시하게 변장한 사람들의 격투, 너저분한 음식 쟁탈전, 별난 담력 시험 무대가 펼쳐져요. 축제는 온갖 방식으로 흥분을 불러일으켜요. 혼란을 틈타 실제로 위험한 일들도 종종 벌어지지요. 축제가 끝나면 일상생활은 더 안전하고 더 지루하게 느껴질지 몰라요. 다음번 축제가 열릴 때까지만 말이에요.

고트마르 멜라

인도 마디아프라데시에 있는 두 마을 사람들은 해마다 강 양편에 죽 늘어서서 서로에게 돌팔매질을 해요. 강 한가운데에 우뚝 선 장대 꼭대기에 묶은 깃발을 상대편이 갖지 못하게 서로 차지하려는 거예요.

이반 쿠팔라

폴란드, 우크라이나, 러시아에서는 7월 7일 이반 쿠팔라(성 요한의 날)에 불 위를 뛰는 축제가 열려요. 참가자들은 차례로 불꽃을 뛰어넘어요. 몸과 마음을 정화하고 행운을 가져다준다는 뜻이에요. 물싸움도 벌이며 동네 사람들이 함께 축제의 분위기를 띄우지요.

팜플로나 황소 축제

진짜 모험을 맛보려면 스페인의 팜플로나를 찾아가요. 산페르민 축제가 열리는 투우장까지 젊은 황소들이 좁은 거리를 달리는 모습을 마을 전체에서 볼 수 있어요. 아주 대담하다면 달리는 황소 앞에서 뛰어 봐요. 조심해요! 자칫 넘어지기라도 하면 황소에 찔리거나 짓밟혀 죽을 수 있을 정도로 위험하니까요.

치즈 굴리기 축제

영국 글로스터셔에서 200년 동안 해마다 열린 별난 행사예요. 둥근 치즈를 가파른 언덕에서 굴리면, 참가자들이 뒤따라 달려 내려가요. 대부분은 아래쪽에서 마구 뒤엉켜 쓰러지지요. 뼈가 부러지거나 머리에 타박상을 입는 사람도 있지만, 운 좋은 우승자는 치즈를 얻어요. 생쥐도 치즈를 얻겠지요!

오렌지 던지기 축제

이탈리아 이브레아 마을에서는 과일즙이 마구 튀는 축제가 열려요. 주민들이 중세 복장을 하고 서로에게 오렌지를 던지지요. 1194년 나쁜 공작에 맞서 마을 전체가 들고 일어나 거리에 콩을 내던졌던 전투를 기념하기 위한 일이에요. 그 뒤로는 콩 대신 오렌지를 던지고 있어요.

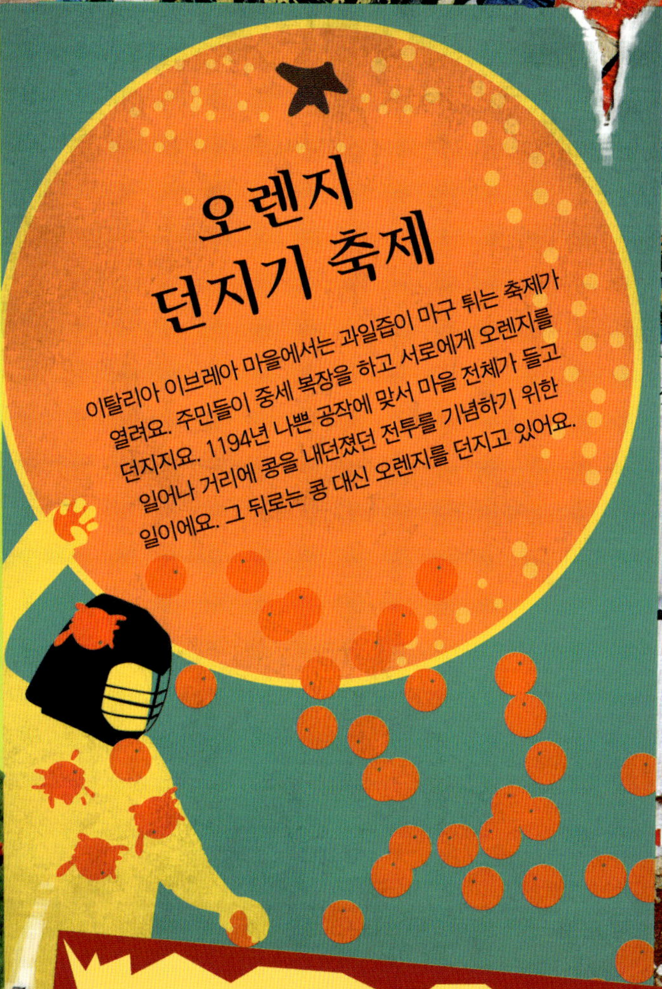

엘 콜라초

스페인의 카스트릴로 데 무르시아라는 마을에서는 아기들을 사악한 영혼으로부터 지키려고 해마다 엘 콜라초 축제를 치러요. 거리에 아기들을 죽 눕혀 놓고 그 위를 악마 옷을 입은 사람들이 뛰어넘는 별난 행사예요. 엘 콜라초는 악마란 뜻이지요. 17세기부터 내려온 엘 콜라초 축제는 성체성혈 대축일이라는 종교 축제 때 열려요.

송끄란 물싸움

태국에서는 4월에 열리는 신년 축제인 송끄란에 세계 최대의 물싸움이 벌어져요. 송끄란을 축하하기 위해, 사람들은 호스, 물 풍선, 물총 등으로 차와 지나가는 사람에게 물을 뿌리지요. 모든 사람이 물에 흠뻑 젖지만, 건기가 끝날 무렵이고 가장 더운 시기라서 기온이 약 섭씨 40도에 이르기 때문에 개의치 않아요!

공포 영화에서 살아남는 법

공포 영화에는 장면마다 위험이 숨어 있어요. 영화 속에서 사람들이 똑같은 실수를 계속 되풀이하는 것을 그만두게 하고 싶지 않나요? 공포 영화를 위험하지 않게 바꾸고, 영화 속 모든 인물이 다치지 않고 끝까지 살아남을 수 있게 하는 방법을 알아봐요. 이 안내 카드는 영화 속 인물들의 건강과 안전을 위해 만든 거예요.

1 말하지 말아야 할 것

"다시 돌아올게."
"거기 누구 있어요?"
"이 고대 주문을 방금 큰 소리로 읽었어."

2 낯선 집에서 하지 말아야 할 것

문 뒤에 낯선 사람 또는 무엇이 있는지 살펴보지도 않은 채 방을 나서는 것.

돌아다니는 괴물을 피해 계단 위로 달아나는 것. 꼭대기에 이르면 밖으로 뛰어내리는 수밖에 없어요!

맞은편에서 기이한 소리가 들릴 때 닫힌 문이나 벽장문을 여는 것.

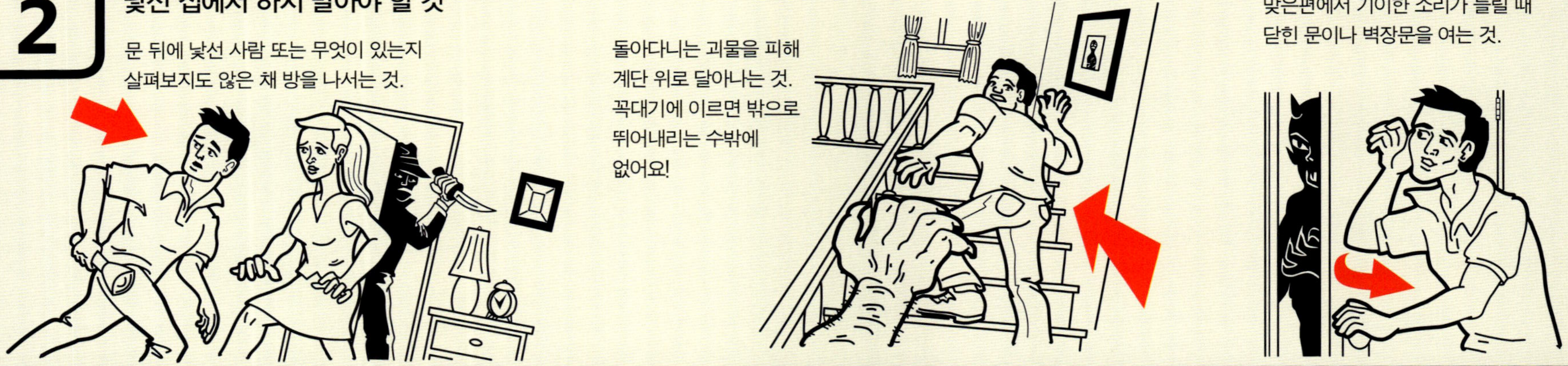

3

절대로 묘지 옆에 집을 짓지 말 것.

4

묘지나 매장지를 결코 파헤치지 말 것.

5

공중전화가 울려도 절대로 받지 말 것.

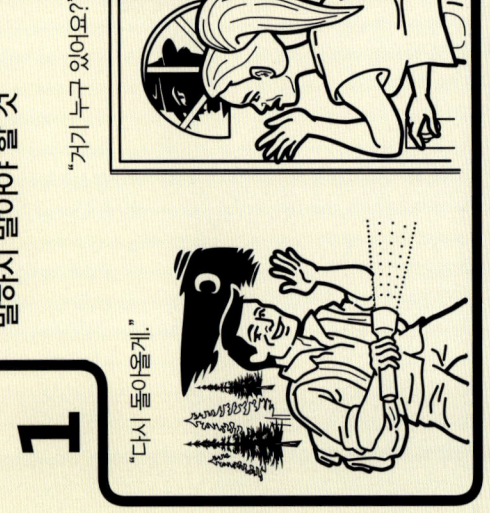

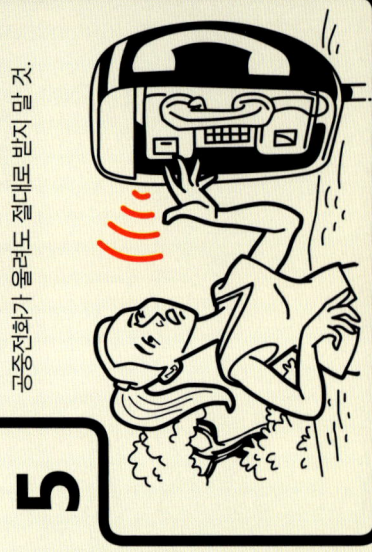

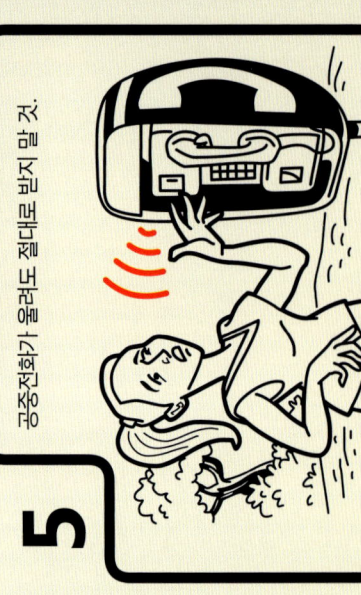

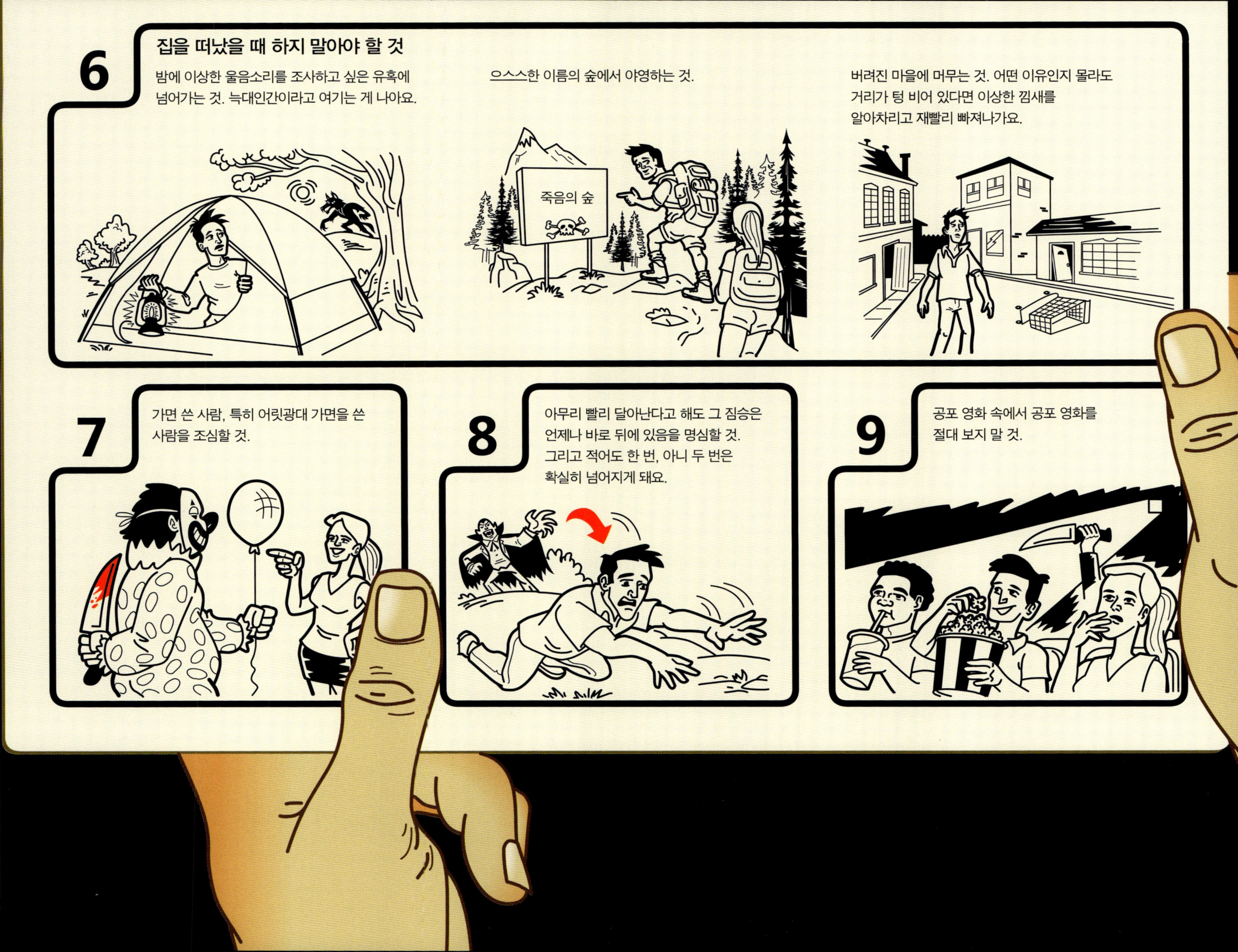
6
집을 떠났을 때 하지 말아야 할 것
밤에 이상한 울음소리를 조사하고 싶은 유혹에 넘어가는 것. 늑대인간이라고 여기는 게 나아요.
으스스한 이름의 숲에서 야영하는 것.
죽음의 숲
버려진 마을에 머무는 것. 어떤 이유인지 몰라도 거리가 텅 비어 있다면 이상한 낌새를 알아차리고 재빨리 빠져나가요.
7
가면 쓴 사람, 특히 어릿광대 가면을 쓴 사람을 조심할 것.
8
아무리 빨리 달아난다고 해도 그 짐승은 언제나 바로 뒤에 있음을 명심할 것. 그리고 적어도 한 번, 아니 두 번은 확실히 넘어지게 돼요.
9
공포 영화 속에서 공포 영화를 절대 보지 말 것.

밴시

밴시는 모습을 드러내기 전에 소리부터 낼 거예요. 구슬피 우는 여자 요정인 밴시는 누군가가 죽을 때가 되면 흐느끼면서 집안을 돌아다녀요. 밴시의 울음소리는 유리창을 박살 낼 정도이니 귀마개가 필요해요.

사신

누구도 사신에게서 벗어날 수 없어요. 사신은 두건이 달린 검은 망토를 쓰고 큰 낫을 들고 다녀요. 죽음이 임박했다는 표시로 당신의 시간이 끝나 간다는 것을 보여 주는 모래시계도 갖고 있지요. 그러니 빨리 식사를 마치는 편이 나아요.

괴물과 함께하는 식사

어두컴컴하고 폭풍우가 치는 밤, 당신은 숲에서 길을 잃었어요. 무서워지려는 순간, 나무 사이로 불빛이 보였어요. 음산한 낡은 집이 나타나자 당신은 문을 두드렸어요. 삐걱거리며 문이 천천히 열리고 음식과 음료가 가득 놓인 식탁이 보이네요. 하지만 앉아 있는 손님들을 봐요! 소름 끼치게 무서운 존재들이 당신에게 함께 식사하자고 권하려나 봐요. 이것이 당신의 마지막 저녁은 아닐까요?

좀비

자리를 잡을 때, 좀비 옆은 피해야 해요. 살아 있으면서 죽은 자인 좀비는 식성이 별나서 사람의 살을 먹어요. 생김새도 좀 무서운 편이지요. 좀비는 말도 거의 없어요. 마음이 없거든요.

늑대인간

손님 중 하나가 털이 자라기 시작하면 조심해요. 늑대인간일지 몰라요. 늑대인간은 사람에서 늑대로 변했다가 다시 사람으로 변하지요. 은 총알이 변신을 막을 수 있어요. 늑대인간이 너무 가까이 다가오면 은으로 만든 날붙이로 몸을 방어해요.

폴터가이스트

식탁과 의자가 공중을 날아다녀요. 부엌 바닥에서 크고 작은 냄비가 부딪히는 소리도 들을 수 있어요. 폴터가이스트가 있는 것이 분명해요. 보이지 않는 정령인 폴터가이스트들은 소동을 일으켜 정신을 쏙 빼 놓기를 좋아해요. 몸을 잘 가려요!

미라

고고학자들이 경솔하게 고대 이집트 무덤을 부수는 바람에 고대의 저주를 부활시켰어요. 되살아난 미라는 무언가에 아주 화가 난 것이 분명해요. 하지만 미라는 뛰어난 감싸기 예술가로서 식사가 끝나면 멋진 공연을 보여 줄지도 몰라요.

뱀파이어

뱀파이어와 식사를 할 때는 차림표에서 마늘 요리를 기대하지 말아요. 뱀파이어는 마늘 냄새를 견딜 수 없거든요. 창백한 뱀파이어가 당신에게 흥미를 보인다면, 사람 피를 맛본 지 좀 되었다는 뜻이에요. 뱀파이어가 달려드는 것을 막고 싶다면 십자가를 준비해요.

굴

이 음산한 손님은 막 묘지에 들렀다 온 참이에요. 굴은 묘지에서 시체와 뼈와 함께 지내는 것을 좋아해요. 신음을 내며 앓는 굴의 기분을 좋게 하기란 쉽지 않아요. 그렇다고 채소를 건넬 필요는 없어요. 굴은 뼈를 먹는 것을 더 좋아하거든요.

흰 옷을 입은 여자 유령

공기가 싸늘하지 않나요? 흐릿한 숙녀 유령이 옆에 있으면 기온이 뚝 떨어져요. 이 유령은 단단한 벽을 통과할 수 있어요. 비극적인 죽음을 겪었다고 하는데, 무언가를 찾고 있나 봐요. 설마 소금과 후추일까요?

달아날 수 없다!

다리는 흐느적거리고 심장은 두근거려요. 뜨거운 숨결이 목덜미의 털을 쭈뼛 서게 하는 괴물로부터 가능한 한 빨리 달아나고 있어요. 무시무시한 악몽은 그 자체가 스트레스처럼 느껴지지만, 사실 당신의 마음이 현실 속의 스트레스에 맞서는 것인지도 몰라요.

자유 낙하

드넓은 공중에 떠 있는 발판에서 균형을 잡으면서 당신은 차마 아래를 내려다보지 못해요. 하지만 그다음 순간 절벽을 따라 떨어져요. 그러다가 땅이 갑자기 멈춰요. 이런, 악몽이었네요! 추락은 흔한 꿈이에요. 내면의 불안과 당신의 삶에 단단한 토대가 없다는 느낌을 반영하지요. 땅에 충돌하기 전에 깨어나는 것에 감사해요!

나를 내보내 줘!

현실 세계의 상황에서 어떻게 행동할지 불확실하다면, 우리나 잠긴 방처럼 폐쇄된 공간에 갇혀서 빠져나가지 못하거나 도와달라고 비명을 질러 대는 꿈을 꿀 수 있어요. 이런 꿈을 규칙적으로 꾸는 사람은 인간 관계가 불운하다고 느끼거나 장래 없는 직업에 갇혀 있다는 느낌을 받는지도 몰라요.

이빨의 공포

자신의 이빨이 바닥에 한 무더기 떨어지거나 부서져 있는 꿈을 꾼 적이 있나요? 많은 사람들이 이런 꿈을 꿔요. 잠자면서 화가 나서 이를 악문 것일 수도 있고, 다른 사람들의 시선을 우려한다는 의미일 수 있어요. 어쩌면 치과 의사를 찾아갈 때가 되었는지도 모르지요.

위험한 운전

제동 장치도 운전대도 듣지 않는 위험한 자동차를 타고 달리는 악몽은 당신을 미치게 해요. 하지만 꿈 속의 일이 실제로 일어날까 걱정할 필요는 없어요. 심리학자들은 이러한 악몽이 현실 생활에 벌어지는 사건을 통제할 수 없을까 하는 불안에서 유래한다고 생각해요.

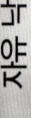

재앙 시나리오

엄청난 재앙이에요! 당신은 폭발이 이어지는 전쟁터나 건물이 무너진 곳, 홍수에 잠긴 곳, 불길이 지글거리는 곳에 있어요. 재앙 꿈은 아주 무시무시해요. 꿈에서 깨어난 뒤에도 오랫동안 겁에 질려 떨 수 있어요. 죽음이나 재앙이 임박했다는 공포로 떨리는 몸을 주체할 수 없지요. 재앙 꿈은 감정을 통제할 수 없을 정도로 심각한 문제가 반영된 것일 수도 있어요.

모든 것은 마음에 달려 있다

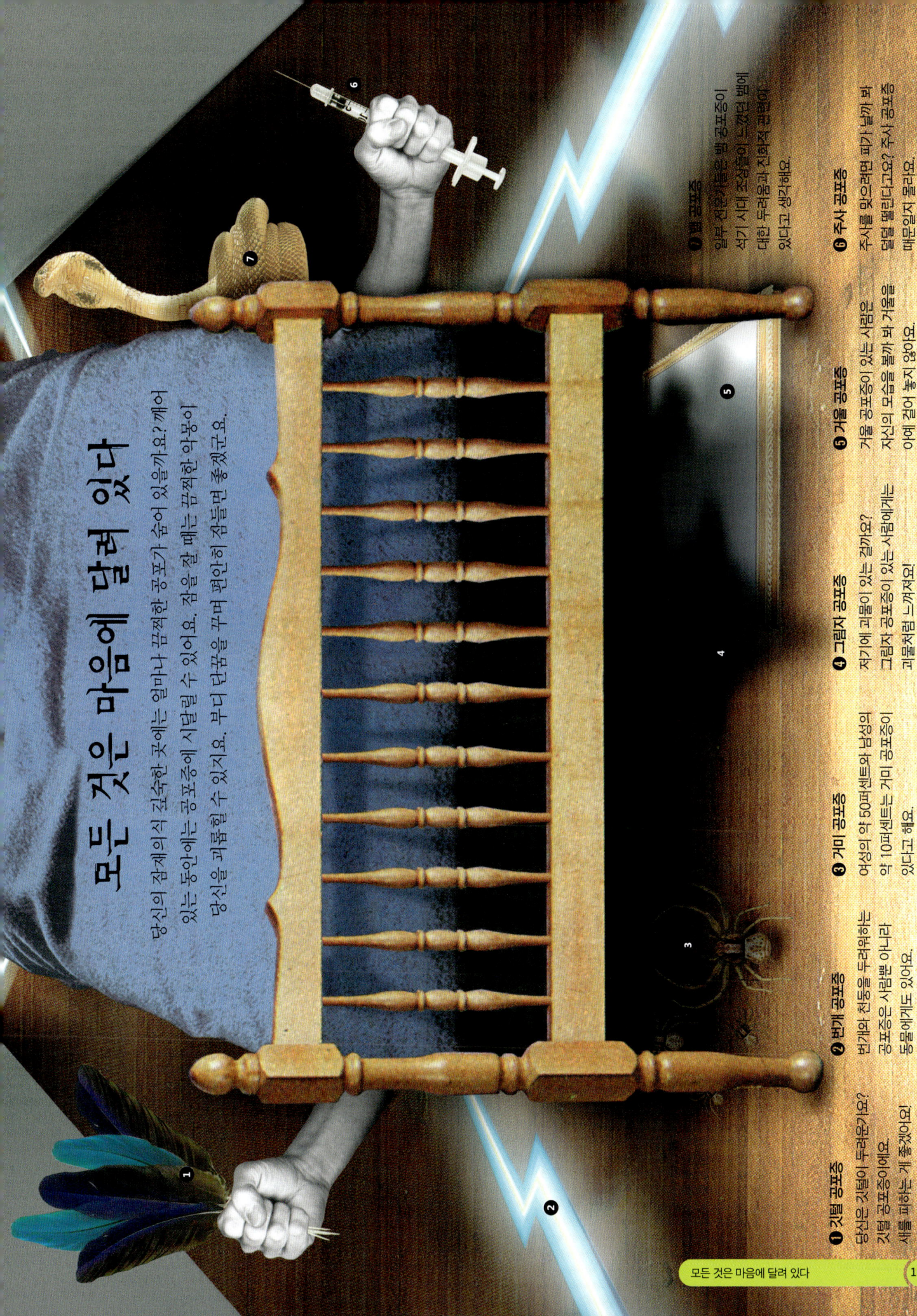

당신의 잠재의식 깊숙한 곳에는 얼마나 끔찍한 공포가 숨어 있을까요? 깨어 있는 동안에는 공포증에 시달릴 수 있어요. 잠을 잘 때는 끔찍한 악몽이 당신을 괴롭힐 수 있지요. 부디 단꿈을 꾸며 편안히 잠들면 좋겠군요.

❶ 깃털 공포증
당신은 깃털이 두려운가요? 깃털 공포증이에요. 새를 피하는 게 좋겠어요!

❷ 번개 공포증
번개와 천둥을 두려워하는 공포증은 사람뿐 아니라 동물에게도 있어요.

❸ 거미 공포증
여성의 약 50퍼센트와 남성의 약 10퍼센트는 거미 공포증이 있다고 해요.

❹ 그림자 공포증
저기에 괴물이 있는 걸까요? 그림자 공포증이 있는 사람에게는 괴물처럼 느껴져요!

❺ 거울 공포증
거울 공포증이 있는 사람은 자신의 모습을 볼까 봐 거울을 아예 걸어 놓지 않아요.

❻ 주사 공포증
주사를 맞으려면 피가 날까 봐 덜덜 떨린다고요? 주사 공포증 때문일지 몰라요.

❼ 뱀 공포증
일부 전문가들은 뱀 공포증이 석기 시대 조상들이 느꼈던 뱀에 대한 두려움과 진화적 관련이 있다고 생각해요.

역사 속의 위험

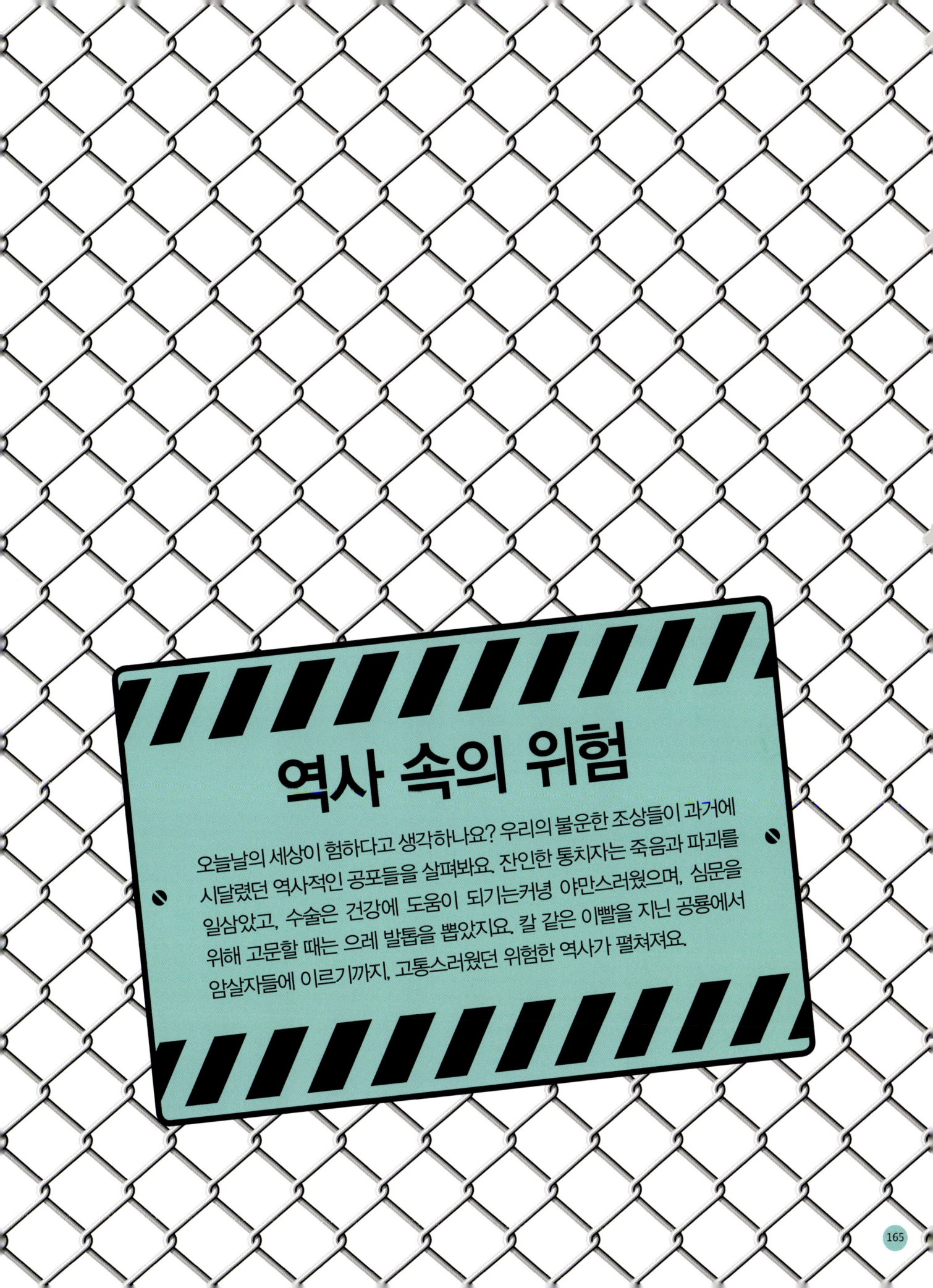

오늘날의 세상이 험하다고 생각하나요? 우리의 불운한 조상들이 과거에 시달렸던 역사적인 공포들을 살펴봐요. 잔인한 통치자는 죽음과 파괴를 일삼았고, 수술은 건강에 도움이 되기는커녕 야만스러웠으며, 심문을 위해 고문할 때는 으레 발톱을 뽑았지요. 칼 같은 이빨을 지닌 공룡에서 암살자들에 이르기까지, 고통스러웠던 위험한 역사가 펼쳐져요.

제멋대로인 전사들

이 게임은 잔인하고 교활한 전사들이 무리를 지어 판쳤던 역사 속 일곱 개의 시대를 배경으로 진행돼요. 당신은 역사책에서 곧바로 튀어나온 전사들을 꾀로 이기고 물리쳐서 생존 점수를 얻어야 해요. 각각의 전사에 맞는 방어 전략을 짜야 할 테니 시대마다 완전히 다른 기술들이 필요할 거예요. 행운을 빌어요!

1 로마 제국

이번 상대는 중앙아시아에서 온 훈족이에요. 말을 타고 활을 쏴 작물과 마을을 파괴하고, 로마 제국 전역에 공포를 퍼뜨린 전사들이니 조심해요. 야만적인 훈족 전사들은 얼굴에 흉터가 가득해서 더 무섭게 보여요. 훈족의 지도자인 아틸라는 '신의 천벌'이라는 별명으로 알려졌어요. 이번 목표는 아틸라를 제거하는 거예요. 일단 아틸라가 없어지면 훈족의 기세도 사그라질 거예요.

2 암흑 시대 유럽

스칸디나비아의 난폭한 전사였던 바이킹은 용선을 타고 서유럽의 해안과 강을 항해하면서 보이는 곳마다 살인, 습격, 약탈을 일삼았어요. 두려워할 만해요. 도끼를 휘두르며 싸움에 단련된 역전의 용사들은 광기에 취해 아무런 고통도 느끼지 못하는 전사가 될 수 있었거든요!

3 중세 일본

암살 훈련을 받은 닌자들은 위장하고 은닉하는 비밀 기술을 이용해서 소리 없이 적을 추적하여 없앨 수 있었어요. 닌자들의 특수 무기는 별 모양 표창인 슈리켄과 칼이에요. 닌자들이 놀라운 점은 벽을 타고 나무를 올라가서 위에서부터 적을 공격하는 전술을 쓴다는 거예요.

4 스페인 함대

여기서는 카리브 해의 해적들과 싸워요. 헨리 모건, 검은 수염, 키드 선장 같은 해적들은 금괴를 실은 스페인 선박을 제물로 삼아요. 눈을 가린 채 배 밖으로 내민 널빤지 위를 걷거나 밧줄에 묶여서 배의 밑바닥으로 들어갔다가 반대쪽으로 끌려나오는 일을 피하는 것이 당신의 목표예요. 생각만 해도 무섭지요!

1. 훈족
2. 바이킹

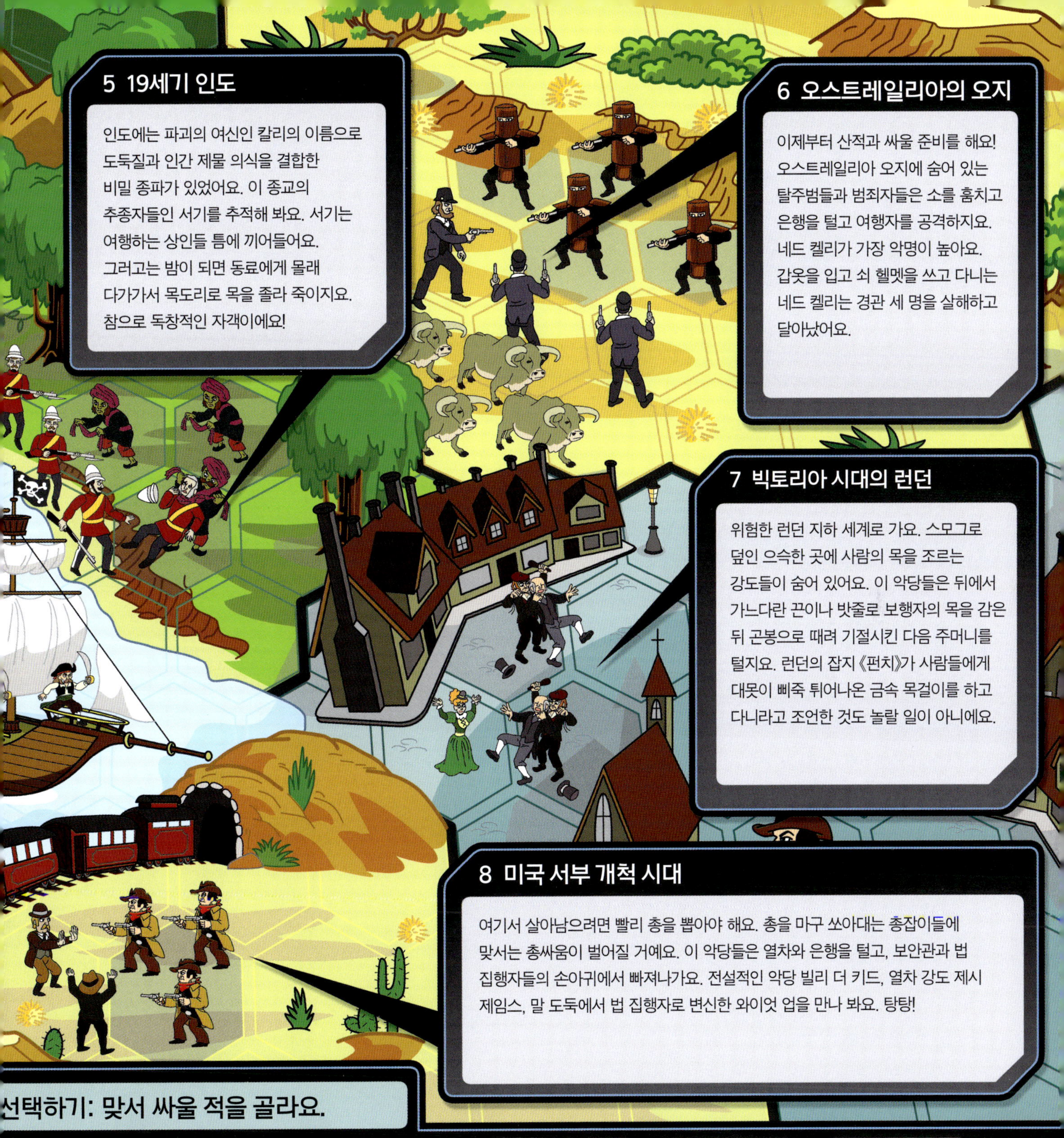

5 19세기 인도

인도에는 파괴의 여신인 칼리의 이름으로 도둑질과 인간 제물 의식을 결합한 비밀 종파가 있었어요. 이 종교의 추종자들인 서기를 추적해 봐요. 서기는 여행하는 상인들 틈에 끼어들어요. 그러고는 밤이 되면 동료에게 몰래 다가가서 목도리로 목을 졸라 죽이지요. 참으로 독창적인 자객이에요!

6 오스트레일리아의 오지

이제부터 산적과 싸울 준비를 해요! 오스트레일리아 오지에 숨어 있는 탈주범들과 범죄자들은 소를 훔치고 은행을 털고 여행자를 공격하지요. 네드 켈리가 가장 악명이 높아요. 갑옷을 입고 쇠 헬멧을 쓰고 다니는 네드 켈리는 경관 세 명을 살해하고 달아났어요.

7 빅토리아 시대의 런던

위험한 런던 지하 세계로 가요. 스모그로 덮인 으슥한 곳에 사람의 목을 조르는 강도들이 숨어 있어요. 이 악당들은 뒤에서 가느다란 끈이나 밧줄로 보행자의 목을 감은 뒤 곤봉으로 때려 기절시킨 다음 주머니를 털지요. 런던의 잡지《펀치》가 사람들에게 대못이 삐죽 튀어나온 금속 목걸이를 하고 다니라고 조언한 것도 놀랄 일이 아니에요.

8 미국 서부 개척 시대

여기서 살아남으려면 빨리 총을 뽑아야 해요. 총을 마구 쏘아대는 총잡이들에 맞서는 총싸움이 벌어질 거예요. 이 악당들은 열차와 은행을 털고, 보안관과 법 집행자들의 손아귀에서 빠져나가요. 전설적인 악당 빌리 더 키드, 열차 강도 제시 제임스, 말 도둑에서 법 집행자로 변신한 와이엇 업을 만나 봐요. 탕탕!

선택하기: 맞서 싸울 적을 골라요.

3. 닌자
4. 해적
5. 서기
6. 산적
7. 강도
8. 총잡이

고통의 세계

고문 전문가는 사람의 입에서 비명이 터져 나오게 하는 방법들을 잘 알고 있었어요. 여기 고문의 집 주식회사에서 만든 안내서는 과거에 반역자나 죄인을 잔인하게 처벌했던 방법과 도구를 소개하고 있어요. 때로는 단지 투덜거렸을 뿐인 사람들도 고문을 받았다고 하지요. 지금부터 종교 재판관을 비롯한 고문 전문가들의 고문 방법들을 알아보아요.

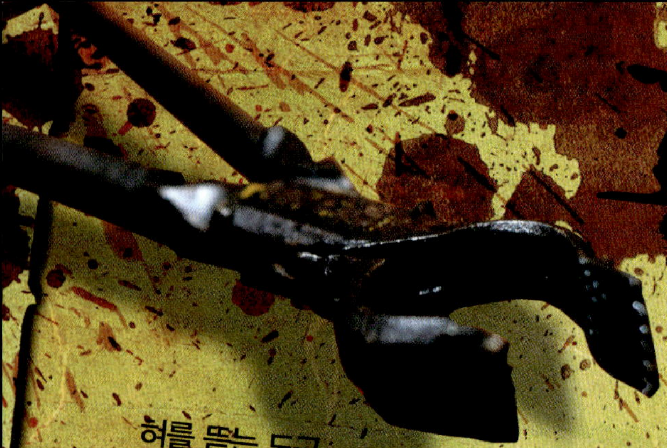

혀를 뜯는 도구

커다란 쇠 집게는 단순하지만 효과적인 도구예요. 교회의 견해와 어긋나는 종교적 믿음을 지닌 이단자의 혀를 뜯어내어 영원히 침묵시키는 데 알맞지요. 스페인 종교 재판소의 소장이었던 토마스 데 토르케마다는 "집을 다섯 때면 꼭 들고 간다."고 했어요.

못 상자

혹시 벽장에 넣고서 잊어버리고 싶은 사람이 있나요? 당신이 찾는 것이 바로 못 상자일지 몰라요. 관처럼 생긴 이 상자는 안쪽에 날카로운 못이 가득 튀어나와 있어요. 희생자를 안에 넣고 잠근다면, 피를 흘리며 죽을 때까지 놔둘 수 있지요.

모조리 불사르기

화형은 탐탁지 않은 자를 제거하기 위해 많이 사용되었던 방법이에요. 장작, 말뚝, 밧줄, 부싯돌과 상세한 안내서만 있으면 이단자를 간편히 태워 없앨 수 있어요. 잔 다르크를 처형한 사람들도 우리 고객이었지요.

쭉 늘리기

지역에서 최초로 고문대를 가진 사람이 되어 봐요. 이 정교한 고문대는 뼈가 갈라지는 소리를 들을 수 있을 정도로 사람의 몸을 늘려요. 아무리 고집이 센 영혼도 일단 굴림대가 돌기 시작하면 자백하기 마련이에요.

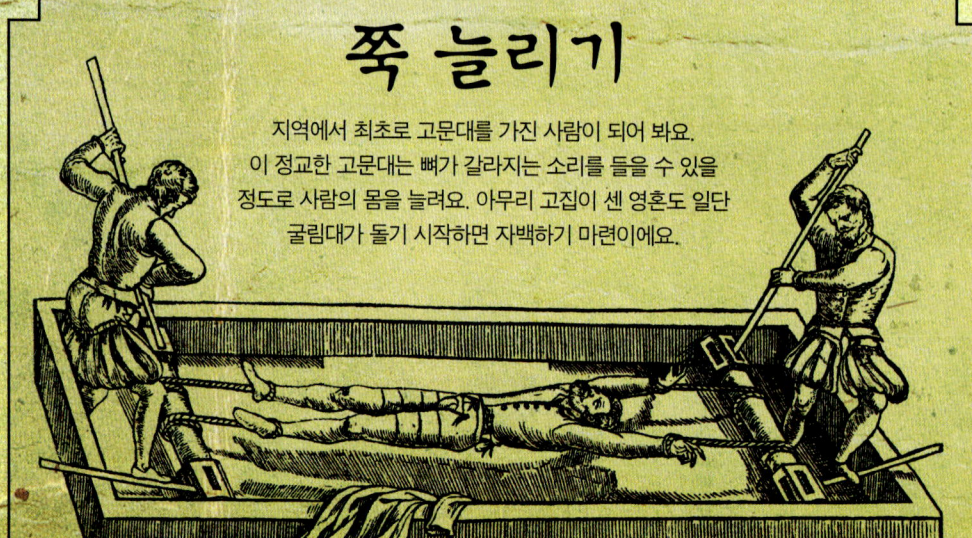

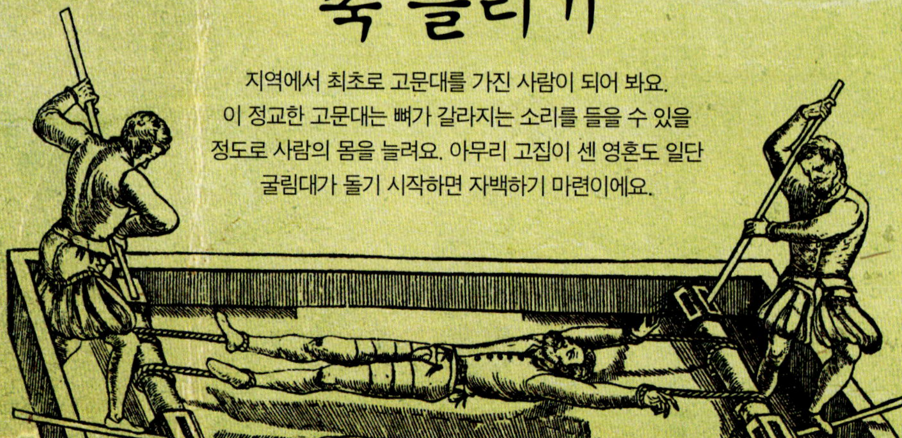

고문 바퀴

새로운 고문 도구를 찾나요? '뜨거운 화로'가 달린 최신 고문 바퀴는 어떨까요? 고문 바퀴를 사용한 사람들은 대부분 죄인의 몸을 회전시키면서 망치로 쳐서 팔과 다리를 부러뜨리는 방식에 만족했어요. 하지만 새로 나온 제품에는 죄수가 돌면서 구워진다는 특징이 추가됐어요. 특별히 숯 점화 장치를 함께 드려요.

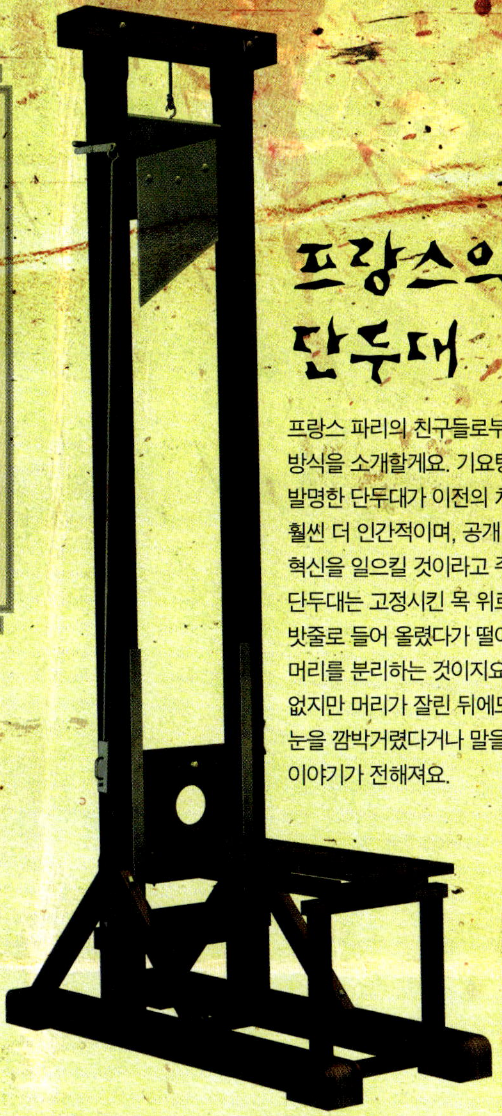

프랑스의 단두대

프랑스 파리의 친구들로부터 얻은 최신 처형 방식을 소개할게요. 기요탱 박사는 자신이 발명한 단두대가 이전의 처벌 방법들보다 훨씬 더 인간적이며, 공개 처형 방식에 혁신을 일으킬 것이라고 주장했어요. 단두대는 고정시킨 목 위로 강철 날을 밧줄로 들어 올렸다가 떨어뜨려서 몸과 머리를 분리하는 것이지요. 확인할 수는 없지만 머리가 잘린 뒤에도 몇 초 동안 눈을 깜박거렸다거나 말을 했다는 이야기가 전해져요.

푹 담그기

오래전 이 마을 저 마을에서는 심술궂은 노파들이 마녀로 의심을 받아 처벌받곤 했어요. 일찍이 시험과 검증을 거친 '푹 담그기' 방법은 어떤 의심도 잠재울 수 있지요. 노파를 물고문 의자에 앉히고 강이나 연못에 담근 뒤 몇 분 동안 그대로 놔둬요. 익사한다면 마녀가 아니라는 사실이 확인되지요.

나사로 죄기

우리가 만든 광범위 엄지손가락 압착기를 쓰면, 엄지손가락을 빨던 사람이 더 이상 엄지를 빨지 않을 거예요. 이 장치는 안내서에 적힌 그대로 간편히 작동해요. 나사를 돌리면 두 판 사이에 엄지가 짓눌리게 되지요. 엄청난 고통을 겪게 될 것이 확실해요. 다른 손가락이나 발가락에도 똑같이 쓸 수 있어요.

놋쇠 황소

고전적인 취향을 지닌 분들을 위해 특별히 설계된 놋쇠 황소를 보여드릴 수 있어서 무척 기뻐요. 고대 그리스의 예술적인 고문 도구를 훌륭히 재현한 작품이지요. 죄인을 속이 빈 놋쇠 황소 안에 가둔 뒤, 밑에서 불을 지피기만 하면 돼요. 안에 든 사람은 불행히도 구워져 죽지요.

가장 끔찍한 살인자들

안녕, 안녕, 안녕. 바닷가에서 무슨 일이 벌어지는 걸까요? 아주 수상쩍은 인물들이 펀치와 주디의 쇼가 벌어지는 천막 안으로 들어오려나 봐요. 인형처럼 꾸민 모습에 속지 말아요. 모두 악명 높은 살인자들이거든요. 경관과 악어가 사악한 범죄자들을 재판에 세우는 것을 도와줄 수 있겠어요? 함께해요!

수수께끼 인간

서툰 경관은 흔적조차 남기지 않는 잭 더 리퍼를 결코 잡지 못했어요. 잭 더 리퍼는 1888년 가스등이 켜진 런던 거리를 떠돌며 여성들을 찔러 죽인 악명 높은 연쇄 살인마예요. 잭 더 리퍼의 정체는 아직도 수수께끼로 남아 있어요.

냉혹한 엄마

1892년 아르헨티나의 프란체스카 로하스는 남자 친구와 혼인하기 위해 어린 두 아들을 몽둥이로 때려 죽였어요. 로하스는 문에 찍힌 피 묻은 지문 때문에 자신이 한 짓임이 드러나자 자백했어요. 과학 수사로 범인을 밝힌 첫 번째 사례예요.

도끼를 든 살인자

어느 더운 여름날, 미국 폴리버에서 교회에 가던 리지 보던이 새어머니와 아버지를 도끼로 찍어서 살해했어요. 하지만 1892년 재판에서 배심원단은 유죄 평결을 내리지 못했지요. 그 뒤 보던은 도끼를 갖고 사라졌어요.

죽음의 의사

크리펜 박사는 아내에게 독약을 주사한 뒤 토막 내어 묻었어요. 그러고는 여자 친구와 캐나다로 달아났지요. 하지만 배의 선장이 경찰에게 알렸고, 경찰은 크리펜이 해안에 상륙하기를 기다렸다가 체포했어요.

사랑을 찾습니다
저는 열심히 일하는 미혼 남성이고 결혼을 위해 매력적인 젊은 숙녀를 만나고 싶어요. 부자면 좋겠어요. 재산 투자를 도와드릴 수 있어요. 관심이 있다면 헝가리의 키스에게 사진을 보내 주세요.

죽음의 입맞춤

1914년 벨라 키스라는 남자가 전쟁에 나갔어요. 그 뒤 이웃들은 키스의 집 마당에 놓인 커다란 석유 드럼통에서 악취가 난다고 불평했어요. 결국 억지로 열게 된 드럼통에서 여자 24명의 시신이 나왔어요. 키스는 신문 광고를 내서 희생자를 꾀었다고 해요.

두 말썽꾼, 보니와 클라이드

보니 파커와 클라이드 배로는 1930년대 미국에서 강도와 약탈을 저질렀어요. 파커와 배로가 환상의 짝꿍이 되어 저지른 범죄는 결코 장난이 아니었어요. 두 사람은 총알 세례를 맞고 죽기 전까지 경관 아홉 명을 비롯하여 13명을 총으로 살해했지요.

전쟁 무기

석기 시대에 우리 조상들이 돌 곤봉으로 서로를 겨누며 싸운 이래로, 싸움터는 극도로 위험한 곳이 되었어요. 시간이 흐르면서 싸움에 사용되는 무기는 점점 더 강력하게 목숨을 위협하는 형태로 바뀌었어요. 하지만 모래 놀이터에서는 장난감 무기들을 가지고 전쟁이 벌어져요. 누가 모래성을 차지할 수 있을까요?

전차

기원전 1500년경 고대 이집트와 히타이트에서는 가벼운 이륜 전차를 타고 격렬한 전투를 벌였어요. 말이 끌어서 이동성이 뛰어난 이륜 전차에는 마부와 적에게 활을 쏘는 궁수가 탔어요.

대포

서기 900년 중국이 화약을 발명하자 전쟁도 바뀌었어요. 나무 수레에 장착하여 돌과 포탄을 쏘는 무거운 대포가 만들어졌지요. 대포는 1400년대부터 유럽에 널리 퍼졌고, 전투는 전보다 더 잔혹해졌어요.

머스킷 총

1600년대 말부터 약 1850년까지 쓰인 총이에요. 총알을 발사하고 총신 끝에는 대검을 꽂았어요. 병사들은 일제히 머스킷 총을 발사한 뒤, 대검을 앞세워 돌격하곤 했어요.

글라디우스

로마군의 병사들은 짧은 칼, 글라디우스를 지녔어요. 전투가 한창일 때 적을 베고, 자르고, 찌르고, 쑤시는 데 썼지요. 로마 병사는 무거운 창과 단검도 지니고 전쟁에 나섰어요.

탱크

중장갑을 두른 탱크는 1939년에서 1945년 사이에 벌어졌던 제2차 세계 대전 때 전투 무기로 자리를 잡았어요. 어떤 지형이든 갈 수 있는 무한궤도와 회전하는 포탑을 갖춘 탱크는 앞장서서 적의 대열을 무너뜨리는 역할을 했어요.

트라이림

고대 그리스인은 아주 빠른 전함을 썼어요. 위아래로 놓은 긴 의자에 노 젓는 사람들이 세 줄로 앉아서 노를 저어 움직이는 배였지요. 뱃머리에는 청동으로 덮은 충각을 부리처럼 튀어나오게 달아 놓아서 적의 배를 들이받아 가라앉혔어요.

전투기

제1차 세계 대전이 있었던 1914년~1918년은 비행이 시작된 지 얼마 되지 않았던 시기였는데도 공중전이 벌어졌어요. 전투기에는 자동 발사되는 기관총을 프로펠러 사이에 장착했지요. 하늘에서 조종사들은 죽음을 무릅쓰고 일대일로 싸웠어요.

독가스

제1차 세계 대전에서는 섬뜩한 신무기가 선보였어요. 독가스였지요. 지독한 화상을 입히고 눈을 멀게 하는 화학 물질(염소, 포스겐, 겨자 가스 등)이 적의 참호로 흘러들었어요. 가스 마스크를 쓰지 않고서 숨을 들이마시면 화학 물질이 폐를 공격해요.

철퇴

중세의 기사는 철퇴로 무장하고 전투에 나섰어요. 철퇴는 나무로 만든 자루에 울퉁불퉁한 무거운 쇳덩어리를 붙인 무기였어요. 철퇴를 세게 휘두르면 사슬 갑옷과 단단한 장갑을 부술 만큼 강력한 힘을 발휘했어요.

석궁

석궁은 약 2,500년 전 아시아에서 처음 쓰였어요. 중세 후기에는 유럽의 전쟁터에서 우수한 살상 무기로 쓰였지요. 석궁은 180미터쯤 떨어진 거리에서 쏘아도 기사의 갑옷을 꿰뚫을 정도로 강력한 무기였어요.

미친 군주

역사책에는 끔찍한 방법으로 백성들을 괴롭히고 학대했던 군주 이야기가 가득해요. 피에 굶주린 군주는 가깝고 사랑하는 사람들까지도 해쳤지요. 그중에는 살인을 즐기는 정신병자도 있었고, 단지 권력에 취해 무서운 짓을 저지른 군주도 있었어요. 미친 군주들의 다과회에 참석하여 제멋대로인 통치자들을 만나 봐요. 자신에 대해서 어떻게 말할까요?

네로
(37년~68년)

나는 아내 둘을 살해했어. 랄랄라……. 그리고 어머니는 바다에 빠뜨렸지……. 랄라. 나는 정말 음악을 좋아하는 황제야! 사람들은 내가 로마가 불타는 동안 하프를 탔다고 말해. 시시하긴! 그보다 과감한 일도 했어. 기독교인들을 인간 횃불로 만들어서 내 정원을 밝혔거든.

칼리굴라
(12년~41년)

많은 이들이 내가 미쳤다고 생각하지만 재미있는 짓도 못 한다면 뭣하러 로마 황제를 하겠어? 범죄자를 검투 경기장에 넣어 산 채로 사자와 호랑이 밥으로 만든 것은 참 좋은 생각이었지. 내 대머리를 자꾸 흘끔거리면 당신도 똑같이 만들어 주겠어!

바실리우스 2세
(958년~1025년)

비잔틴 제국의 황제로서 나는 반역자들을 끊임없이 경계해야 해. 한번은 내 군대가 불가리아족 1만 5,000명을 사로잡았어. 나는 100명마다 99명은 눈을 멀게 하고, 100번째 사람은 한쪽 눈만 멀게 만들라고 지시했지. 한쪽 눈만 먼 사람이 나머지를 이끌고 고향으로 갈 수 있도록 말이야. 눈 아픈 광경이었지.

티무르
(1336년~1405년)

나는 위대한 몽골 족의 마지막 후예로 기억될 거야. 먼저 침략하고 나중에 질문을 하는 것이 내 방식이었어. 도시 전체를 잿더미로 만들고, 사람들을 살육하고, 머리뼈로 거대한 탑을 쌓았지. 그다지 시시한 인생은 아니었지?

진시황
(기원전 259년~210년)
나, 중국 최초의 황제는 구태의연한 늙은 학자들이 내 의견에 반대했을 때, 수백 명을 산 채로 묻어 버렸어. 저기 진흙으로 빚은 병사들이 보여? 내 무덤을 지키도록 진흙 병사 8,000개를 만든 거야. 내 무덤을 짓느라 수천 명이 죽었지만 상관없어. 내가 영원히 평온함을 누릴 수 있다는 게 중요하거든.
라나발로나
(1782년~1861년)
사람들은 내가 마다가스카르의 여왕이 되려고 남편을 죽였다고 하지. 나는 아무 말도 하지 않겠어. 하지만 내가 백성들을 공포에 떨게 하고 굶겨 죽였다는 말은 사실이야. 내가 좋아하는 장난은 적을 골짜기 위에 매단 뒤 밧줄을 자르는 것이었어. 차를 더 마실 사람?
블라드 3세
(1431년~1476년)
음, 이 말뚝 샌드위치는 정말 맛있군! 왈라키아의 왕자인 나는 늘 불쾌한 적들을 처리해야 해. 오랜 세월에 걸쳐 수없이 많은 적을 해결했지. 나의 적들을 나무 말뚝으로 꿰는 것은 더없이 즐거운 일이야. 이반도 한 번 해 봐.
이반 4세
(1530년~1584년)
러시아의 내 백성들은 나를 정말 미치게 만들었어. 나는 사병들을 풀어서 7년 동안 날뛰며 돌아다니게 했지. 약탈하고 불태우고 죽이고 고문하는 일을 한 거야. 내 병사들은 검은 옷을 입고 개의 머리와 빗자루를 상징으로 삼았지. 멍멍아, 앉아. 귀족 고기를 줄 테니까.
10/6

사라예보의 죽음
1914년 보스니아는 오스트리아 · 헝가리 제국에 속해 있었어요. 보스니아의 많은 세르비아인은 그 땅이 세르비아에 속해야 한다고 여겼어요.
여기서 6월 28일에 대공이 죽게 될 거야.
지시한 대로 해.
오스트리아 · 헝가리 제국
보스니아
사라예보
베오그라드
세르비아
세르비아에 근거지를 둔 비밀 테러 집단인 흑수단은 오스트리아 황실의 후계자인 프란츠 페르디난트 대공을 암살할 계획을 세웠어요. 대공이 보스니아의 수도인 사라예보를 공식 방문하는 때를 노렸지요.
보스니아를 위하여!
보스니아를 위하여!
1914년 6월 28일. 대공은 아내 소피와 함께 사라예보 거리를 차로 돌아볼 준비를 했어요. 총과 수류탄으로 무장한 암살자 일곱 명이 길에 늘어선 군중 사이에 숨어 있었어요.
운전사 양반, 너무 빨리 몰지 말게.
마을을 둘러보고 싶어요.
산책하기에 정말 좋은 날씨네요.
자동차 행렬이 천천히 지나가고 있을 때 갑자기…….
보스니아에 자유를!
재앙이 닥쳤어요!
다행히 운전사는 수류탄이 날아오는 것을 보고 페달을 밟았어요.
으악!
프란츠, 너무 끔찍해요!
콰-앙
도와줘요.
수류탄은 뒤로 튀어나가 차 뒤쪽 바퀴 아래에서 폭발했어요. 몇 사람이 다쳤어요.
공식 환영회장에 도착했을 때 대공은 화가 나 있었어요.
각하, 뵙게 되어 영광입니다.
영광? 내게 폭탄을 던지고도?
대공은 오후에 계획된 군대 시찰을 취소하고, 대신 다친 사람들을 위문하러 병원으로 출발했어요.
아무도 계획이 바뀐 것을 알려 주지 않는 바람에, 운전사는 차를 돌려서 좁은 도로로 들어갔어요. 차가 지나갈 때 모퉁이에 암살자 중 한 명인 20세의 학생 가브릴로 프린치프가 서 있었지요.
차가 후진하려 멈추었을 때, 프린치프가 달려들어 권총을 쏘았어요.
죽어라! 대공!
여보, 안 돼요!
죽으면 안 돼요.
총알 한 발이 대공의 목에 박혔고, 소피의 배에도 한 발이 박혔어요. 두 사람은 몇 분 지나지 않아 숨을 거두었어요.
프린치프는 청산가리를 삼켜서 자살하려다 실패하고 총구를 자신에게 돌렸어요. 하지만 분노한 행인들이 프린치프를 붙잡아 쓰러뜨렸지요. 재판이 열렸지만, 어리다는 이유로 사형 선고는 내려지지 않았어요. 프린치프는 감옥에서 3년을 지낸 뒤 중병에 걸려 죽었어요.
내가 해냈어.
내 조국을 위해!
큰 전쟁을 불러오는군.
크리스마스 때까지는 끝나겠지.
유럽은 혼란해졌어요. 오스트리아가 선전 포고를 세르비아에 보낸 거예요. 러시아는 세르비아를, 독일은 오스트리아를 지지했지요. 프랑스와 영국은 러시아 편을 들었어요. 1914년 8월 제1차 세계 대전이 시작되었어요.
대다수는 전쟁이 몇 달 안 가서 끝날 것이라고 믿었지만, 전쟁은 무려 4년간 이어졌어요.
저들은 쏘고 싶으면 얼마든지 쏠 거야!
크리스마스가 지났어. 악!
1918년 11월, 전쟁이 끝날 때까지 1,00만 명의 군인과 600만 명이 넘는 일반인이 목숨을 잃었어요.

라스푸틴
종교 신비주의자 그리고리 라스푸틴은 자신에게 특별한 치유력이 있다고 주장했어요. 라스푸틴의 적들은 사기라고 했지요. 하지만 러시아의 황제 부부는 라스푸틴이 황태자 알렉세이를 치료할 수 있다고 믿고 반겼어요. 알렉세이는 피가 멈추지 않는 혈우병이었어요.
불쌍한 내 아들!
위기는 넘겼습니다. 이제 쉬게 해 주세요.
당신이 내 아들의 생명을 구했어요.
1914년 러시아는 오스트리아와 독일에 맞서 제1차 세계 대전에 참전했어요. 러시아 황제 니콜라이 2세는 황후, 공주 네 명, 어린 알렉세이를 상트페테르부르크에 두고 군대를 직접 지휘하기 위해 나섰어요.
조국 러시아를 지키는 것이 내 의무다.
당신은 정말 용감해요.
다녀오세요, 아빠!
라스푸틴은 황실과 가장 친밀한 사람이 되었어요.
전쟁은 러시아에 불리해졌어요. 많은 사람들은 독일 출신인 황후와 황후의 가까운 친구이자 조언자인 라스푸틴을 비난했어요.
러시아를 구해야 해요!
황후는 독일의 스파이예요!
미친 수도사가 황후에게 나쁜 영향을 줘요.
라스푸틴은 죽어야 해!
펠릭스 유수포프 공이 이끄는 귀족 네 명은 라스푸틴을 제거할 때가 되었다고 판단했어요.
유수포프는 저녁 늦게 식사를 하자며 라스푸틴을 자신의 궁전으로 초대했어요. 라스푸틴에게 청산가리가 든 패스트리와 포도주를 주면서, 자신은 먹지 않도록 조심했지요.
맛있는 패스트리 하나 먹어 보게.
독을 넣었지, 흐흐!
설탕은 몸에 안 좋습니다. 하지만 이렇게 권하시니…….
두 시간 뒤 라스푸틴은 살아 있었어요. 유수포프는 믿을 수가 없었지요. 방을 나와 같이 일을 꾸민 자들과 의논을 한 뒤, 총을 들고 다시 방으로 갔어요.
맛있는 패스트리가 혹시 남아 있나요?
이걸로 해치워야겠어.
유수포프는 라스푸틴이 이번에는 진짜로 죽었다고 확신했어요.
분명히 죽었지?
확실해?
아야야!
몸을 굽혀 살펴보려는데, 미친 신비주의자가 한쪽 눈을 뜨고 노려보았어요.
라스푸틴은 안뜰로 달아났어요. 암살자들이 뒤를 쫓아가 권총을 두 발 더 쏘았어요. 라스푸틴을 완전히 쓰러뜨렸지요.
이번에는 확실히 해야 해!
그럼!
암살자들은 라스푸틴의 시신을 얼어붙은 네바 강으로 끌고 갔어요. 얼음에 구멍을 뚫고 가라앉혔지요.
두 번 다시 안 봐도 된다니 좋군!
지난번에도 그 말을 했는데!
3일 뒤 시신이 떠올랐어요. 부검 결과 강인한 수도사는 결국 익사한 것으로 드러났어요.
1917년 사회주의 혁명으로 니콜라이 2세는 황제의 자리에서 물러났고, 볼셰비키의 지도자 블라디미르 레닌이 새로운 지도자로 떠올랐어요.
인민에게 권력을!
다음 해, 볼셰비키는 황실 가족을 전부 야만스럽게 살해했어요.

공포스러운 수술

공포의 집에서는 방마다 무시무시한 수술 장면이 펼쳐져요. 19세기에 통증을 마비시키는 마취제가 등장하기 전까지 수술은 가능한 한 빨리 이루어졌어요. 살을 가르는 과정이 너무나 고통스러웠기 때문이에요.
20세기에도 얼음송곳을 이용한 뇌엽절리술처럼 잔인하고 쓸모없는 수술이 여전히 이루어졌어요.

1
머리가 더 아파요!
하하하! 팔과 다리를 한 짝씩 자를 겁니다!
2

① 머리에 구멍 뚫기

심한 편두통이나 우울증에서 벗어나고 싶다고요? 그렇다면 석기 시대부터 내려오는 수술 방법을 써 봐요. 원형절제술은 석기로 머리뼈에 동그란 구멍을 뚫어 문제를 일으키는 '악마'가 빠져나오도록 뇌를 드러내는 수술이에요.

② 절단 수술

톱을 준비하고 환자를 수술대에 묶어요. 외과 의사가 환자의 병든 팔을 잘라 낼 거예요. 고통스러운 수술이지만 1분 이내에 팔을 절단해 내야 해요. 피를 너무 많이 흘리지 않고 상처가 감염되지 않는다면, 환자는 살아남을 수도 있어요.

③ 새로운 이

의자에 앉은 사람은 이가 심하게 썩었어요. 18세기에 새로 등장한 상품인 정제 설탕을 먹은 탓이에요. 치과 의사는 썩은 이를 뽑고 처형된 범죄자나 죽은 가난뱅이의 몸에서 빼낸 '새로운 이'를 박아 넣었어요. 이식한 이는 오래가지 않았고, 질병을 옮기기도 했지요.

④ 피 빼기

외과 의사가 불행한 숙녀의 피를 빼는 중이에요. 왜냐고요? 예전에는 몸에 피가 지나치게 많아서 특정한 병이 생긴다고 믿었어요. 그러니 피를 빼면 치료가 된다고 생각했지요. 날카로운 칼로 정맥을 잘라서 지나치게 많은 피가 흘러나오게 했어요.

⑥ 지져서 봉합하기

전쟁에서 다친 사람은 때로 심한 상처를 입어요. 예전에는 군의관이 끓는 기름을 붓는 방법으로 상처를 봉합하여 출혈을 멈추곤 했어요. 이 외과 의사는 더 현대식 방법을 쓰는 중이에요. 벌겋게 달군 쇠로 상처를 봉합하는 것이지요. 지글거리는 소리가 들릴지도 몰라요!

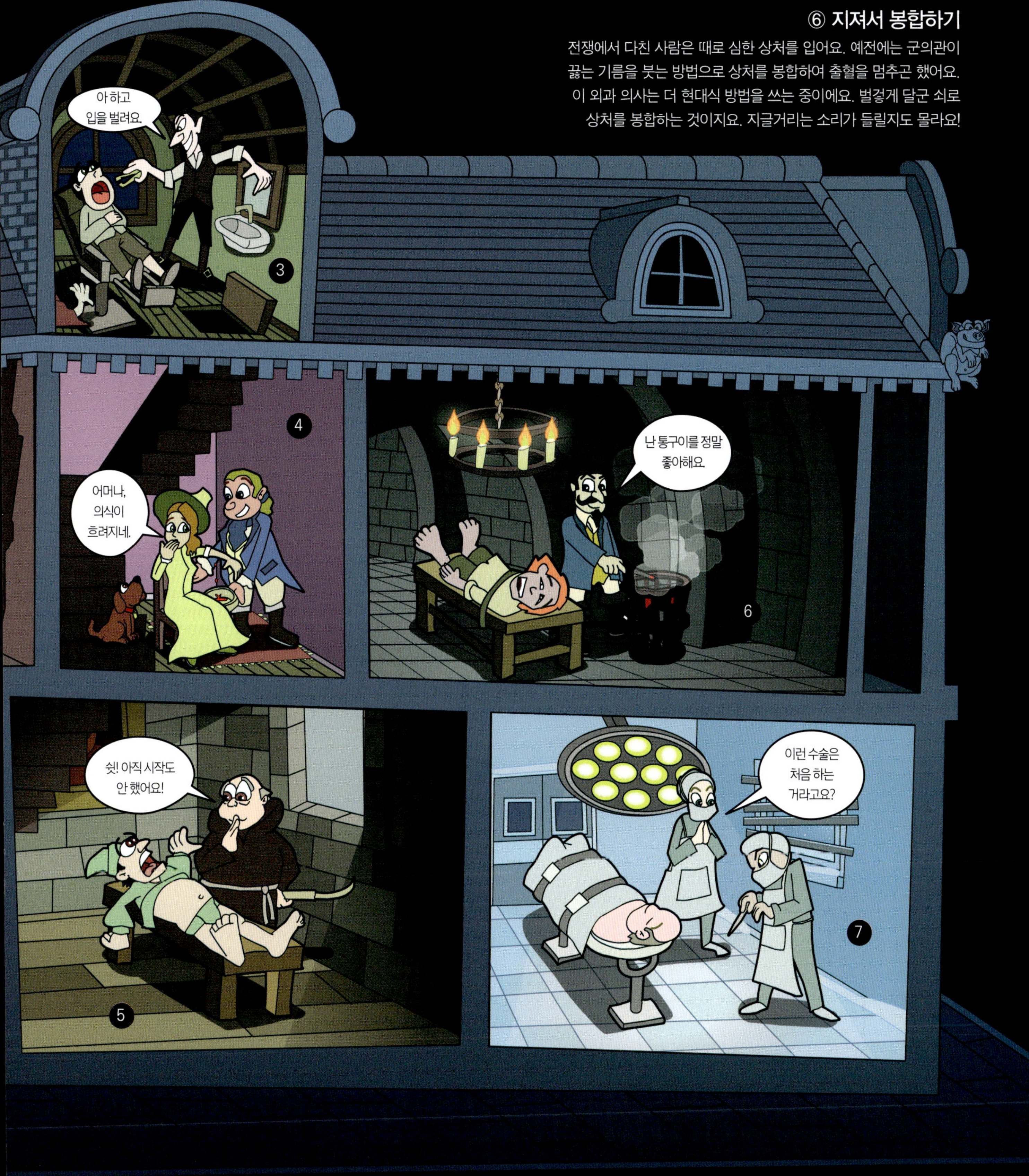

아 하고 입을 벌려요.
3
4
어머나, 의식이 흐려지네.
난 통구이를 정말 좋아해요.
6
쉿! 아직 시작도 안 했어요!
5
이런 수술은 처음 하는 거라고요?
7

⑤ 방광 돌 제거

여기 있는 환자는 방광에 단단한 돌이 생겨서 참을 수 없이 아파요. 담당 의사가 18세기 영국의 뛰어난 의사 윌리엄 체즐던에 못지않게 실력이 좋기를 빌어요. 손이 빠른 체즐던은 휘어진 예리한 칼로 방광을 째어 45초 만에 돌을 꺼낼 수 있었어요.

⑦ 얼음송곳을 이용한 뇌엽절리술

1930년대에 등장한 뇌엽절리술은 정신병 치료에 쓰인 끔찍한 수술이에요. 의사가 얼음송곳을 환자의 눈구멍 뒤쪽에 대고 망치로 치려는 중이에요. 얼음송곳으로 뇌를 뚫어서 행동이 바뀌기를 기대하는 거예요. 실제로는 환자를 미치게 만들 가능성이 더 높아요!

죽음의 치료법

가짜 약으로 아픈 사람에게 돈을 뜯어내는 사기꾼을 가리켜 돌팔이 의사라고 해요. '돌팔이 의사'가 내놓는 치료법이 사람을 죽일 정도는 아니라고 해도 분명히 위험해요. 환자의 병세를 더 악화시킬 수 있지요. 때로 돌팔이 의사들은 아무런 쓸모도 없는 보양제나 치료법을 팔기도 했어요. 여기에 유독한 요법과 허무맹랑한 치료법이 몇 가지 나와 있어요.

두꺼비 치료법

14세기 유럽에서는 페스트로 수백만 명이 죽어갔어요. 온갖 기이한 치료법을 써 보았지만 목숨을 구하지는 못했지요. 고름을 빨아내기 위해 말린 두꺼비를 종기에 대고 누르는 치료법도 있었고 달걀 껍데기와 당밀을 섞어 마시는 치료법도 있었어요.

고통은 이제 그만

아편은 양귀비에서 추출한 약물이에요. 알코올에 녹인 아편은 영국 빅토리아 시대에 진통제나 수면제로 널리 쓰였어요. 사람들은 시간이 좀 흐른 뒤에야 아편이 위험한 중독성을 지닌다는 사실을 알아차렸지요. 1928년 영국은 아편 사용을 금지시켰어요.

수은의 위협

'의학의 영웅 시대'라고 하는 1780년~1850년에는 의사들이 여러 가지 해로운 치료법을 공격적으로 썼던 시기였어요. 그중 한 가지가 염화수은을 쓰는 것이었어요. 환자의 몸에서 불순물을 내보내게 하는 용도였지요. 안타깝게도 염화수은을 쓰면 머리카락과 이빨이 빠지고, 궤양이 생겼어요. 심하면 죽기도 했지요.

실수로 만든 약

조슈아 스팟 워드는 워드 알약과 워드 물약을 만든 18세기의 돌팔이 의사였어요. 알약과 물약을 팔아 부자가 되었지요. 워드의 약물을 먹으면 몸이 유독 성분을 배출하기 위해 심하게 땀을 흘렸어요. 워드는 갖가지 유독 물질로 약을 만들었거든요.

연기를 몸에 쬐면

18세기에는 자극적인 담배 연기를 특수한 목적에 썼어요. 의사들은 질식해 죽은 사람의 직장에 담배 연기를 집어넣었어요. 특별히 만든 풀무를 이용했지요. 담배 연기로 다시 살릴 수 있다고 여겼거든요.

뜨겁게 뜨겁게

18세기와 19세기의 의사들은 몸속의 염증이 병을 일으킨다면 피부의 염증으로 속병을 제거해서 낫게 할 수 있다고 믿었어요. 피부에 염증을 일으키기 위해 쓴 방법 중에는 타는 물질을 묶어서 피부가 벗겨지게 하거나 물집을 만드는 것도 있었지요.

비밀 제조법

18세기 영국의 돌팔이 의사 조애너 스티븐스는 방광에서 나온 돌을 녹여서 만든 물약으로 떼돈을 벌었어요. 물약에는 달팽이, 달걀 껍데기, 약초, 비누도 들어갔는데 아무 약효도 없었지요. 하지만 영국 정부는 비밀 물약 제조법을 알아내기 위해 엄청난 양의 돈을 스티븐스에게 지불했어요.

죽거나 낫거나

지금은 방사성 물질이 위험하다는 사실이 잘 알려져 있지만 20세기 초에는 새로운 물질로 여겨졌어요. 일부 돌팔이 의사는 방사성 치료제를 팔았지요. 가장 유명한 방사성 치료제인 래디소는 중독을 일으켜 적어도 한 명 이상 죽게 했어요.

역사상 가장 위험한 직업

이곳 버스 정류장에 줄을 선 사람들은 역사상 가장 위험한 직업을 가진 사람들이에요. 먹고살기 위해 총을 맞거나, 무시무시한 병에 목숨을 걸거나, 팔다리나 목숨을 내놓으며 곤경을 겪었던 사람들이 줄을 섰어요. 과연 이들의 직업에도 장래가 있을까요? 이 가여운 영혼들은 하루가 끝날 때까지 버텨 내면 운이 좋았다고 여겼어요.

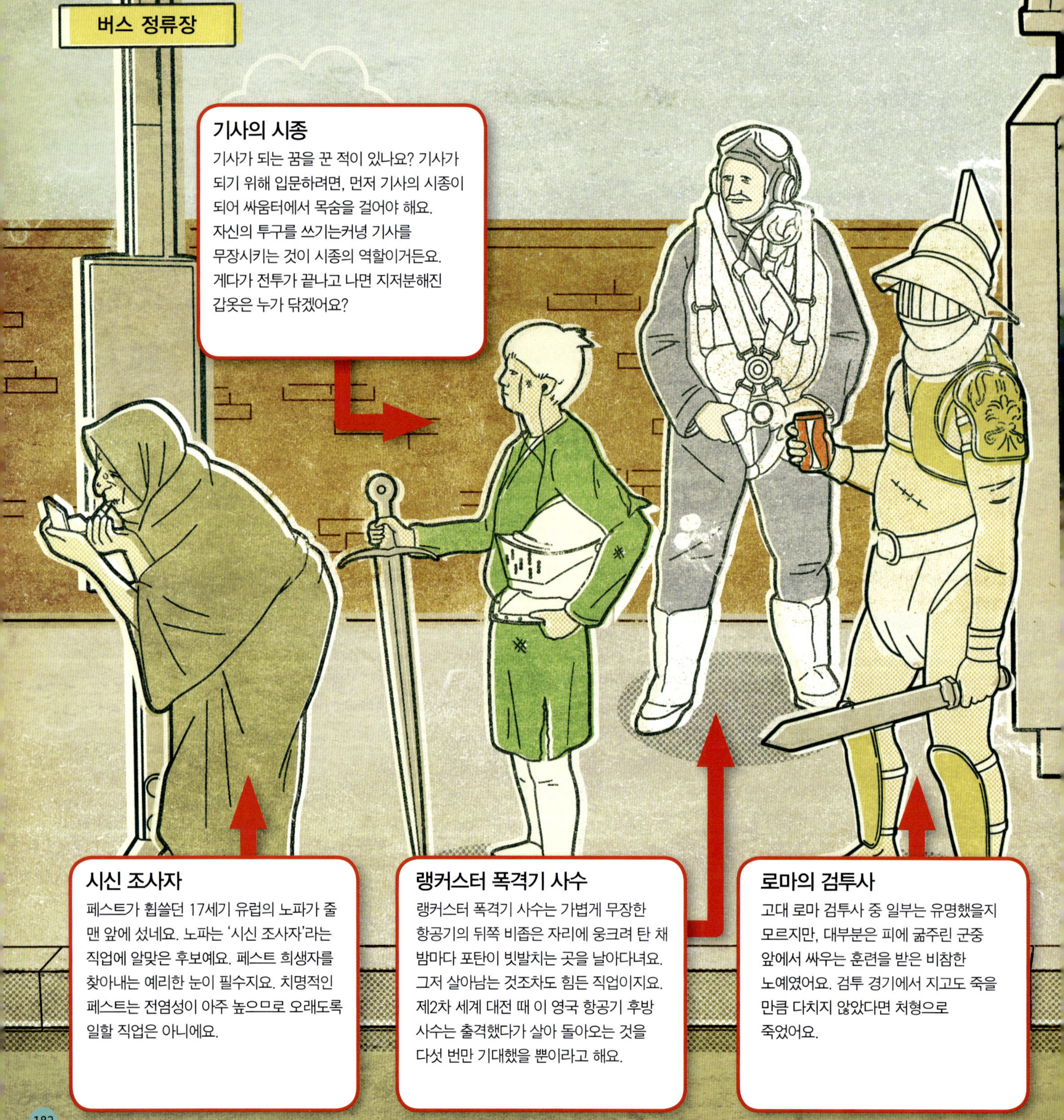
버스 정류장

기사의 시종

기사가 되는 꿈을 꾼 적이 있나요? 기사가 되기 위해 입문하려면, 먼저 기사의 시종이 되어 싸움터에서 목숨을 걸어야 해요. 자신의 투구를 쓰기는커녕 기사를 무장시키는 것이 시종의 역할이거든요. 게다가 전투가 끝나고 나면 지저분해진 갑옷은 누가 닦겠어요?

시신 조사자

페스트가 휩쓸던 17세기 유럽의 노파가 줄 맨 앞에 섰네요. 노파는 '시신 조사자'라는 직업에 알맞은 후보예요. 페스트 희생자를 찾아내는 예리한 눈이 필수지요. 치명적인 페스트는 전염성이 아주 높으므로 오래도록 일할 직업은 아니에요.

랭커스터 폭격기 사수

랭커스터 폭격기 사수는 가볍게 무장한 항공기의 뒤쪽 비좁은 자리에 웅크려 탄 채 밤마다 포탄이 빗발치는 곳을 날아다녀요. 그저 살아남는 것조차도 힘든 직업이지요. 제2차 세계 대전 때 이 영국 항공기 후방 사수는 출격했다가 살아 돌아오는 것을 다섯 번만 기대했을 뿐이라고 해요.

로마의 검투사

고대 로마 검투사 중 일부는 유명했을지 모르지만, 대부분은 피에 굶주린 군중 앞에서 싸우는 훈련을 받은 비참한 노예였어요. 검투 경기에서 지고도 죽을 만큼 다치지 않았다면 처형으로 죽었어요.

시녀

중세 인도에서 공주의 시녀는 안락한 삶을 살았어요. 단, 여주인의 남편이 죽을 때까지만 편안했지요. 남편이 죽으면 부인과 모든 하인들은 죽음도 함께하도록 화장용 장작더미에 던져졌거든요. 따라서 죽음 이후의 세상을 걱정할 필요가 없었어요.

왕실 시식 담당자

직업 이름에 '왕실'이라는 말이 붙기는 하지만, 시식 담당자는 왕실에서 잡일하는 일꾼에 불과해요. 예로부터 군주들은 암살자가 음식에 독을 넣었는지 확인하기 위해 시험 삼아 먹어 볼 시식 담당자를 고용했어요. 이 일을 맡는다면 죽기 직전까지 음식을 먹을 수 있어요.

매 맞는 아이

영국 튜더 왕조 시대에 왕실 아이들에게 벌을 줄 수 있는 사람은 국왕뿐이었어요. 교사는 교육을 맡은 왕실 아이를 벌하는 대신 왕실 아이의 동료를 벌해야 했어요. 동료 아이가 하는 일은 왕실 아이 대신 엉덩이를 얻어맞는 것이었어요. 정말 아플 정도로 맞았어요.

속보
왕의 서거

피타드 점화자의 조수

영국 내전 때 성벽과 성채를 무너뜨리기 위해 피타드라는 작은 폭탄이 쓰였어요. 하지만 성벽과 성채를 부수려면 먼저 누군가가 피타드를 부착해야 했지요. 피타드 점화자의 용감한 조수는 빗발치는 총알을 피해 폭탄을 붙이러 갔어요. 물론 피타드가 먼저 조수를 날려 버리지 않아야겠지요.

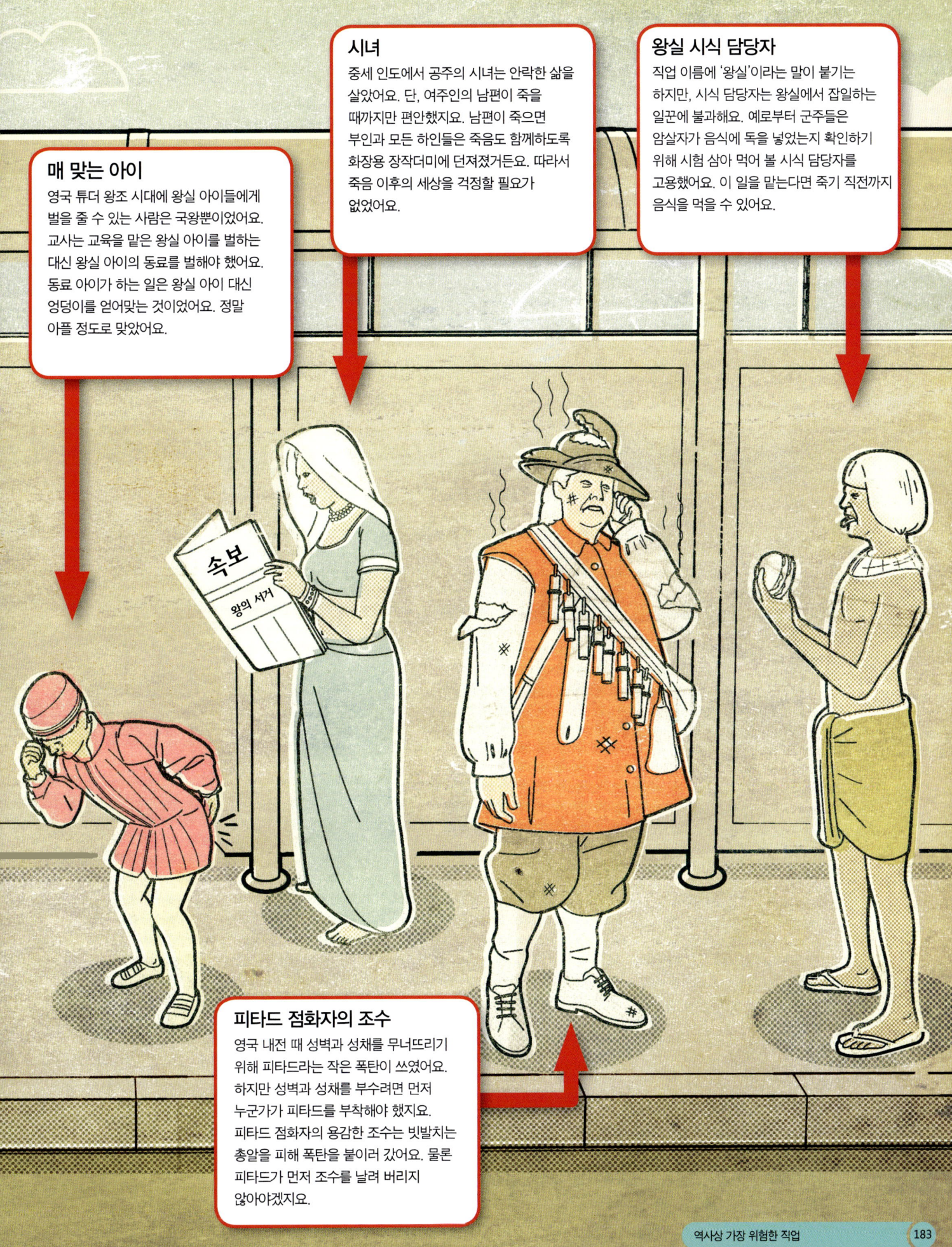

가장 위험한 시대는 언제일까?

인간의 삶은 옛날부터 위험했어요. 질병, 기근, 전쟁, 화재, 홍수, 지진은 한순간에 생명을 끝장낼 수 있지요. 지역마다 속도는 달랐지만, 인간의 평균 수명과 기대 수명은 수세기에 걸쳐 서서히 증가해 왔어요. 역사의 심전도에서 위험한 박동을 따라 인간의 생명선을 추적해 봤어요. 역사 속에서 시기마다 인간의 생존에 위협을 끼쳤던 것들도 살펴봐요.

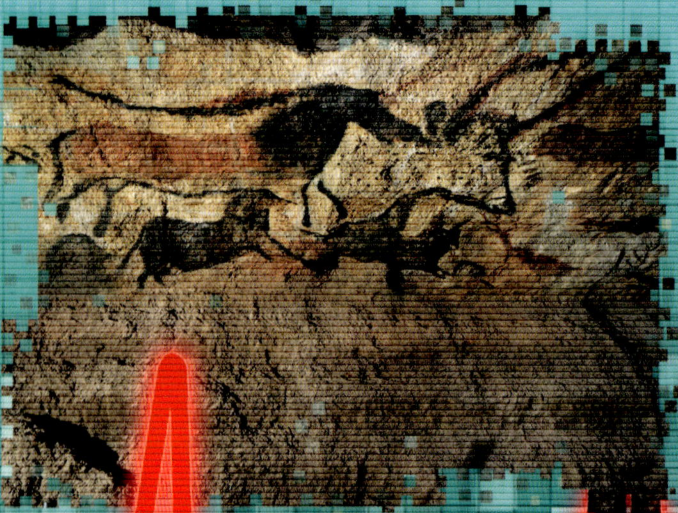

고전 시대
기원전 600년~서기 400년

전쟁은 점점 거칠고 비열해졌어요. 그리스 인들이 페르시아 인과 싸우거나 자신들끼리 싸운 반면, 로마 인은 아무나 붙잡고 싸우곤 했지요. 갤리선 노잡이와 검투사는 직업상 오래 살 가능성이 낮았어요. 그래도 그리스 인들은 의학에 밝았고, 로마 인들은 공중위생에 대해서는 믿을 만했어요.

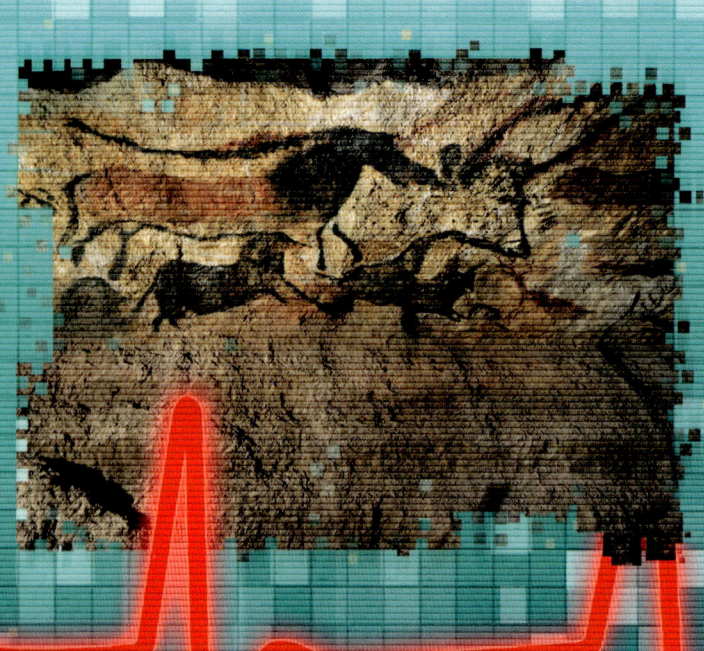

석기 시대
기원전 15만 년~ 기원전 7000년

빙하기의 삶은 거칠었어요. 동굴에 살면서 창과 화살로 야생 동물을 사냥한다는 것은 대다수가 25세 이전에 죽는다는 의미였지요. 지구가 따뜻해지면서 수렵과 채집으로 음식으로 삼을 동식물을 더 많이 구할 수 있었어요. 삶은 더 편해졌고, 사람들은 더 오래 살게 되었어요.

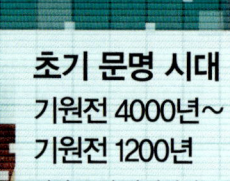

초기 문명 시대
기원전 4000년~ 기원전 1200년

왕과 고위 사제에게는 좋았지만 농부, 병사, 일꾼 등 다른 모든 이에게는 힘든 시대였어요. 천연두, 홍역 같은 질병이 새로 길들인 가축에게서 사람에게로 퍼졌어요. 사람들은 전투에서 죽거나 죄수로 처형되거나 통치자가 죽을 때 함께 희생될 가능성이 아주 높았지요.

탐험 시대

1500년~1750년

유럽 사람들은 제국과 식민지 사이에 교역로를 트면서 총과 병을 전 세계로 퍼뜨렸어요. 그뿐 아니라 원주민들을 노예로 삼고 아프리카 노예를 신세계로 이송하여 인간의 생명을 거래하는 일을 시작했지요. 유럽에서는 가톨릭과 프로테스탄트가 패권을 놓고 맞서면서 대륙 전역에서 종교 전쟁이 벌어져 수많은 사람이 죽었어요.

20세기

2000년대에 들어서 서양의 기대 수명은 75세를 넘었지만, 지구에서 가장 가난한 국가의 기대 수명은 약 40세에 불과했어요. 20세기에는 전쟁으로 다른 어떤 세기보다 더 많은 사람이 죽었어요. 제1차 세계 대전에서 2,000만 명, 제2차 세계 대전에서는 5,500만 명이 죽었지요. 끔찍한 기근과 독감과 에이즈 같은 유행병으로는 수백만 명이 넘게 사망했어요.

산업 시대

1750년~1900년

의학 지식이 발전하고 위생 시설이 개선되면서 사람들은 긴 수명을 기대할 수 있게 됐어요. 부유한 사람이라면 가능한 일이에요. 혼잡하고 오염된 도시에 사는 산업 노동자는 기대 수명이 훨씬 낮았어요. 1861년부터 1865년까지 벌어진 미국 남북 전쟁 때는 50만 명이 넘는 사람들이 죽었어요.

중세 시대

400년~1500년

야만족의 침입, 바이킹의 습격, 몽골족의 진출, 성을 두고 벌이는 공성전, 잦은 기근으로 중세 시대는 왕과 농노 모두에게 위험한 시기였어요. 모두에게 최악이었던 사건은 흑사병의 유행으로 1340년대 유럽 인구의 3분의 1이 줄었어요.

선사 시대의 무서운 동물들

여기는 왜 이렇게 난리법석일까요? 살을 찢고 뼈를 으깨는 선사 시대 동물들이 나타났네요. 선사 시대에는 지금까지 지구에 살았던 동물 중 가장 크고 가장 위험한 생물이 있었어요. 목숨이 아깝다면 뛰어요!

기가노토사우루스 ▶

세계에서 가장 큰 육식공룡으로서 머리에서 꼬리까지 몸길이가 13.7미터에 달했어요. 하지만 뇌는 바나나만 했지요. 약 1억 년~9,500만 년 전에 살았어요. 기가노토사우루스는 칼 같은 긴 이빨로 더 작은 공룡들을 물어뜯어 죽였어요.

칼이빨호랑이 ▶

여기 으르렁대는 대형 고양잇과 동물은 다른 동물들에 비하면 상대적으로 늦둥이예요. 약 1만 1,000년 전 마지막 빙하기 말에 사라졌거든요. 강한 턱과 휘어진 긴 송곳니를 갖추고 숨어 있다가 방심한 채 지나가는 먹이를 덮치는 무서운 육식 동물이었어요.

▼ 왕바다전갈

약 4억 년 전에 살았던 왕바다전갈은 몸길이가 2.5미터에 이르는 역사상 가장 큰 절지동물이었어요. 커다란 악어만 했지요. 모처럼 나선 산책 길에서는 절대로 만나고 싶지 않은 동물이에요.

▲ 티타노보아

뱀이 무섭다고요? 거대한 티타노보아가 뒤를 쫓는다면 진짜 무서운 게 뭔지 알게 될 거예요. 티타노보아는 길이가 12미터~15미터에 이르러서 오늘날 세계에서 가장 긴 뱀인 아나콘다보다 두 배 더 길었어요. 약 6,000만 년 전 남아메리카 우림에 살았던 파충류이지요.

플리오사우루스 ▶

조심해요! 오늘날의 어떤 동물보다도 열 배는 더 세게 무는 플리오사우루스는 당신의 모터보트를 걸레 조각으로 만들 수 있어요. 지금까지 바다에서 살았던 동물 중 가장 무시무시한 해양 파충류이지요. 플리오사우루스는 약 1억 4,700만 년 전 쥐라기의 바다를 지배했어요.

메갈로돈

메갈로돈은 오늘날 가까운 친척인 백상아리보다 두 배 이상 컸어요. 길이가 무려 12미터에 이르렀지요. 이빨이 가득한 턱은 2미터나 벌어졌고요. 제트 스키를 타는 사람쯤은 한입에 꿀꺽 삼킬 수 있어요.

디아트리마 ▶

5,600만 년에서 3,300만 년 전에 살았던 날지 못하는 거대한 새 디아트리마예요. 발톱이 달린 발로 작은 포유동물을 쓰러뜨렸어요. 그러고는 앵무새 부리같이 생긴 커다란 부리로 목덜미를 물어 죽였어요. 뼈를 으깰 정도로 힘이 셌지요.

◀ 대형 설치류

400만 년~200만 년 전에는 물소만 한 설치류가 남아메리카에서 식물을 뜯어 먹었어요. 머리뼈 길이만 50센티미터를 넘었지요. 조세포아르티가시아 모네시라는 거대한 기니피그는 몸무게가 1톤이나 됐어요. 사람을 납작하게 만들 수 있을걸요.

◀ 다코사우르스 안디니엔시스

이 무서운 심해 괴물은 악어의 조상이에요. 머리는 공룡과 비슷하고, 꼬리는 물고기의 꼬리지느러미와 비슷하지요. 고질라라고 불리는 것도 놀랍지 않아요! 정식 이름은 다코사우루스 안디니엔시스이며 1억 3,500만 년 전에 번성했어요.

찾아보기

ㅇ

ㅈ

자료 출처

DK WOULD LIKE TO THANK:
Gail Armstrong, Army of Trolls, Ben the illustrator, Mick Brownfield, Seb Burnett, Kat Cameron, Rich Cando, Karen Cheung, Mike Dolan, Hunt Emerson, Lee Hasler, Matt Herring, Matt Johnstone, Toby Leigh, Ellen Lindner, Mark Longworth, John McCrea, Jonny Mendelsson, Peter Minister, Al Murphy, Neal Murren, Jason Pickersgill, Pokedstudio, Matthew Robson, Piers Sanford, Serge Seidlitz, Will Sweeney, and Mark Taplin for illustrations.

www.darwinawards.com for reference material for "Death by idiocy". Stephanie Pliakas for proofreading. Jackie Brind for preparing the index.

The publisher would like to thank the following for their kind permission to reproduce their photographs:

(Key: a-above; b-below/bottom; c-centre; f-far; l-left; r-right; t-top)

Endpaper images: NHPA / Photoshot: Daniel Heuclin (bird). **Corbis**: Tom Grill (beaker). **Corbis**: Hal Beral (cuttlefish). **iStockphoto.com**: diane39 (toy soldier with trumpet). **iStockphoto.com**: MrPlumo (mountain warning icons). **Alamy**: anthony ling (puppets). **Getty Images**: Popperfoto (Bonnie Parker). **Getty Images**: (Clyde Barrow). **iStockphoto.com**: Fitzer (frames). **iStockphoto.com**: messenjah (toy soldier crawling). **Getty Images**: S Lowry / Univ Ulster (SEM tuberculosis). **Science Photo Library**: Hybrid Medical Animations (AIDS virus). **Getty Images**: (Dr Crippen). **Alamy**: INTERFOTO (doctor's outfit). **Corbis**: Lawrence Manning (toy stethoscope). **iStockphoto.com**: jaroon (men in chemical suits). **Corbis**: Creativ Studio Heinemann / Westend61 (salamander). **Getty Images**: CSA Plastock (orange toy soldier). **iStockphoto.com**: Antagain (wasp side view). **Getty Images**: Schleichkorn (hantavirus). **iStockphoto.com**: ODV (dynamite). **Getty Images**: (toad). **Getty Images**: Science VU / CDC (West Nile virus). **Corbis**: Wave (monarch butterfly, side view). **Corbis**: Randy M Ury (monarch butterflies). **Getty Images**: Renaud Visage
(wasp in flight). **iStockphoto.com**: grimgram. **iStockphoto.com**: YawningDog (medicine bottle). **Getty Images**: Retrofile (woman with hands over mouth). **Getty Images**: SuperStock
(frightened woman).

2-3 iStockphoto.com: pialhovik. **4-5 iStockphoto.com**: pialhovik. **6 iStockphoto.com**: jamesbenet. **6-7 iStockphoto.com**: pialhovik. **18 Alamy Images**: Arco Images GmbH. **Getty Images**: Peter Lilja (c). **18-19 Getty Images**: Ian Logan (t). **19 Alamy Images**: Bob Gibbons. **Getty Images**: Don Farrall (bl); Nick Gordon (br); GK Hart / Vicky Hart (cb). **20 Corbis**: CDC / PHIL (bl); Dennis Kunkel Microscropy, Inc / Visuals Unlimited (tr); Dr David Phillips / Visuals Unlimited (br); Visuals Unlimited (tl). **20-21 iStockphoto.com**: Paha_L (bc). **21 Alamy Images**: Peter Arnold, Inc (clb). **Getty Images**: Retrofile (cl); SuperStock (r). **naturepl.com**: Pete Oxford (tr). **22-23 Getty Images**: Panoramic Images. **24 Corbis**: Hal Beral (bl); Stephen Frink (cb); Tom Grill (beaker). **NHPA / Photoshot**: Daniel Heuclin (tc). **24-25 Corbis**: Image Source (tc); Sebastian Pfuetze. **Getty Images**: (bc). **25 Corbis**: Creativ Studio Heinemann / Westend61 (bc); Tom Grill (tr); Randy M Ury (tl/monarch butterfly); Wave (t/monarch butterfly, side view). **34 iStockphoto.com**: JulienGrondin. **34-35 iStockphoto.com**: pialhovik. **38 iStockphoto.com**: lissart (tr); msk.nina (ftr); Vlorika (tl) (b). **38-39 iStockphoto.com**: Jeroen de Mast (t/background). **39 Getty Images**: SSPL via Getty Images (1/c). **iStockphoto.com**: lissart (tl) (bl) (cr); msk.nina (cla) (cra) (fbl); Vlorika (tr) (br). **40-41 iStockphoto.com**: Platinus. **44 Getty Images**: Dave Bradley Photography (tl); Joel Sartore (bl). **iStockphoto.com**: Barcin (cl) (crb) (tr); StanRohrer (br). **44-45 Getty Images**: Adalberto Rios / Szalay Sexto Sol; Jean Marc Romain (b). **45 Alamy Images**: Lonely Planet Images (cra). **Corbis**: Rob Howard (bc); Jim Zuckerman (fbr). **Getty Images**: Reinhard Dirscherl / Visuals Unlimited, Inc (tl). **iStockphoto.com**: Barcin (cl) (fcra) (tr). **Science Photo Library**: Sinclair Stammers (cla). **50 Corbis**: Association Chantal Mauduit Namaste (ftl); Galen Rowell (ftr). **iStockphoto.com**: MrPlumo (tc) (bc) (bl) (br) (c) (ca) (cb) (cl) (cla) (clb) (cra) (fcra) (tr). **50-51 Getty Images**: Jupiterimages. **51 Getty Images**: AFP (cr). **iStockphoto.com**: julichka; MrPlumo (tc). **52 Getty Images**: Stockbyte (bl). **52-53 Corbis**: Dennis M Sabangan / epa (cb). **Getty Images**: InterNetwork Media (tc); Wayne Levin (bc); Tom Pfeiffer / VolcanoDiscovery (ca). **iStockphoto.com**: jeremkin. **53 Getty Images**: Steve and Donna O'Meara (br); Time & Life Pictures (tr). **54 Corbis**: George Hall (tr); James Leynse (cl). **55 Corbis**: Bettmann (tl) (b) (tr). **56 Alamy Images**: Pearlimage (tr). **Corbis**: Pascal Parrot / Sygma (cl). **Getty Images**: (tl/painting); Stephen Swintek (cr). **iStockphoto.com**: klikk (cl/frame); kryczka (tl). **56-57 iStockphoto.com**: Juanmonino (t); paphia (wallpaper); Spiderstock (c). **57 Dreamstime.com**: Tomd (r). **Getty Images**: Andreas Kindler (cl). **iStockphoto.com**: bilberryphotography (tr); Pojbic (bc); stocksnapper (fbr). **62 Getty Images**: Colin Anderson (r); European (cb). **iStockphoto.com**: Michael Fernahl (bl/burned paper); kWaiGon (bl/smoke); manuel velasco. **62-63 Getty Images**: Arctic-Images (raindrops). **iStockphoto.com**: Grafissimo (t/frame). **63 Corbis**: Jim Reed (tl/hailstone); Peter Wilson (r). **iStockphoto.com**: Dusty Cline (bl); DNY59 (cr); hepatus (bc) (tc); Jen Johansen; Andreas Unger (tl). **Science Photo Library**: Daniel L Osborne, University of Alaska / Detlev van Ravenswaay (tc/red sprite lightning). **66 Corbis**: NASA (bl); Radius Images (cl). **Getty Images**: Andy Rouse (br). **iStockphoto.com**: UteHil (tl). **66-67 Corbis**: Bettmann. **67 Corbis**: Arctic-Images (tc); Orestis Panagiotou / epa (bl); Visuals Unlimited (tr). **Getty Images**: Georgette Douwma (br). **iStockphoto.com**: Ybmd (tl). **NASA Goddard Space Flight Center** : http://veimages.gsfc.nasa.gov (bc). **68 iStockphoto.com**: -cuba- (fbl/Coloured glossy web buttons); grimgram (fcl); k-libre (fclb/ web icons); natsmith1 (c) (cr).
69 Getty Images: Harald Sund (bc). **iStockphoto.com**: -cuba- (bl); Denzorr (tc); ensiferum (ftl); narvikk (br); TonySoh (tl); Transfuchsian (tr); yewkeo (ftr). **70 iStockphoto.com**: bubaone. **70-71 iStockphoto.com**: pialhovik. **72 Corbis**: Bettmann (cb); William G Hartenstein (cra). **Getty Images**: Time & Life Pictures (tr). **Science Photo Library**: Detlev van Ravenswaay (cr). **72-73 iStockphoto.com**: ZlatkoGuzmic. **73 Corbis**: Bettmann (fbl) (fcl). **Getty Images**: (fclb); Chad Baker (tl); Don Farrall (cla); Stuart Paton (tr); SSPL via Getty Images (ftr). **Science Photo Library**: NASA (ca). **74 Corbis**: HBSS (cl). **NASA**: (bl). **75 iStockphoto.com**: angelhell (cb/leg muscles) (tc/brain); Eraxion (ca/heart); lucato (bc/hand); mpabild (c). **80 Corbis**: Denis Scott (bc) (ca). **Getty Images**: Stocktrek RF (cr). **iStockphoto.com**: bubaone (l); lushik (bl); Mosquito (tc); rdegrie (fcl). **80-81 NASA**: JPL-caltech / University of Arizona (b). **81 Corbis**: Denis Scott (cl) (bl) (br). **Getty Images**: Antonio M Rosario (fcr); Time & Life Pictures (tc); World Perspectives (fcl). **iStockphoto.com**: Qiun (fbr). **82 Corbis**: Hello Lovely (cl); Image Source (br); Kulka (tr). **iStockphoto.com**: Ljupco (bl/hip hop artist). **82-83 Corbis. 83 Corbis**: Bloomimage (tc); Peter Frank (crb/beach); Klaus Hackenberg (cr/floodlights); Bob Jacobson (tr); Radius Images (br/deckchairs). **90 iStockphoto.com**: browndogstudios. **90-91 iStockphoto.com**: pialhovik. **92 Corbis**: Library of Congress - digital ve / Science Faction (cr). **Getty Images**: (r) (l); Time & Life Pictures (cl). **92-93 Getty Images**: Charles Hewitt. **93 Alamy Images**: INTERFOTO (tc/Santorino Santonio). **Corbis**: Bettmann (c). **Getty Images**: (r). **iStockphoto.com**: huihuixp1 (tc/frame). **94 Corbis**: Dennis Kunkel Microscropy, Inc / Visuals Unlimited (cl/anthrax spores); National Nuclear Security Administration / Science Faction (tr/mushroom cloud); Sion Touhig (cla/dead sheep). **iStockphoto.com**: adventtr (br); arquiplay77 (tc); goktugg (tl/lined paper) (ca/Top Secret); Oehoeboeroe (tc/confidential stamp) (cr); ranplett (tr) (bl). **94-95 iStockphoto.com**: benoitb. **95 Alamy Images**: offiwent.com (fbl). **Corbis**: Handout / Reuters (tr). **iStockphoto.com**: deeAuvil (t/folder); evrenselbaris (cl/ink splats); jpa1999 (c/open book); Kasiam (c/pen); Oehoeboeroe (tc) (cb) (cr); subjug (b/folder).
98 iStockphoto.com: gynane (br); spxChrome (tl) (cb); wir0man (fclb). **98-99 iStockphoto.com**: lordsbaine; pederk (explosion). **99 Getty Images**: Jeffrey Hamilton (br). **iStockphoto.com**: GeofferyHoman (bc); ODV (tr); spxChrome (bl) (cla). **100 Getty Images**: S Lowry / Univ Ulster (cla); Dr F A Murphy (ca); Bob O'Connor (bl); Science VU / CDC (cra). **iStockphoto.com**: jaroon (bc) (br) (cb). **Science Photo Library**: CDC (tr). **100-101 iStockphoto.com**: Fitzer. **101 Corbis**: Sean Justice (b/rope barrier); Visuals Unlimited (tr). **Getty Images**: Clive Bromhall (clb); Bob Elsdale (tc); Bob O'Connor (bl); Schleichkorn (cr). **iStockphoto.com**: jaroon (br) (bc); pzAxe (ftl). **Science Photo Library**: London School of Hygiene & Tropical Medicine (tl); Science Source (cl). **102 Alamy Images**: ICP (tl/ shop interior). **iStockphoto.com**: Geoffery Holman (br); LisaInGlasses (cr/shop sign). **102-103 Alamy Images**: Art Directors & Trip (shop window). **iStockphoto.com**: avintn (b). **103 Alamy Images**: ICP (tr/ shop interior). **106-107 iStockphoto.com**: tibor5. **108 Corbis**: Library of Congress - digital ve / Science Faction (tl). **109 Corbis**: Caspar Benson (cr/treasure chest); Fabrice Coffrini / epa (br/figures); Michael Freeman (clb); Reed Kaestner (bc); Radius Images (c/skeleton). **114 iStockphoto.com**: hunkmax. **114-115 iStockphoto.com**: pialhovik. **118 Corbis:** Dr John D Cunningham / Visuals Unlimited (fbl); Tomas Rodriguez (bc). **Science Photo Library**: BSIP Ducloux / Brisou (crb); Clouds Hill Imaging Ltd (fbr); Eye of Science (bl). **118-119 iStockphoto.com**: gmutlu. **119 Corbis**: Dr Dennis Kunkel / Visuals Unlimited (fbr); Photo Division (br); Christine Schneider (fbl); Visuals Unlimited (bl) (cr). **Science Photo Library**: E R Degginger (c). **122 Getty Images**: Charles Nesbit (3/bc/wasp); Renaud Visage (2/bc/ wasp). **iStockphoto.com**: Antagain (1/bc/wasp) (4/bc/wasp) (5/bc/ wasp) (6/bc/wasp). **124 Alamy Images**: Mary Evans Picture Library (crb); Old Paper Studios (clb). **Corbis**: Bettmann (cra). **Getty Images**: Theodore de Bry (cla). **iStockphoto.com**: tjhunt (tr) (bl) (br) (tl). **124-125 iStockphoto.com**: hanibaram. **125 Alamy Images**: Peter Treanor (cr). **iStockphoto.com**: tjhunt (t) (br) (c) (clb). **Science Photo Library**: Hybrid Medical Animations (bl); National Museum of Health and Medicine (tc). **128 Getty Images**: David Chasey (cr). **iStockphoto.com**: alashi (cb); IgorDjurovic (t); JohnnyMad (fbl); ULTRA_GENERIC (bl); WendellandCarolyn (clb) (c). **128-129 Alamy Images**: David Cole; Freshed Picked (c). **129 Getty Images**: Tom Grill (fbr). **iStockphoto.com**: EuToch (cb); WendellandCarolyn (br); windyone (bc).
132 Getty Images: Manfred Kage (tl). **iStockphoto.com**: -cuba- (fbl) (fclb/refresh icon); k-libre (fcl/home icon) (clb/hotel icon) (tc/restaurant icon); roccomontoya (ftl); RypeArts (fcla); xiver (bc/Pointing finger). **Science Photo Library**: Eye of Science (cra); A Rider (bc). **132-133 Getty Images**: Kallista Images (background). **iStockphoto.com**: k-libre (3/Web icons set). **133 iStockphoto.com**: Pingwin (ftr/insects) (cra/volume icon); runeer (ca/icon); ThomasAmby (tl/award ribbon); xiver (ftr/pointing finger icon) (clb) (crb) (fclb). **Science Photo Library**: (tl); Herve Conge, ISM (bc); Eye of Science (br); National Cancer Institute (bl); Sinclair Stammers (ca). **136 iStockphoto.com**: 4x6 (l); apatrimonio (r). **136-137 iStockphoto.com**: pialhovik. **138-139 iStockphoto.com**: zoomstudio (t/old grunge postcard). **139 iStockphoto.com**: zoomstudio (b/old grunge postcard). **144-145 iStockphoto.com**: soberve. **148-149 Corbis**: Sandro Di Carlo Darsa / PhotoAlto. **150 Corbis**: Reuters (br). **Getty Images**: (tr); AFP (cr). **150-151 Corbis**: Annebicque Bernard / Sygma (b); Kirsty Wigglesworth / POOL / Reuters (monitors). **Getty Images**: Jorg Greuel. **151 Corbis**: Jean-Christophe Bott / epa (cl); Pascal Parrot (tr); Tim Wright (br). **Getty Images**: (tl); Barcroft Media via Getty Images (cr). **154 Corbis**: CHINA PHOTOS / Reuters (cb); James Nazz (tr/ lockers) (br); Andy Rain / epa (cla). **Getty Images**: (ftl) (tc); Caspar Benson (cra); Brian Hagiwara (tr/pink and green bottles); Popperfoto (fcl); Stockbyte (tr/ orange bottles); WireImage (clb). **iStockphoto.com**: Pannonia (crb). **155 Corbis**: Stephen Hird / Reuters (cla) (bl/ lockers); James Nazz (tl/lockers). **Getty Images**: (clb); AFP (br); Jeremy Woodhouse (fbl). **iStockphoto.com**: PLAINVIEW (cr). **Miura Dolphins**: (tl); Akira Kotani (tc). **156 Corbis**: Frank Muckenheim / Westend61 (br). **Getty Images**: AFP (cra). **157 Corbis**: Image Source. **Getty Images**: (cla). **160 Alamy Images**: Photos12 (c) (tr). **Getty Images**: Headhunters (l); Geir Pettersen (ca); Kamil Vojnar (tc). **161 Alamy Images**: Photos12 (tl/head) (cr). **Corbis**: Bettmann (r). **Getty Images**: Chip Simons (cra). **The Kobal Collection**: Hammer (cla). **164 iStockphoto.com**: Denzorr (r). **164-165 iStockphoto.com**: pialhovik. **168 Alamy Images**: Paul Laing (bl); Pictorial Press Ltd (br). **Corbis**: Eric Thayer / Reuters (tl). **Getty Images**: (cr). **iStockphoto.com**: sx70 (t). **168-169 iStockphoto.com**: goktugg (splashed paper); spxChrome (folded poster background). **169 Alamy Images**: INTERFOTO (clb); Timewatch Images (cla). **Corbis**: Bettmann (tl); Chris Hellier (br). **fotolia**: AlienCat (tr). **Getty Images**: SSPL via Getty Images (bl). **170 Alamy Images**: INTERFOTO (fcl) (clb) (fbr); Ian McKinnell (cl) (crb). **Corbis**: Bettmann (cra); Lawrence Manning (fcrb/stethoscope). **Getty Images**: (fcr); Sam Chrysanthou (c). **170-171 Getty Images**:; Matt Henry Gunther (bc). **171 Alamy Images**: anthony ling (br); Ian McKinnell (tl). **Getty Images**: (cr); Burazin (fbr); Popperfoto (fcr). **172 iStockphoto.com**: messenjah (clb). **173 Getty Images**: CSA Plastock (tr). **iStockphoto.com**: diane39 (bc); matt&stustock (br); messenjah (cb); wragg (crb). **180 iStockphoto.com**: AdiGrosu (tl/stethoscope); buketbariskan (crb/snail shells); dirkr (fcra/black liquid in medicine bottle); EmiSta (ca/mouse); Floortje (cra/bandage); kamisoka (tr/old envelope); kramer-1 (bc/label); LuisPortugal (ftr/snail) (ca/medicine bottle) (cb/three bottles); Luso (fclb/empty bottle); pjjones (tr/toad); pkline (bl); rzdeb (cra/blood stain); sharambrosia (br/pestle & mortar); Westlight (tl/corks). **180-181 iStockphoto.com**: PhotographerOlympus (floor); zmeel (tc/cardboard box). **181 iStockphoto.com**: Angelika (tl/ cardboard box); BP2U (crb); cloki (ftr/smoke); Ekely (ftr); EmiSta (br); kramer-1 (fbr/label); Ivenks (bc); mayakova (cb); ranplett (ftl); topshotUK (bl); Westlight (fcrb/corks) (cr/bottles); YawningDog (cl/ brown bottles); Alfredo dagli Orti (tr). **184 Corbis**: Gianni dagli Orti (tl). **Getty Images**: DEA / M Seemuller (bc). **184-185 The Bridgeman Art Library:** Private Collection (b). **185 The Bridgeman Art Library**: Private Collection / Johnny Van Haeften Ltd, London (tl). **Corbis**: National Nuclear Security Administration / Science Faction (tr); Stapleton Collection (br)

Jacket images: *Front*: **Corbis**: Randy M Ury (butterflies); **Getty Images**: Renaud Visage (wasp); **iStockphoto.com**: ODV (dynamite)